主题教研规程设计的区域实践探索

沈伟 著

同济大学出版社
TONGJI UNIVERSITY PRESS

图书在版编目（CIP）数据

主题教研规程设计的区域实践探索/沈伟著. -- 上海：同济大学出版社，2020.6

ISBN 978-7-5608-9308-2

Ⅰ.①主…　Ⅱ.①沈…　Ⅲ.①中小学—教学研究　Ⅳ.①G632.0

中国版本图书馆 CIP 数据核字(2020)第 111829 号

主题教研规程设计的区域实践探索

沈　伟　著

责任编辑　张　睿　　**责任校对**　谢卫奋　　**封面设计**　陈益平

出版发行　同济大学出版社　　www.tongjipress.com.cn

(地址：上海市四平路 1239 号　邮编：200092　电话：021-65985622)

经　　销　全国各地新华书店

印　　刷　江苏凤凰数码印务有限公司

开　　本　710 mm×1000 mm　1/16

印　　张　14.75

字　　数　295 000

版　　次　2020 年 6 月第 1 版　　2020 年 6 月第 1 次印刷

书　　号　ISBN 978-7-5608-9308-2

定　　价　58.00 元

前 言

走向规程设计 提升教研实效

2019年，国务院先后印发了《中国教育现代化2035》《关于新时代推进普通高中育人方式改革的指导意见》《关于深化教育教学改革 全面提高义务教育质量的意见》等指导文件，教育发展与改革内容虽有不同，但都提出要建设一支高素质、专业化、创新型的教师队伍。可见，教师队伍的现代化是推进教育现代化的重要支撑，教研活动则是教师入职后专业发展最重要的途径。

为了引导广大教师积极主动参与教研活动，使教研走向精准、实现高效，上海市教育委员会教学研究室从2014年开始提出了一系列关于改进教研活动组织实施的意见，对教研活动的组织，要求明确“主题”，通过围绕鲜明的主题开展教研活动，产生持续探索、研究的效应；对主题教研活动的设计，要求增强“系统性”和“规范化”，从而提升教师的参与广度和深度；并且强调主题教研活动的内容由策划、实施、评估等组成，要明晰活动流程，设计教研工具，用教研工具支持教师参与教研活动。

在主题教研活动的实践探索过程中，宝山区教育学院审视教研现状，于2014年6月明确提出要优化教研工作，提升教研员的课程领导力，从而提升教研工作品质，进而提升基层学校校本研修的品质。同年9月，开展了长达六年的“主题教研规程设计的区域实践探索”项目研究，作为“区县实践研究项目”之一受到了上海市教研室的鼎力支持。伴随国家及上海市课程改革的逐步深化，宝山区教研人员以服务课程改革为己任，确立工作重点，调整教研方式，履行教研职能，为探索规范、高效的教研模式而不懈探索。

一、主题教研规程的设计与行动

确定了基于规程设计的区域教研转型之路，只是明确了重点与方向。“规程”原意是指将工作程序贯穿一定的标准、要求和规定，面对现阶段教研活动的关键问题，同时回应主题教研的核心特征、借鉴理论框架、完善工具设计，走向规程设计无疑是推动新时期教研转型的有力抓手。研究落实和具体实践还需真实调研基础上的顶层设计，宝山区的区域教研探索主要经历了四次研究重心的转向与进阶。

首先，2014—2015 年的行动关注“基于教师需求选择主题”，要求区教研员在把握“教改”趋势的基础上，通过教师问卷、学生问卷、访谈等形式来了解教师和学生的需求，进而确定教研主题。关于需求的调研与主题的选择，反映了教研活动对课程教材更新、教学方法创新、学生培养需求等教育教学关键问题的思考与回应，为教育质量提升积累实证资料。

其次，通过两轮的教研活动方案评比发现，教研员缺少破解教师需求与选择教研主题的操作性路径，在激发教师策略的深度等方面较为模糊。因此，2015—2017 年的实践更聚焦规程设计。在理论学习与经验提炼的基础上，项目核心成员设计了“目标与展示任务—源于展示任务的质疑与澄清—相关核心问题的讨论与引领—教师任务的展示与交流—展示任务的深化实践与评价”的一般性规程，并辅以“教研任务单”。这一基本规程为教研员与教师设计教研活动提供了框架，同时不束缚各学科特点的彰显、鼓励教师个性化创新。此后，区域主题教研规程异彩纷呈，体现了教研员与教师们的实践智慧。

再次，重视实践层面的行动落实，2017—2019 年在区域范围内广泛开展主题教研实践，同时选取基地学校与教研团队开展深度研究。并且开始积累“主题教研规程”“主题教研活动设计”的研训课程，包括规程设计、活动方案、评价指标、教研员指导模式、优质案例等，提升教研员的课程领导力与基层学校的校本研修并行，在区、校层面，常态化、系列化、递进式开展基于规程的主题教研活动，在行动中积累经验、反馈意见并验证成效。

最后，成效与经验的总结，将区域六年的实践凝练成可供借鉴与推广的成果。笔者比较了该项目的目标与成效，将行动过程中提升教研活动质量的散点式“火花”转化成系列化经验，并透过优质主题教研活动重构多元“规程”，围绕课题教学、教师发展、学生培养三项学校教育核心要素展示更具指导意义的主题教研活动实践探索。反思本研究在理论创新与实践应用方面的成果，依据教研员与教师能力提升、教师教学与学生学习活动设计转型等成效进一步展望“教研”的创新发展。

二、本书的结构与主要内容

本书分为四部分共十章，先后探讨了区域开展主题规程设计实践的背景与意义、理论借鉴与建构、规程设计的基本框架、针对不同真实问题的实践与典型案例以及成效展望。

本书始终围绕研究、指导、服务这一教研工作主线，从中国教研活动的形成与发展谈起，梳理了国际视域下的教研活动，从而提出教研规程的价值、方式、特点、模式，以及理论建构，即基于形式逻辑的主题教研规程建构；同时，梳理六年来高质量的主题教研活动，提炼其在主题确立、内容设计、组织推进与评价反馈等方面的宝贵经验，即基于实践逻辑的主题教研规程——指向课堂教学改进的“诊断接力式”主题教研规程、指向课程知识建构的“研训融合式”主题教研规程、指向学生素养发展的“教学相长式”主题教研规程，配合生动的“教研现场”，最能体现六年来区域推进的成果，相信会为教研工作者和一线教师提供操作性较强的理论指导和实践引领。

三、长效推进的思考与展望

本书的完善离不开同仁们的支持。感谢上海市教研室在课题研究过程中提供的理论指导和技术支持；感谢上海市宝山区教育学院全体教研员多年的实践探索；感谢上海市宝山区教育学院朱素霞副院长、陈明敏副院长的协同引领。

特别感谢提供优质案例的九位教研员和老师，这几次主题教研活动自规程设计开始，笔者便与教研团队多次研讨，希望形成区域主题教研中活动流程与内容深度的“模板”。经过对这些教研活动的深度参与、点评指导与观察记录，笔者切实加深了对富有学科个性的主题教研活动的认识，由此整理、修改出生动的“教研现场”案例供读者参考。

自上海学生的 PISA 测试成果震惊世界，中国式教研受到国际教育界的瞩目，多年来关于教研的理论研究与实践探索日益增多，教研转型的呼声不绝于耳。作为区域教育研究、指导与服务机构，该如何定位新时期的教研内容与方式呢？当前，强调真实教学问题解决的系统化、连续性主题教研活动越来越受教研员与一线教师群体青睐，随着国家新一轮教学改革的深化，区教育学院又将如何实现主题教研的进阶发展，走向循证的、深度的主题教研？这将是笔者接下来项目研究与工作推进的思考方向，望与同仁们共同探索！

沈　伟

2020 年 3 月

目　录

第一部分 导　论

第一章　研究缘起

一、基础教育改革和发展对区域教研提出新要求

我国基础教育教研工作产生于20世纪50年代，其目的在于解决我国中小学师资匮乏且业务水平低下的历史现实，在其后的60余年内，对稳定教育秩序和提高教学质量发挥着重要作用。自20世纪80年代以来，随着世界范围内课程改革的演进，我国基础教育的宏观变革开始从“以面向21世纪，强化推进‘素质教育’为中心的教育改革”向“以提高质量、均衡发展和制度系统创新为重点的教育改革”转变。[1] 新课程改革对教研工作提出新要求：“改进和完善教学研究制度，形成开放、民主的教学研究机制；以新课程为导向，改进教学研究的工作方式，提高教学研究的针对性和实效性；认真研究和总结课程改革中的经验和问题，积极推广优秀的教学改革成果；加强教研机构和人员队伍建设，提高专业研究、指导、管理和服务的能力与水平等。”[2] 这些要求为区域教研工作转型指明了方向：区域教研机构由原来的教育管理“权威机构”转向侧重教学研究、指导、服务的“专业机构”；教研内容由从关注学科知识的教学转向关注学科的育人价值和学生的发展；教研员由“行政管理者”转向“课程领导者”；教师从教学知识“传授者”、教学任务“执行者”转向教学反思的“研究者”。

从教师专业发展视角来看，20世纪80年代中后期，教师专业发展研究从关注教师个人实践知识的教师认知研究逐渐转向关注教师与教师间关系的教师生态文化研究。与此同时，“教师成为研究者”“教师成为实践反思者”思想也日益兴起。这种新的思想要求：打破传统的自上而下的教研工作方式，探索建立自下而上教师专业发展支持系统；打破传统集体教研单一模式，探索多种形式教研方式，为教师研

[1] 叶澜.“新基础教育”论——关于当代中国学校变革的探究与认识［M］. 北京：教育科学出版社，2006：106-112.

[2] 教育部. 教育部关于进一步加强和改进基础教育教学研究工作的指导意见（讨论稿）［Z］. 2005.

究与反思营造广泛参与、合作交流、民主协商的教研文化。作为教师专业发展引领者，教研员面临着从教学管理者、资源分配者、教学监督者、教学考核者转向实施基于课程标准与评价的指导者，具有共同信念教研合作共同体的领导者，为教师专业发展提供有效支撑。

从区域教育均衡发展来看，教育均衡是教育改革的新要求，是一种新型教育发展观。在区域内部，教育不均衡主要体现为校际管理水平、师资队伍、政府投入及生源不公平。教育持久性更新的动力应源于学校内部，应该源自“人的发展”。因此，师资队伍持续性发展构成了区域教育均衡发展的核心。这种教师持续均衡发展呼唤区域教研工作新范式，要打破校际藩篱，统筹规划，实现教师间的合作分享、差异互补，形成研修共同体。

基础教育改革和发展的现实需求要求区域教研工作转型和创新。这种转型与创新，不仅体现在教研工作内容与职能的转变、教研理念的转变、教研员角色的变化，更体现在区域教研工作组织方式和教研文化的转型。

二、现行的区域教研是否满足新要求需要理性审视

顺应基础教育改革背景，为新课程改革和教师发展提供适宜的教研活动，20世纪80年代后，教研活动也做出了改革和新实践探索，开拓了教研活动方式由单一到多元发展的新局面，教研活动的内容和方式都得到极大丰富。“基础教育教研室制度在半个多世纪的发展历程中，在稳定正常的教学秩序，执行教学计划和教学大纲，开展教学研究，总结推广教学经验，积极组织“教改”实验，提高教师的业务水平，以及加强中小学教材建设等方面，做了卓有成效的工作，为提高中小学教育教学质量做出了积极贡献，也为中小学教师摆脱职业的孤独及满足社会对教师职业的要求提供了切实的帮助。”[1]

尽管教研工作对基础教育的发展功不可没，但毋庸讳言，面对目前基础教育改革和发展的新挑战，区域教研工作还存在诸多问题：①以“主在教学管理和规范”及“侧重对教师进行‘弥补缺陷’”培养为主要价值取向仍然大行其道，“学校校长、教师和学生的教学要求不能得到有效的表达”；②打着“合作交流、民主开放的工作氛围”旗号的区域教研、校本教研等新型教研活动也与平等合作相差甚远，因而有研究者指出“在不同群体和集团中，教师们看起来互相敬

[1] 从立新. 教研员角色需要彻底改变吗 [J]. 人民教育，2009 (2)：52-56.

重，互谦互让，还不时进行经验座谈、上公开课、教师之间互相听课，合作交流的大环境非常浓，但实际上收效甚微”；③在区域教研实践中发现，适应课程变革的创新教研模式探索缺少破解的路径，激发教师的深度参与缺乏策略设想。

区域教研工作仍处于“经验对经验”层面，教研员作用得不到发挥，教师实践问题得不到解决，区域教研工作很难发挥出对区内校本教研工作的引领作用。因此，探索符合教育改革发展新需求的，路径清晰、制度完善的区域教研模式成为当下区域教研工作的一个非常重要的实践课题。

三、设计本位研究取向的主题教研模式可以视为一种新探索

长期以来教学研究沿循自上而下、经验思辨的路线，最常见的教研形式就是“传、帮、带”。这种教研思路在过去有限知识传授时代是非常有效的，能快速帮助教师传承经验，使得教研活动常常从技术来到技术去，以经验对经验。这样虽然能在短时间内使“新手”尽快上手，[1] 并且不断涌现出教育教学“能手”，但这种思维方式，不仅总是强调“能手”对“新手”帮扶作业，将不同的教师专业发展阶段放置于对立状态；而且由于缺少对实践问题的关注及研究，使得实践较多停留在感性的层面上，无法真正实现通过研究问题最终改进与完善实践的目的。实际上，仅仅靠“告诉”新手专家所知道的现成的技术和经验，属于“近亲繁殖”，新手很难走出“能手”桎梏，所产生的实践成果仅限于实践经验的堆叠，很难上升至教学法知识和系统理论创生，其推广面和适用范围就非常有限。因此，教师专业发展在实践知识快速传递的同时，更强调引导教师关注实践问题的反思；在关注经验总结的同时，更要关注实践性理论的创生。

“设计本位研究”是20世纪90年代在美国学习科学领域兴起的一种新型的研究范式，主要通过分析、设计、开发和实施的反复循环，改进教育实践，并提炼对情境敏感的设计原则和理论。在设计本位研究中，认为问题依存于特定情境，而问题的解决并不是依靠现成的理论和经验传递，而是无数次“试误”，在人与人之间的互动中、在人与情境的互动中生成问题解决的实践智慧。其“理论驱动的设计过程”“数据驱动的修正过程”“合作式实践知识创生”等特征非常契合教育改革新要求。同时，教育研究也不是一蹴而就的，是教育理念到行动的循环往

[1] 胡惠闵. 教师专业发展背景下的学校教研组 [J]. 全球教育展望，2005 (7)：21-25.

复过程。主题教研是一种非常有效的教研活动。相较于其他教研活动，具有系列化、结构性特征，对于深化实践问题的研究、持续性地改进教学实践更具优势。因此，我们将设计本位研究取向的主题教研模式作为新时期教研转型的一种新探索。

第二章　研 究 意 义

上海市宝山区的主题教研规程研究以“设计本位研究”研究理论作为支撑，从“设计本位研究取向下的主题教研规程”建构与开发中，彰显区域教育学院适应教研转型与创新的有益探索，从“指向课堂教学改进的‘诊断接力式’主题教研规程”“指向课程知识建构的‘研训融合式’主题教研规程”到“指向学生素养发展的‘教学相长式’主题教研规程”的研制与实施，凸显区域教研员创造性运用教研规程的成效与实践经验积累。从“理论研究”走向“实践探索”，从“经验层面”到“实证层面”，其背后是教研理念和教研方式的转变。因此，“设计本位研究取向下的教研规程”研究具有理论与实践双重意义。

一、扩大了教研活动研究视阈，丰富教研活动研究理论

近年来，有关教研活动的研究日渐增多，但这些研究大多是教研员的经验总结，或是教研活动的内容和方式探究，或是有效教研实践范式的探索，或是研究现有教研活动中存在的问题与不足，缺乏理论的关照。

部分学者意识到教研活动研究理论缺失的问题，并努力寻求理论视角。例如：有学者从“课程领导”关照教研活动，强调“教研员是专业的课程领导者”[1]；有学者用“共同体理论”指导教研活动，帮助教师构建教学研究共同体[2]；还有学者从组织文化理论出发，强调评价分享式教研活动文化[3]。但是，这些理论关照得较多的都是从活动组织出发，缺少对教研活动顶层设计的思考和探索。因此，我们借鉴美国学习科学领域设计本位研究范式，从系统设计与规划视角探索科学、规范、有效的主题教研活动新规程。这样不仅能丰富教研活动的理论基础，也能增强国内教研活动组织者设计与规划意识，更能为传统经验式教研范式提供一种新思路。

[1] 赵起月. 课程改革背景下教研员角色的个案研究 [D]. 上海：华东师范大学，2010.
[2] 杨敏. 对教研员评课的研究 [D]. 成都：四川师范大学，2009.
[3] 杨炎轩. 教研组文化变革：组织文化变革理论的视角 [J]. 教育发展研究，2010 (10)：74-78.

二、建构主题教研多元规程，为区域主题教研活动提供新路径

在实践中，如何引领区域不同水平、不同类型学校的校本研修工作，切实解决课程改革中学校、教师所面临的新问题，这是新一轮课程改革能否取得成功的关键。但是，在以往的教研实践探索中却不尽如人意。主要表现在：教研活动操作模式的经验总结较多，而全面深入的分析较少；泛泛而谈教研活动现有问题的研究较多，而深入扎实的实证研究较少；点式校本教研行动路径探索的较多，区域层面系统规划和引领的较少。

本研究尝试从教育实践出发，建构区域教研活动规程，通过区域教研实证化、规范化的路径引领各学校校本教研工作，从而提升区域整体教研水平。同时，规划、明晰的操作规程和丰富的实践经验，既能为区内教师参与和开展区域主题教研活动提供"脚手架"，提升教师教学研究参与度和教学研究能力，也可以为其他区域探索主题教研活动的可靠行动之路提供参考。

三、伙伴共生的教研理念，顺应教师专业发展新方向

20 世纪 90 年代后，"生态观"成为教师专业发展的一种新思维。相比于理智取向和实践反思取向教师专业发展观，生态取向非常强调群体文化对个体的影响，强调教师专业发展的社会性。随着教育改革的深入，生态取向教师专业发展观日益被认可，越来越关注教师群体之间的平等合作，实现实践智慧最大化。"好的"教师群体需具备"民主""平等""开放"的特点。

在设计本位研究取向下的教研规程中，特别强调教研共同体的建构。通过主题教研活动中"合作设计""集体研讨""合作教学"等活动，为教师搭建合作互助平台，营造参与、合作交流、民主协商的教研文化，让教师在比较学习中相互借鉴，取长补短，汲取精华，在相互交流中智慧共生。这种"伙伴共生"的教研理念，不仅契合了教师专业发展的新取向，也改变了过去教师单打独斗的局面，为教师更有效的专业发展而助力。

第二部分 理论解析

第三章　主题教研

第一节　中国教研活动的形成与发展

回溯我国教研活动的形成与发展，可以更好地理解教研活动的历史与影响，同时为探求新时代教研活动的开展和教研工作的转型发展提供借鉴启示。

一、教研活动的发展与演变

我国教研制度经历了70年的变革，对基础教育的发展有着不可替代的影响，整体上经历了四个重要时期，不同阶段的教研活动也各有侧重。

（一）1949—1965年：初创与初步发展

新中国成立之后，旧的教育体制已不适应新中国发展的要求，急需建立新的教育秩序，而这其中一个重要举措就是先在教育行政系统内部建立教学管理组织，具体部署和主持教学工作的正常开展。1952年，《小学暂行规程（草案）》和《中学暂行规程（草案）》的出台是教研制度建立的开始。1957年颁布的中国历史上第一个以教研组为主题的正式文件《教育部关于〈中学教学研究组工作条例（草案）〉的通知》及其说明，进一步规范了教研组的性质、定位和工作内容。该文件明确指出："教学研究组是教学研究组织，不是行政组织的一级。它的任务是组织教师进行教学研究工作，以提高教育质量，而不是处理行政事务。"

这个时期教研机构的工作主要集中在编写新中国的第一批教材、保障全国中小学恢复教育教学的正常秩序，培训教师，提高教师的素质，帮助教师解决教育教学中的问题。[1] 同时，还要按教材要求提供教师和学生参观、研究的教学场所，如

[1] 梁威，卢立涛，等. 撬动中国基础教育的支点——中国特色教研制度发展研究［M］. 北京：教育科学出版社，2011：3.

上海市教育局教研室就组织了教师到可满足教学需要的农场参观和实习。[1] “这一时期教研活动主要是加强国家有关政策、方针的学习；钻研教材教法；组织教师观摩教学、听课评课。”[2] 其后十来年时间内，教研机构的作用逐步显现出来，也慢慢走出对苏联经验的盲目照搬，教研活动逐渐走向制度化。

(二) 1966—1976 年：遭遇挫折与停滞

1966 年起，我国开始了长达十年的“文化大革命”。受此影响，教研机构名存实亡，教学研究工作陷入瘫痪，许多教研人员被借作他用，教研活动停顿。“文化大革命”中，在“停课闹革命”的冲击下，作为业务部门的专职教研机构成为运动冲击的主要对象之一，教研室几乎处于瘫痪状态，教研制度的建设陷入低谷，教研活动无法开展。1967 年 3 月 7 日，《人民日报》发表《中小学复课闹革命》的社论；1967 年 10 月 14 日，中共中央发出《关于大、中、小学校复课闹革命的通知》，要求“全国各地大学、中学、小学一律立即开学……一切大中小学校一边进行教学，一边进行改革”，但是因为原先的教材都被废除，复课后没有教材，教学陷入混乱局面。面对这种局面，各地成立了教材编写组，组成人员便是原来的教研工作者，承担起了编写教材的工作。“文化大革命”后期，各地的教研机构陆续恢复，各地从中小学抽调了有教学经验和研究能力的教师担任教员，在编写教学材料、帮助教育行政部门整顿教学秩序方面做出了一定的贡献。

(三) 1977—1999 年：恢复重建与规范发展

持续十年的“文化大革命”使我国的基础教育事业遭到了严重的摧残，“文革”结束之后，各地教育部门的首要任务就是恢复和整顿教育秩序，并相继恢复了教研机构，以加强对教学工作的具体指导。“教育行政部门和学校应加强对教学工作的领导，注意组织教师研究教材和教学方法，帮助水平较低、经验较少的教师提高教学质量，交流教学经验”；在教研活动内容上，要求“全日制中学必须切实加强基础知识的教学和基本技能的训练”。[3]

1990 年，国家教育委员会发布《关于改进和加强教学研究工作的若干意见》，明确了教研部门的作用，规范了教研工作职能，将其工作重点确定为教学研究、教

---

[1] 聂劲松. 中国百年教育研究制度审视 [D]. 长沙：湖南师范大学，2009.

[2] 李松. 我国中小学教研 60 年 [J]. 当代教育科学，2014 (17)：15-19.

[3] 全日制中学暂行工作条例（试行草案）、全日制中小学暂行工作条例（试行草案）[Z]. 安徽教育，1978.

学指导和教学管理三方面，要求各级教研机构“要不断改进和完善教学研究制度和工作方式，努力将教学研究工作的重心下移到学校，积极调动与整合高等院校、科研院所等各种专业学术力量，构建专业支持体系，以区域教研、联片教研、网络教研等多种形式，营造广泛参与、合作交流、民主开放的工作氛围，切实解决学校教学活动中的实际问题，全面推进校本教研制度”。[1] 同时，在这一时期，中小学普遍建立了教研组，学校的集体备课制度和教研组集体学习、研讨制度普遍落实，四级教研体制至此基本确立，成为中国独特的教学管理模式。

(四) 2000 年至今：逐步完善与调整转型

2001 年 6 月，教育部颁布《基础教育课程改革纲要（试行）》，在改革的具体目标上，提出了著名的六个改变，对教研机构的工作任务和内容进行了全面改革，但也同时指出“各中小学教研机构要把基础教育课程改革作为中心，充分发挥教学研究、指导和服务等作用”。2003 年，由北京市基础教育研究中心承办的“全国教研创新研讨会”在北京召开，由此掀起了有关教学研究工作的大讨论，推动了全国教育各部门对教学研究工作的深层次思考。2005 年 11 月 13—15 日，在北京召开了“全国基础教育教学研究工作研讨会”，为课程改革保驾护航，交流各地先进的教研工作经验，教研机构在课程改革中的重要作用逐渐被发现，各级教研机构也努力进行职能转变，寻求职能创新，各省、市、县（区）教研机构的职能定位逐步从“以教学为中心”变为“以课程改革为中心”，职能转变为以课程教材改革为中心的教学研究、教学指导、服务等职能。[2]

新课程改革对教研工作提出新要求：“以新课程为导向，改进教学研究的工作方式，提高教学研究的针对性和实效性；为教育行政部门进行教育教学的科学决策提供专业服务；帮助学校建立与新课程相适应的常规教学管理制度；认真研究和总结课程改革中的经验和问题，积极推广优秀的教学改革成果；加强教研机构和人员队伍建设，提高专业研究、指导、管理和服务的能力与水平等。”各级教研组织在课程改革实验中担任了“桥梁”作用，加强了各方面的联系，促进了课程改革的整体推进。此外，从教师专业发展的视角来看，20 世纪 80 年代中后期，教师专业发展研究从关注教师个人实践知识的教师认知研究逐渐转向关注教师与教师之间关系

[1] 董绍才. 基础教育教研室制度创新研究——基于山东的案例 [D]. 上海：华东师范大学，2009.
[2] 梁威，卢立涛，等. 撬动中国基础教育的支点——中国特色教研制度发展研究 [M]. 北京：教育科学出版社，2011：5.

的教师生态文化研究。与此同时，“教师成为研究者”思想也日益兴起。教师发展理念也为促进教研工作提出更高要求——基础教育教研室不仅要成为“课程研究中心”，而且更要变成“教师专业发展研究中心”。[1]

二、教研活动的相关概念

近些年来，中国在国际学生评估（Program for International Student Assessment，PISA）测试中的成绩引起了世界范围内对中国基础教育制度的关注，其中有学者指出，“中国大陆的基础教育，若论经费、论教师学历、论学校设备等，都无法与美国相比，甚至可以说整体水平要相差许多，但是说到教育质量，最典型的如学生的平均成绩，却要比美国强得多”。[2] 究其原因便是“教研”发挥了重要的作用，关于教研活动的研究也随之受到重视。

“教研”是“教学研究”一词的简称。广义的教研是指教师对包括教学活动在内的所有教育实践的研究，涵盖教育、教学、管理等多个内容，宏观研究、中观研究、微观研究等多个层面，理论研究、应用研究、实践研究等多个领域。狭义的教研，通常则是指以教师为主体对具体课堂教学实践的微观研究。

（一）教研活动的内涵

在已有研究中，主要存在以下几种教研活动的界定方式：

第一，教研活动是一种发展活动。教研活动主要是促进教师专业发展的活动。如，薛晶认为教研活动一般是指某个教师群体，在教研负责人的组织下，以教师在课程实施以及教育教学过程中所面对的具体的教育教学问题为研究对象，以教师为研究主体，以专业研究人员为合作伙伴，以促进教师专业发展和学生发展为目的的实践性研究活动。[3]

第二，教研活动是一种总结活动。在该定义下，教研活动主要是一种有计划、有意图的，发现总结事物规律，解决问题或改进某个具体教学情境的教学研究活动。如，杜亚丽认为，教学研究活动是依据教学大纲、教材，对教和学提出的教学目的和要求，针对教学实践中存在的实际问题进行研究和探索，总结出具有指导意

---

[1] 朱志平. 改善教研方式，提升教研水平 [J]. 全球教育展望，2003 (8)：51-55.
[2] 丛立新. “聚焦：今天怎样做教研员”系列之六　教研员角色需要彻底改变吗？ [J]. 人民教育，2009 (02)：52-56.
[3] 薛晶. 浅谈教研活动与教研札记 [J]. 音乐天地，2006 (03)：14-15.

义的教学规律的研究活动。[1]

第三，教研活动是一种程序活动。教研活动主要是为了达到目的，按一定的步骤、原则和程序进行的活动。如，雷树福认为，“教研活动是学校有目的、有计划地组织教师按照一定程序对具体课题的教学实践进行研究的形式”。[2]

第四，教研活动是一种方法活动。教研活动主要是运用各种方法认识和解决教学问题的过程。如，张秋爽等人认为，教学研究应该以新课程为导向，紧紧围绕课程实施中的问题开展研究；改革教学研究的形式和方法，灵活运用案例分析、问题解决、调查研究、实践探索、区域交流等多种方式，针对课堂教学出现的问题、现象进行进一步的剖析，提出建设性的意见，全面提高教学质量。[3] 再如，陈桂生认为，“所谓教学研究，是指具体运用‘教学法’指导教学，后来，由于‘教学法’逐渐淡出人们的视野，教学研究实际上成为这节教材或那节教材、这单元教材或那单元教材如何教学的讨论”。[4]

第五，教研活动是一种推广活动。它主要是先进理论的提高和优秀实践成果的运用。如，王煌认为，教学研究活动“主要指的是基础教育领域内的教学研究，指向中小学教学的实践，并且多以学科教学研究为主，其研究范围主要包括在关照教师的教学质量提高的前提下或基础上，围绕教师的课堂教学、教材教法的试验改革推广等方面来进行中小学教学等各个方面的研究活动”。[5]

第六，教研活动是一种实践反思性活动。它主要是指对某种已发生的行为事情，回头重新思考，从中总结经验教训。吴一含认为，“教研是指教师个体或群体就自己或他人的教学实践进行反思，探讨的一种行动”。[6]

上述对于“教研”概念（狭义）的理解，第一种观点侧重于教研的目的，第二种至第五种观点侧重教研活动的具体操作行为过程，第六种观点侧重教研活动的性质。每种观点均从不同侧面对教研的内涵进行了描述。关于“活动”，在《现代汉语词典》中有六种解释，此处的含义是：“为达到目的而采取的行动。”相比于教学研究，教研活动更强调为提高教育教学质量而采取的研究行动。

---

[1] 杜亚丽. 谈中小学教育科研与教研的关系 [J]. 现代中小学教育，2001（10）：44-45.
[2] 雷树福. 转变教研思想 更新教研意识 [J]. 中小学教师培训，2007（08）：13-15.
[3] 张秋爽，苏静林. 教研员重在专业引领 [J]. 中国教育学刊，2009（05）：90-91.
[4] 陈桂生. 何为中小学教师的“教研”与“科研” [J]. 教育理论与实践，2008（02）：7.
[5] 王煌. 教研室教学研究的现状分析与对策探讨 [D]. 上海：华东师范大学，2009.
[6] 吴一含. 物理网络教研现状调查研究 [D]. 重庆：西南大学，2007.

综合上述概念，本研究所指的“教研活动”，是指中小学教师有目的、有过程、有方法地分析和解决学校课程实施、教育教学过程中所面临的各种具体教育教学问题，以促进教师发展为宗旨的一种实践性、反思性的专业发展研究活动。

（二）教研活动的内容

对教研活动内容的研究多是以开展具体教研活动或梳理教研制度发展历程来呈现，现有研究主要有两种：一种是历史条件下，教研活动内容的变革研究，如前文所述；另一种则是具体教研活动内容的研究。

有学者将教研活动归纳为决策咨询、课程开发、教学领导、教师发展四个方面：

1. 决策咨询是要收集实践层面的资料，发现问题并分析原因，然后反馈信息。

2. 课程开发即在官方的正式课程与教师的理解课程之间搭建过渡“阶梯”，避免教师的理解课程与新课程改革的理念背道而驰。先要解读国家课程标准，再制定地方课程方案，建立地方资源库并了解基层学校的课程改革情况和需求，并且明确地方课程的形态。

3. 教学领导是由宏观教学领导、中观教学领导和微观教学领导三个层次构成的系统。以教研机构为中心的教学领导职能应该定位在中观层面上，首先要制定目标，做好计划；其次是管理课程与教学，进行教学检查和评价；最后要营造和谐的教学环境，促进教师发展和实现学生成长的目的。

4. 教师发展则需要研究现代教师发展观，制定区域性教师发展规划，转变教师发展的评价，并且做好教师发展的管理。[1]

有学者选取某个特定的理论视角对教研活动加以研究，依据理论视角提出教研活动应发挥的作用。如，崔允漷将教研员定位为“专业的课程领导者”，因此教研活动内容应包括：“①课程设计：根据本地的实际和需求，研究、设计国家课程方案的推广，开发地方课程；②发展服务：理解教学专业，建立合作共同体，为教师的专业成长提供平台、支持和服务；③专业指导：指导学校做好课程规划方案，指导教师开展基于课程标准的教学与评价，指导教师开发综合实践活动课程和校本课程；④质量促进：加强统考管理，研制地方统一测试框架，让统考成为促进教与学

[1] 肖楠楠，代建军. 定位与转型：课程监控视域下教研室职能研究［J］. 教育理论与实践，2012(17)：39-42.

的重要手段。”[1]

有学者将校本教研内容划分为“学校、教学、教师、学生四个核心方面”；[2]有学者在提高教研质量方法探析中将有效教研内容定位为“教的研究”，包括教学理念、教学方式、教学内容、教学评价研究；[3]还有学者认为，研究课堂教学、研究教师的教学行为和学生的学习行为仍然是新课程以来教研的重要内容。总体而言，教研内容多是围绕课堂教学中的因素开展，如教学、教师、课程与教材，随着课程改革深入，有关学生的“学”也逐步纳入其中。[4]

（三）教研活动的方式

内容和方式是教研活动两个重要组成要素，教研内容依托于具体活动方式才得以开展和推广，二者相互依存。同一教研内容，可以有多种实现形式，其中网络教研、校本教研、听课、评课、集体备课都是热点教研方式，近些年来还出现了主题式教研、项目引领式教研等前沿趋势。但是无论是哪种形式的教研方式都是围绕课堂教学这个中心内容展开的。总体而言，对教研方式的研究主要分成两类：一类是教研模式的研究，一类是特色教研方式的探究。

“教研活动模式是将教研目标、策略、方法和程序等融为一体，把抽象理论转化为具体的操作模式，有利于提高教研活动效率。”[5]通过文献梳理发现，主要有以下几种教研模式：反思型教研活动模式、基于教师 PCK（教学知识 Pedagogical Content Konowledge）发展的“理解—参与—分享—实践—反思”模式、“选课—学课—备课—说课—讲课—议课—结课”的“三阶段七环节操作模式”、“说课、看课（上课）、评课、反思”的“三课—反思的校本教研活动模式研究”、城乡学校共建的“行为跟进”教研模式、“反复式”物理校本教研模式、“问题驱动、研训一体、共同发展”教研模式，以及“科组三人行区域教研模式”等。[6]

关于教研活动模式的研究相对薄弱，多以以下几种活动模式的研究为主：教师参与教研活动的过程，提出“三阶段教研操作模式”为理论基础进行探讨；以解决问题为目标的“发现问题—分析问题—解决问题”教研活动模式，并且反复循环；

---

[1] 崔允漷. 论教研室的定位与教研员的专业发展 [J]. 上海教育科研，2009（8）：4-8.
[2] 陈世滨. 校本教研形式与内容关系的实践阐析 [J]. 教学与管理，2006（16）：28-31.
[3] 万国权. 提高教研质量方法探析——以江苏省如皋市教育局教研室为例 [J]. 江苏教育研究，2014（3）：58-60.
[4] 朱福荣. 新课程新教研（下）[J]. 小学教育科研论坛，2003（3）：4-5.
[5] 龚兴英. 中小学教师教研活动研究 [D]. 重庆：西南大学，2014.
[6] 李梅园. 中小学教师对教研活动认同感的调查研究 [D]. 上海：华东师范大学，2018.

还有针对教师参与方式，提出“教师共同体模式”。[1]

具体教研活动方式的探讨则是更加多样化。如有学者结合课堂观察 LICC 模式提出听评课规范化操作范式（即学生学习 Learning、教师教学 Instruction、课程性质 Curriculum 与课堂文化 Culture 四要素）[2]；有学者指出，说课是一种有效的教研活动，并对说课进行分类，将其划分为课前说课与课后说课、集体说课与个人说课、常规说课与专题说课、竞赛说课与观摩说课[3]；有学者通过对“集体备课”历史的梳理，澄清我国集体备课制度的由来，揭示备课存在问题的症结，明确集体备课与个人备课的关系[4]；也有学者对与信息技术融合的虚拟教研活动的特点、功能及组织管理方式做了详细介绍[5]；还有学者对“小学科”进行深入研究，指出“小学科”教研活动存在的问题并提出相应的对策和建议[6]。整体来看，关于具体教研活动方式的研究主要是从教研活动组织者的角度，总结梳理具体教研方式的类型、内涵特点、实践方式等。

（四）教研活动的影响与成效

中国有组织的教研活动，迄今已有 70 余年历史，它为提高课堂教学的质量以及课程教学改革都做出了重要贡献，这一点得到普遍公认，甚至有很多学者认为“这也许是让中国学生获得 2012 年 PISA 测试成功的重要因素”。总体而言，已有研究认为教研活动的影响主要体现在教师发展、课程建设、学科发展、教学质量提升四个方面。

所谓教研成效，即教研活动质量的评价，是对教师专业成长和教学效益提升所产生的正面影响。随着教研活动影响扩大，为了客观反映教研活动的成效，近年在相关研究中加强了“教研活动评价”的研究，但是规范化、体系化的研究却非常少。目前主要是教育行政部门制定的考评制度，记录教师参与教研活动的时间、次数、出勤率、教研活动中的表现，以及收集活动记录、听评课记录、教学反思、教研总结等作为评价依据。[7] 还有部分学校或区域的项目评价方案、评价表或者评

---

[1] 龚兴英. 中小学教师教研活动研究 [D]. 重庆：西南大学，2014.
[2] 付黎黎. 听评课：指向合作的课堂观察 [J]. 教育科学研究，2010（2）：38-40.
[3] 胡继飞，郑燕花. 说课，值得倡导的教研活动形式 [J]. 继续教育研究，2002（4）：87-89.
[4] 陈桂生.“集体备课”辨析 [J]. 中国教育学刊，2006（9）：40-41.
[5] 周元春. 虚拟教研活动——一种新型的教学研究组织形式 [J]. 广东技术师范学院学报，2006（4）：19-21.
[6] 王海.“小学科”教研活动存在的问题及对策 [J]. 教学与管理，2010（34）：37-38.
[7] 吕敏霞. 中美校本教研比较研究 [D]. 上海：华东师范大学，2008.

价方案，如陈坚根据高校课堂评价标准提出了教研活动评价表[1]，包新中提出将专家引领、同伴互助、自我反思作为教研活动实效评估的三条标准。[2]较有体系的主要是雷树福关于教研活动评价量表，设计了“选课、学课、备课、说课、讲课、议课、结课”等7个一级指标、共32个指标，以及开展区域性教研机构学科教研活动的评价研究项目。[3]其他“教研活动评价”的研究，多是体现为“教师对教研活动态度、认知和认同、参与度方面”的调查，如校本教研认同感调查研究。[4]总体而言，教研成效评价系统研究比较少，主要以行政制度和个案式评价量表为主，但也有少部分学者开始引入教师态度和认知作为衡量教研活动成效的标准。

三、新时代教研工作转型

当前，我国教育事业逐渐向着促进公平、提高质量为本的内涵式阶段不断发展，特别是2014年教育部发布的《关于全面深化课程改革，落实立德树人根本任务的意见》提出：要根据学生的成长规律和社会对人才的需求，把对学生德、智、体、美全面发展总体要求和社会主义核心价值观的有关内容具体化、细化，深入回答“培养什么人、怎样培养人”的问题，明确各阶段学生的核心素养及学生应具备的为适应终身发展和社会发展所需要的必备品格和关键能力。[5] 2017年，国务院发布关于国家教育事业发展“十三五”规划，同样重点强调了“教育质量全面提升”与“教育发展成果公平”的目标，要求做到“教师素质进一步提高，学校办学条件明显改善，教育信息化实现新突破；教育教学改革取得重大进展，学生学业水平和自主学习、终身学习能力全面提升”“教育精准扶贫、精准脱贫的效果充分显现”，等等。[6] 2019年，《教育部关于加强和改进新时代基础教育教研工作的意见》也明确指出了“创新教研工作方式，积极探索信息技术背景下的教研模式改

[1] 陈坚. 教研活动的策划、流程与评价 [J]. 教学与管理，2012 (31)：33-35.

[2] 包新中. 中小学教研活动实效性评估与反思 [J]. 教学与管理，2013 (4)：33-35.

[3] 雷树福. 教研活动概论 [M]. 北京：北京大学出版社，2009：3.

[4] 贾霞萍. 中小学校本教研实施现状调研报告 [J]. 教育理论与实践，2015 (32)：31-34.

[5] 教育部. 教育部关于全面深化课程改革落实立德树人根本任务的意见 [EB/OL]. http：//old.moe.gov.cn//publicfiles/business/htmlfiles/moe/s7054/201404/xxgk _ 167226. html. 2014-04-08/2020-03-01.

[6] 国务院. 国务院关于印发国家教育事业发展“十三五”规划的通知 [EB/OL]. http：//www.moe.edu.cn/jyb _ xxgk/moe _ 1777/moe _ 1778/201701/t20170119 _ 295319. html. 2017-01-10/2020-03-01.

革”等。从现有成果来看，新时期的教研工作已经出现了新的特点与亮点。

（一）教研与科研相结合，研究成果转化为培训内容

在以往的教研活动中，往往科研归科研、教研归教研，始终难以解决教研与科研的融合问题。在研究方面，科研与教研的结合也使得教研更加注重科学的研究方法。从研究类型来看，教研机构的研究主要分为三类：①实践研究或实践的行动研究，在学校与教师的教育教学实践中发现问题，提出改进措施，进行经验总结与对策研究是县（区）级教研机构及一线教师最常见的教研科研内容；②哲学研究或思辨研究，主要针对教育思想、教育理论与教育政策等进行思考，帮助学校和教师理解教育改革的政策与理念等；③实证研究，用事实和证据解释现实问题，分析教育现象，用“事实”而非“逻辑思辨”的方式论证。而新时期的教研工作也越来越凸显科研助力，同时倡导将研究成果转化为相应的教师培训课程、资源，实现教研、科研、培训的有机融合。

（二）借助信息技术，网络教研与数据诊断逐步涌现

伴随着课程改革的深化和时代背景的变革，教研工作也在自我发展中不断更新和创造，在一线的教研工作中涌现出众多符合时代诉求和课程改革愿景的教研方式。借助信息技术的发展，网络教研开始涌现并迅速发展，拓宽了教研机构职能辐射的范围、时空，更为便利。有学者提出“网络通过加深了的和扩大了的课堂教学专长以及新的领导作用，为教师经历职业生涯的成长提供了一条途径……它们为教师提供了动力去挑战现行的教学实践，在专业上取得进步”。[1] 利用互联网教研平台，可以便捷地组织教研活动，为广大优秀教师搭建展示教育教学研究成果的平台，促进教师综合素质的不断提高，随时随地进行学科间的研讨、交流和学习，高效便捷地开展教研活动。

另外，借助网络信息平台、数据平台与监管平台，部分教研机构的教研活动正在从传统的诠释宏观、整体的教育状况，逐渐转向充分利用大数据为教研活动提供清晰、具体的依据，教研员可以针对性地分析微观、独特的学生与课堂、教师状况，提高教研活动的针对性和效率。

（三）项目式、共同体等教研形式的实践探索

上海等地的教研机构在长期教研工作中发现：零散的、即时性的教研活动成效

---

[1] Lieberman, A. & McLaughlin, M. W. Networks for Educational Change: Powerful and Problematic [J]. Phi Delta Kappan, 1992, 73 (9): 673-677.

较为有限，持续跟进式的教研活动往往更能达成理想的效果。教研机构在总结课题研究经验的基础上，以“项目”为抓手，开展“项目式”教研，从而实现同一主题下的教研活动的持续开展。通过项目引领推动教学研究，以及通过项目引领破解课程教学难题，是当前项目引领式教研的主要应用方式。

还有大量实践证明，以教研共同体的方式推进教研活动，契合了教师的内心需求，实现了教学问题改进和教学经验分享。包含省、市、县（区）、学校的教研共同体已经形成了一种上下沟通、四级联动的推动教育发展的系统结构。在这个自上而下的系统中，不同层级的教研共同体有明确的教研分工、负责不同层级的教研工作，让高质量的教研成果能够逐级推广至学校，形成了一个完整的教研共同体。

作为教研活动的新型探索，转型中的教研工作得到普遍认同，但是引领我国教研发展的经验主要集中在少数发达地区，辐射面较为局限。且现有研究成果较为零散，操作性不强，研训一体、信息化应用、项目式及协作式的主题教研仍处于探索阶段，迫切需要更具深度的理论指导与经验借鉴。

第二节　国际视野中的教研活动

“教研”一词是我国基础教育独有的组织形式与活动内容，西方国家并没有直接概念与之对应，但我国教育研究发展过程中学习和借鉴了大量的西方概念、术语和理论，教学研究活动领域也是如此，这无可厚非，也非常必要。随着全球化进程的推进，我们的教育研究在进一步发展中既需要秉持全球视野，更需有一种“本土”理性：结合自身实践情境，思考西方概念和术语背后的思想内核，吸收合理的理论建设和操作经验，以更加合理地改善国内“教研活动”。

在此背景下，国内学者借鉴了西方有关教师专业发展的理论和思想，分析我国的教育实践，发现我国早已有之的“教研”，最典型的如各级教研组开展的教研活动，在各国有着不同形式和内容的教学研究活动。

一、美国的教师引领活动与专业学习共同体

（一）教师研修和教师引领活动

美国中小学领域并没有统一建立起类似我国的教研组制度，同一学科的教师常

常“各自为政”，传统上的美国中小学主要是在不同教育理念的指导背景下实施着不同的教研项目或计划。随着教师专业化浪潮的推进，以美国为代表的西方国家发现教师专业发展个人主义的倾向日益加剧，教师拘泥于自己所属的课堂和学科，封闭于自我的世界中，很少或不愿与同事合作，这种现象严重阻碍了教师的专业发展。为此，美国的教育工作者积极寻求教师教育的变革，就组织形式而言，最明显的转变莫过于在职前、职中以共同体的形式开展教师研修。

从教师专业发展研究领域可以发现，美国的教师研修活动总体而言可以概括为五类：①支持职前教师的协作教学活动；②支持初任教师的同伴指导活动；③专业水平相近的非初任教师之间组织和开展的、相对随意的同伴互助活动；④由州教育厅或学区教育局等教育机构统一组织的、旨在促进所有在职教师的专业发展的校本辅助活动；⑤教师引领活动，这是“教研”的进一步发展，包括教师同伴指导活动、同伴互助、校本辅助甚至部分的职前教师实习活动。[1]

教师引领活动是指教师除了完成自己的教学任务之外，还开展另一些教育活动以促进学校教师的专业发展，影响所在学区和社区的教育政策制定，或在所在学区兼任一定的职务以促进课堂教学实践的改革等。我国的教研活动强调教师针对自己工作领域中产生的问题开展研究，解决实际的教育教学问题，参与课程开发，研究课程实施方法和影响课程改革等。事实上，这也是提倡教师在自己的专业生活中充当“引领者”，而不是行政指令的执行者和跟随者。

教师充当引领者的动机在于，他们不满足于周围的教育水平和现状，试图通过自己的努力去为学生开发合适的课程、满足身边教师的专业发展需求、改进学校的教学质量，而不是出于对经济回报和权力欲望的追求。一般而言，对领头教师或引领教师的界定如下：他们仍旧担任教学工作；他们还担任除教学以外的其他工作，并产生一定的影响；他们不是教育行政管理人员或督导人员，由同事选任，在开展其工作的过程中享有相当程度的自主性。

教师引领活动的主要方式和内容，主要包括：①教师引领者担任一定的教学工作，其必须是自己学科领域中的教学模范；②促进教师专业发展的活动，如为教师设计专业发展计划、评价教师的教学质量等；③在学校层面上促进学校整体发展的活动，参与学校层面上的行政管理、决定学校未来发展与走向方面的工作，如在计划预算、参与决策、选拔优秀教师、决定学校是否开展变革等方面展开工作并承担

[1] 吕敏霞. 中美校本教研比较研究 [D]. 上海：华东师范大学，2008.

相关责任；④作为联结学区领导、学校行政人员以及学校教师群体之间的纽带，促进交流；⑤组织课程开发、选择教科书、探寻有效的教学策略、制定适当的学生行为准则，等等。其中，“促进教师专业发展”“促进学校整体上的发展”及“组织课程开发、探寻有效的教学策略”是教师引领活动的主要内容。[1]

（二）“专业学习共同体”

作为一个专业术语，“专业学习共同体（Professional Learning Community)”或“教师专业共同体（Teachers' Professional Community）”早在20世纪60年代就进入美国教育研究者的视野，它的出现与彰显是20世纪西方社会变迁及思想转换的产物。虽然目前学界对该概念的表述还存在争议，但是普遍认同是指教师群体围绕学生学习或教师发展这一共同目标而展开的集体合作活动，且有效的专业学习共同体应该包括共享的目标、合作活动、关注学生学习、分享实践和反思对话等核心要素。而专业学习共同体的理论形成和发展经历了四个阶段：第一阶段是1887年德国学者滕尼斯（Tonnies）的共同体理论；第二个阶段是1990年圣吉（Senge）提出的学习型组织理论；第三个阶段是1995年博伊尔（Boyer）的学习共同体理论；第四个阶段是1997年霍德（Hord）提出的专业学习共同体理论。[2]

教师专业学习共同体为其专业发展提供了一个相互信任、相互合作、共同发展的环境，通过多种途径为其专业发展提供活动载体，如实现权力共享、推动全员学习、建构合作文化、促进共同发展等。在专业学习共同体中，教师之间没有上下级的科层制限制，平等交流、对话和协商。不管是引领教师还是普通教师都是平等的学习者、合作者和协商者，他们之间相互合作、共同学习和探究教研实践中的问题，共同为教学研究、课程改革和教学管理等献言献策、谋求发展。

专业学习共同体这一西方舶来概念引入我国教育领域后引起了广泛的关注，研究者多用以解释我国中小学教师的教学研修活动。从理论上来看，一方面，专业学习共同体所强调的学习型组织、教师专业自主、平等协商等理念被视为我国教研组发展的理想模式；另一方面，我国教师呈现的专业学习共同体有别于西方国家，如我国中小学教研组并非单纯的专业组织，同时也兼具基层管理组织的特点，教研组织是独具“中国特色”的专业学习共同体。

[1] 吕敏霞.中美校本教研比较研究［D］.上海：华东师范大学，2008.

[2] 牛利华.略论美国教师专业共同体的若干实践问题及其出路［J］.外国中小学教育，2009（1）：36-38+18.

（三）对我国教研活动的启示

美国的“教研”虽然与我国的教研活动有相同之处，但本质上存在着差别。在内容上，我国教研活动更注重解决实践层面的问题；在形式上，我国的教研活动有着制度化的组织形式，发展更为完善；另外，美国的教师专业引领受到“教师成为研究者”的重要影响，各种类型的活动主旨都在于提倡教师成为教学研究者，更加关注教师个体的成长。

还有研究指出，美国教研的专业引领活动中出现了几种新的倡导和趋向：①专业引领人员在提倡新理念的同时，还应以亲自上课等形式向教师展示新理念在实践中的应用；②大学教师到实习生所在的中小学里，与中小学里的指导教师一起观摩和指导实习生上课等；③实习生毕业参加工作成为新教师后，大学教师可跟踪指导之，包括观察他们上课、就其目前所面临的教学问题而开展讨论以及为其上示范课等。这也为我国教研活动的发展提供了新的思路。

二、日本的研修体系与教学研究活动

日本的基础教育质量在全世界特别是在西方国家中饱受赞誉，日本也采取多种措施提升教师质量，其中不断提升教师的水准是教师队伍建设的关键一环。那么，同具东方国家教育传统并实行中央集权教育管理制度的日本，是如何开展教学研究活动的呢?

在日本，教师的专业发展主要有两种渠道：①按照国家的法律规定、由各级教育行政部门组织的教师研修活动；②由民间团体和学校自行组织、开展的教学研究活动。这两方面的活动相辅相成、互为补充。

（一）日本的教师研修体系

从整体上看，目前日本全国共有各级“教师研修中心”107个，覆盖全国各地区，形成了国家、都道府县、市町村三级教师在职培训网络。各地区的教师研修中心都会在前一年制订出下一年度的教师研修计划时间表，包括时间、地点、人数、主题内容、形式等，为教师参加研修提供参考。

各地研修活动的形式大体相同，主要包括专题讲座、远程研究、小型研讨会、特定学科研修、自由研修等，研修的内容涉及学科教学指导、学校管理、教师职业基础、信息处理教育等。此外，根据不同时期国家教育改革政策要求和学校教育中存在的实际问题，教师研修中心也会开展一些专题培训。可见，教师研修的内容涵盖了学校教育的各个方面，既指向特殊群体也满足普遍需求，研修方式也较为多样化。[1]

（二）日本的教学研究活动

“教学研究”在日本使用“授业研究”一词，在英语中被翻译成 lesson study。近年来，我国学者在谈及日本“教学研究”时常常使用的是“课例研究”。

“教学研究”在日本是指由民间发起的一种教学研究活动，其基本形式是通过自由参观原汁原味的公开教学，观摩者对教学过程中注意到的问题开展共同讨论，并对学校、教师和班级下一步的教学活动开展提出建议。教学研究活动的参与者既有大学教师，也有来自一线的中小学教师以及教师培训机构的学者、管理者等。

“教学研究”的范畴涉及课程开发、教材研究、教学过程研究、学生问题研究、评价研究等。也有学者将日本围绕学科教学方法而展开的教学研究大致归类为：教材开发研究、儿童中心研究、班级学习组织建设研究、目标达成研究、聚焦方法的研究和基于生活的研究等。其中，最典型的要数课例研究，是学校教学研究的基本方式，即同一学校工作的教师共同分析、评价课例，从中获得对教学的共识，辐射和影响各个学科和教师，以此促进学生的成长。一般认为完整的“课例研究”应包括选定研究课目标、合作设计研究课、关注实施中的研究课、讨论研究课、重新设计研究课、执教经过重新设计的课程、反思交流重新设计的课程等流程。[2]

（三）课例研修

在日本，课例研修是开展教研活动的重要实践方式之一。从教研活动视角出发，一般将课例研究界定为：教师以课为载体，对教学实践中的问题展开的合作性研究。这项研究通常会经历“疑问—规划—行动—观察—反思和重新规划”的循环过程，与多数常规教研中的“就课论课”有别，课例研究强调从教师教学实践中的问题出发，通过教师群体研究活动解决教学难题，改进教学实践。“课例”是教师课堂教学活动最真实的反映，因此课例研修就是研究真实的教育教学情况的一种实践研究活动。区别于示范课、公开课的最大不同是课例研修下的上课主要目的是用于研究问题，教师带着特定问题，为了解决问题而深入课堂进行观察，听课之后的研讨功能是诊断和研究问题，在反思中形成解决问题的方案后并行动跟进。此外，不同于培训者对被培训者理论和理念的单向传授如讲座、报告、培训等，课例研修

---

[1] 高峡. 日本的教师研修制度和教学研究的展开 [J]. 教育学报，2014 (6)：67-74.
[2] 赵红霞，孔企平. 日本课例研究及启示 [J]. 教育理论与实践，2009 (11)：20-21.

在课堂教学中开展，开展过程中形成建构性反思，对教学设计进行再设计，并重新进入实践环节，因此其是弥合理论与实践鸿沟的一条有效途径。

尽管对于课例研究的认识视角越来越多元，但其根本内涵仍是指向教师专业发展的教学研究活动。在教育实践中，课例研修以实际教学的“课例”作为研究对象开展研究，来探讨和解决教育教学当中遇到的困难与问题，在理论与实践之间建立起一座桥梁，在理论与实践分析的基础上促进教师专业发展。课例研修有助于推动教师个人专业成长，累积实践智慧，有助于形成互相协作的教师研修团队，有助于形成以“合作”与“对话”为主要特征的教师学习共同体。教师是一种特殊的职业，其专业发展必须通过“获取知识经验”的学习和“进行行为实践”的学习相结合实现。能将这二者结合起来的有效途径就是课例研修，课例研修提供了一种教师团队在真实情境中做研究的行动研究方式，在课堂中研究课堂、透视课堂，并在研讨和反思中改进课堂，通过提升教师的教学实践水平进而改进学生的学习行为。[1]

（四）对我国教研活动的启示

日本现行的教师研修制度和教学研究活动的开展和我国有着许多相似点，也有许多不同点。教师的教学研修活动，在课程变革过程中遇到的课程开发、教材编写，以及教学问题和我国极为相像。同时，“教研”中对研究框架、研究对象、研究目的等“方法论”方面的问题重视不够，缺少对教研活动流程的科学性和模式化提炼，更倾向于“实践型的”“尝试错误型的”研究，这类方法论问题在我国也普遍存在。

日本的“教研”是指狭义上的“教学研究活动”，是自下而上展开的。研究主体由一线教师和大学的研究者共同组成，他们之间不是单纯的被指导与指导关系，而是协作研究与学习的共同体。总体来说，日本教师研修在制度设计、研究中民间团体的作用、中小学教师长期自觉的坚持，以及加强研究者和学校的对外交流等方面都有很好的经验，值得我们学习和借鉴。

[1] 肖凤杰. 通过课例研修建设教师学习共同体的研究［D］. 大连：辽宁师范大学，2015.

第四章　主题教研规程

第一节　主题教研规程的内涵价值

新课程背景下，人们对教研活动认识的逐步加深，主题教研实践已成为开展教学研究活动中的共识性选择，但从已有研究来看，针对主题教研规程内涵的界定仍明显缺乏。朱连云最早提出：主题式教研活动是教师凭借扎根于自主教学实践和有目的、有计划、有诊断、有指导、有经验共享的教研活动而获得实践性智慧展开的课例分析、研究活动。首先，以教师在课堂教学中遇到的问题及其解决方案为轴心，教师通过对自己教学问题的梳理，把具有一定典型意义和普遍意义的问题，经过一定的理性加工转化为促进自己专业成长的课题；然后，教研组对教师提出的课题加以集中、归并和整理，形成教师一学年活动的主题；最后，在主题的统领下，教师自身和教研组全体成员一起加以探讨、研究，通过观摩、思考、设计、反思、实践和元评价等步骤，借助质性研究来实现问题的解决。[1] 而吕映等立足于“诊疗式”主题教研实践，提出主题教研是一种基于调查、观察、测试与分析，诊断课堂教学问题并寻求改进策略的活动。以解决问题为核心，以课例研究为基本形式，借助科学的研究方法获得可靠的研究结果，使教研活动从经验性研究走向专业化研究，促进高校教师与中小学教师的亲密合作、共同发展。[2]

主题教研实践活动本质上是行动研究，研究主题来源于教师在教学实践中遇到的困惑和问题，研究目的在于探求解决这些问题的有效策略。主题教研规程聚焦于课堂教学实践，有利于教师借鉴、吸收他人的教学经验，发现自身的问题和不足，有利于培养教师的合作意识与研究能力，促进教师教学水平的整体提高。有效的教

[1] 朱连云. 关注教师实践性智慧 [J]. 中小学管理，2003（2）：22-24.
[2] 吕映，等. “诊疗式”主题教研的研究与实践 [J]. 教育评论，2015（2）：115-117.

研活动必须关注教师个体教学行为的改进，使教师成为研修的主体，推进教学理念向教学行为的转变，提高教学质量，帮助教师解决问题，促进教师的专业发展进程。教研活动的内容是多元知识的汇集，主题教研提供交往和互动的平台供教师理解和反思。而且主题教研活动的途径是开放的，不限于具体统一的模式和方法，重视教师个别差异，帮助教师在自我判断、自由选择中自主地成长。

对教师的角色转变而言，主题教研活动是一个教师参与并为主体的教育活动过程，这种教师角色定位是对教师的一种激励，要求教师积极地与相关人员沟通，收集信息，通过教育教学实践发展自己。在主题教研活动过程中，有专家的引领，有经验丰富教研员的帮助，本身就是一个研究的过程，让教师易于转变对自己的角色期待，认识到教师的角色不仅仅是“知识的传递者”，更要成为一个优秀的教育教学者和研究者。因此，教师在参与教研活动时，应保证任务是可理解的、感兴趣的和具有个人性的，适合教师自身的认知水平，能够激发个人开展合作研讨的主观能动性，对个人发展和提高教学质量及科研能力是重要的。如此，教师才会在教研活动中积极地建构教学科研的个人意义，主动参与科研理论与方法的诠释和理解，培养自主教研意识，在教研活动中获得满足感和成就感。

此外，主题教研规程具备联动性、参与性、主动性等优势，使教研员、学科骨干等更好地发挥带动作用，激发一线教师研究潜能。主题教研通过一个教研主题，将一所学校、一个基地全学科教师联结在一起，一个学科教研组就形成了一个教研群体，便于教师之间合作、探究，容易形成良好的教研风气、学术氛围，学科带头人、骨干教师的作用能得到发挥。在活动中，教研员站在更高的层次来指导基层学校的主题教研，要转变观念，深入基层，加强服务意识，提高自己本身素质，增强指导能力，这将促使教研员本身的学习和提高，有利于教研员的发展。同时，能使多数教师由被动转向主动，调动教师发展的内在驱动力，提高教师教研的意识、科研能力的效果，实现促进学校整体教师素质提高的目的。而且主题教研形成系列化，有利于优化教学工作，提高教师的研究意识，促进教师专业发展，是将教研、科研自然结合的一种方式，形成以科研带教研、以教研促科研的良好发展态势。

第二节　主题教研规程的方式特点

主题教研提倡专业共同体式教学研究，通过建构教研员与教师专业共同体，同时强调深度参与，推进二者的合作与学习。教研员和教师作为主题教研活动的实践者，首先是基于项目的聚合。主题教研活动是教育改革背景下产生的项目，是需要多人合作完成的任务，因此广泛的参与和合作是不可或缺的。教研员与教师可以通过专业共同体，在团队中分享意见，寻求帮助，促进相互理解，而相互理解又进一步促进专业共同体的发展。

其次，在主题教研活动的实践过程中，能促进教师自身的专业发展。一般来说，教师的常规性教学工作会根据长期积累的经验形成行动范式，教师也容易因此停留在既定的工作流程中，很难对自身的行为做出验证性的判断。但在主题教研实践过程中，根据教育目标，教师必须首先反思是否达成既定的目标，在具体操作过程中也会出现新的问题亟待解决，提供了教师征求他人意见的机会。主题教研活动构筑成一个分享实践、开诚布公、相互信任、合作创造的共同体，为教师成长提供了一种新型的学习方式。主题教研实践在推进区域教育发展方面发挥的巨大作用，得益于以下三大特点。

一、勾勒共同愿景，聚合发展意愿

专业共同体的第一驱动力是共同意愿。共同愿景是共同体有效运行的重要驱动力，能够激发和调动教研员和教师合作的积极性和主动性，是共同体价值观的高度结晶，集中体现了共同体文化。总体而言，共同愿景是对未来期望的共同假设和期待。

教师的个人愿景注重提升专业教学能力和职业规划发展，核心在于提升自身的竞争力和生存状态。而共同的愿景侧重于提升教育质量，营造积极活跃的学校文化氛围，创造高效的课堂教学，指向学生的发展。在实践层面二者是否达成一致成为共同愿景形成的决定因素。如果缺少共同意愿这一要素，教师的参与就变得被动，因此要在教师自我实现的条件下寻求合作发展。在主题教研活动的各个环节都要组织教师全程参与，以民主、集思广益的参与方式，充分调动教师的积极性，使教师们意识到自己就是共同体的重要一员，通过参与的过程提高教师的专业能力，进一步提高专业共同体的凝聚力。

二、任务与制度嵌合，培育发展向心力

教研员与教师专业共同体的长久发展需要培育有效的向心力，向心力的供给与强化至关重要。因此，在具体项目和改革的促进下，宏观制度和规范设计与细化的

工作任务分配，对专业共同体的维系均有重要影响。教师共同意愿的勾勒是共同体构建的内力，而规范设计和任务配合则是培育共同体发展的外力。内力和外力的推助，使共同体的成员紧密结合，加速发展。

主题教研规程设置了规范的流程和规格，在相应的流程和各个环节都设定了具体的目标和相应需要完成的内容和任务，教师和教研员需要在目标导向下完成细化的任务。专业共同体需要获得强有力的支撑，基本的规范和完善的设计为建构共同体提供了保障，而任务的介入可以使教师参与具体的实践。在实践的过程中，共同体内的成员会遇到各种新的问题，需要相互协助解决，使得共同体内合作需求更加强烈，更容易形成共同意愿，助推主题教研规程得以稳定发展。

三、构建共享机制，促进可持续发展

“共享”包括物质的共享和精神的共享，指的是专业共同体内“一整套共享的资源，包括惯例、用语、工具、做事的方式、形成的故事、符号、行动或者概念”。实现共享有积极地参与合作、不断地协商交往两种方式，在积极互动的过程中开始共享资源，在交流的过程中融合经验，产生集体智慧。在平等对话的形式下，既共享现有资源，又通过思想的碰撞产生新的共享资源。

当前教师在实践过程中缺少知识共享，存在教师共享意愿不强、共享路径缺乏灵活性、共享经验不足等困境。如探讨的多为指定内容，采取固定讲座或讨论形式，忽视了教师的主体地位，难以调动教师的积极性。又如在共享路径上多为知识经验的总结和简单成果的共享，缺乏深入的思考信息的共享和获取。另外，每个教师都是鲜明的个体，如何在群体环境中恰当表达自己的想法、总结反思他人的观点，则缺乏共享经验的学习和有效指导。

总的来说，主题教研规程在加强共享的过程中，从“理论验证式”教学研究，转向“问题导向”与“目标导向”相结合的教学研究，让教师在细化的任务和目标框架下实际参与；改变传统的参与路径，从“自上而下”培训式路径，转向“自上而下”与“自下而上”相结合的参与式路径；从个人权威式教学研究转向“合作共同体”式教学研究，加强不同区域的校际交流，形成有效的主题教研模式。经验共享和模式推广是教师群体经验的总结升华，是形成群体智慧的必要条件，能够帮助教师解决实际问题，促进教师的专业发展进程。

第三节　主题教研规程的实施模式

现有关于主题教研规程模式的研究大多停留在经验层面，缺少理论层面的思考，难以形成可推广的活动范式。从已有研究和实践来看，部分为数不多较为完善的研究提炼出了主题教研活动的框架、流程，为本研究提供了参考，其中有代表性的如下。

一、课堂教学改进的主题教研活动模式

朱连云将主题教研看作培养教师实践性智慧的重要途径，从课堂教学改进的角度给出了主题教研活动流程，如图 4-1 所示。

其中，观摩是指教师根据主题尽可能多地观摩同质问题的课例，同行提供经验；思考是指寻找解决问题的途径和突破口，个人和同行共同学习、共同探索；设计是指教师根据思考的结果设计解决问题的课例，个人说课，同行提供经验和进行“临床”指导；实践是教师个人根据教学设计进行实际操作（上课），同行进行“临床”观察；反思是指教师根据主题要求，对照课堂教学实录，对教学的行为和结果进行反思；再设计是指同行进行“临床”评价和元评价，教师个人根据反思的结果和同行的评价对课堂教学进行重新设计。[1]

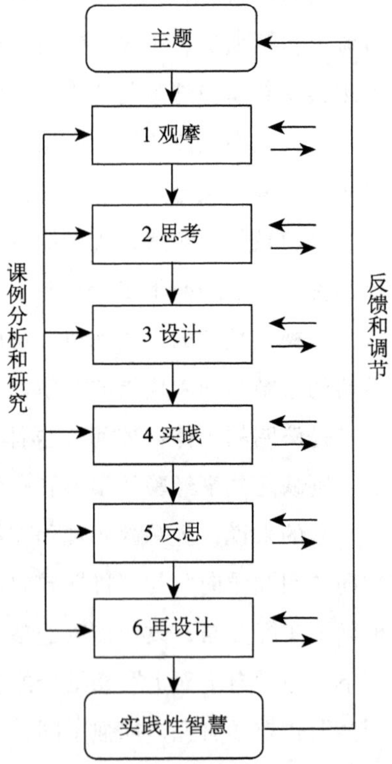

图 4-1　课堂教学改进的主题教研活动模式流程

该主题教研活动模式以教师为抓手，立足于培养教师的实践性智慧来实现课堂教学的改进。同时，通过推进教研活动向纵深发展，使教学研究做实、做真，使问题解决有针对性，并形成教研员与教师、教师与教师间合作、交

[1] 朱连云. 关注教师实践性智慧 [J]. 中小学管理，2003 (2)：22-24.

流、共探、共享的教研活动机制和模式，极大地促进了教师教学能力的提升，从而实现改进课堂教学的目的。

二、“问题—探究—问题”的戴明环式主题教研活动模式

该模式是由吉林省教育学院开展的主题教研活动实践所应用的，其特点是强调“大主题”的引领与“小阶段”的实施，重视反馈与调节，促进螺旋式上升，蕴含着戴明环式的理念。

倡导者李元昌认为，主题教研首先要拿出“问题”，这个“问题”就是自己的教研主题，教育教学实际中急需解决或影响自己专业化发展的问题。“探究”包括个人主动探索和团队互培。主要过程是：探索之前，围绕教研主题主动查找一些相关的资料学习，在此基础上思考课堂教学中如何改进教学，预设新的方法；然后，对自己的预设在课堂内求证；课后反思，总结正反两方面的经验，从中提炼出下一次探索的问题，为下一步探索的教研主题。“问题—探究—问题”的过程，实质上是教师通过学习、研究与课堂实践，取得一定的成果，教学有所改善，在总结和反思中，又发现了下次探索的动力之源。[1]

该模式在实践过程中，尤其是针对具体流程又不断改进，如于凤梅将流程分为发现问题、确定主题—明确任务、确定研究分题—专题学习、提高认识—课堂实践、印证预设—主题研讨、反思教学—及时总结、生成问题。[2] 而在具体操作中，还可以继续细化为以下七个环节：①发现问题，确定主题。问题是主题教研的出发点和开展主题教研活动的起点。②将一个教研主题分解为若干个小问题。每一个小问题得到解决，教师就取得了一个阶段性的成果，随着问题的再提出，又是另一个阶段的开始。③明确任务，确定研究分题。教研主题作为学校学科教研组共同研究的主题，每一个教师根据自己的特长和能力，承担一个分题研究。这样，教师在教学过程中，从不同角度、不同切入点，共同探索一个大主题。④专题学习，提高认识。查找有关资料，筛选对本次主题教研活动有帮助的材料，学习一些与研究主题接近的理论、经验，对个人承担的分题做出设想，确定研究计划、实施方法。在这个阶段，主题教研组长组织课题组成员研讨，相互交流、评议，明确每个人承担的相关事务，为下一步组织主题研讨课做准备。⑤课堂实践，印证预设。在课堂教学

[1] 李元昌. 每个教师都会成为优秀教师——对主题教研的几点思考 [J]. 中小学教师培训，2012 (7)：28-31.

[2] 于凤梅. 谈谈开展主题教研的流程 [J]. 新课程（小学），2012 (5)：319.

中印证预设，根据存在的问题深入研讨，征求意见。⑥主题研讨，反思教学。主题研讨是主题教研活动的关键环节，反思的形式有执教者反思、同伴反思。哪些方面达到了预想，取得哪些成果，对成果的认识，存在哪些问题，下一步该怎样进行，从教学理念、教学目标和教学效果等方面展开讨论。这一环节要求教研组的每个教师既是学习的参与者，又是学习资源的提供者，是教师将实践与反思相互联结的行动学习，是能产生积极有效的人际互动的培训方式。⑦及时总结，生成问题，继续研究。讨论是有效的教研活动之一，然而行为跟进更重要，它需要使行动具体化。及时进行阶段性总结，是研究中很重要的一环。要有书面总结，对以前的试验进行剖析，总结成功的做法，也要总结失误之处。这样，既能对以前取得的经验在理论上升华，也能为下一步试验及时发现问题，预想解决措施。“预想—试验—总结—再预想—再试验—再总结”这个行为要体现在整个试验过程中。

三、“诊疗式”主题教研活动模式

该模式是在杭州师范大学与杭州市江干区所开展的合作研究中提出的，其特点是将教研活动类比于诊疗工作，其认为在教研活动中，专业指导者好比医生，对“病情”（即教师在教学中存在的问题）的诊断不能仅凭直觉、经验，必须借助一系列专业手段与知识才能做出科学的诊断与治疗。

吕映总结的诊疗式主题教研活动包括四个基本环节：①确定主题，即确定有意义的研究主题，是教研活动的起点；②观察、调查、测试，指围绕教研活动主题，采用观察、调查、测试等方式开展课堂教学研究，并搜集、处理相关研究结果，这是“诊疗式”主题教研活动的核心环节；③分析与诊断，指分析观察、调查、测试的结果，诊断课堂教学中存在的主要问题；④反思与改进，即分析课堂教学问题，反思问题的本质，探究问题的成因，并寻求解决问题、改进教学的策略，这也是教研活动的根本目的。[1]

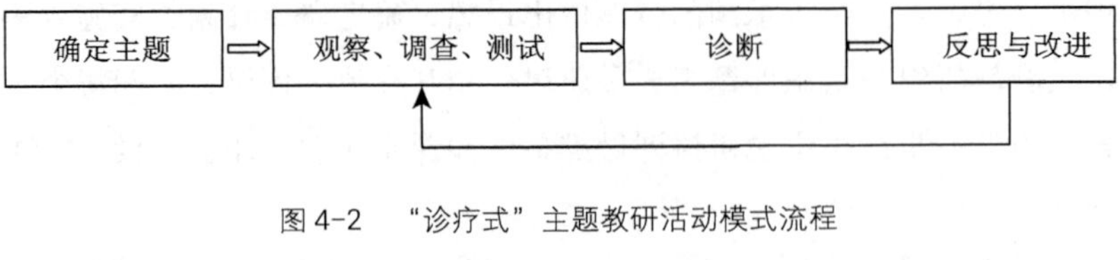

图 4-2　“诊疗式”主题教研活动模式流程

[1] 吕映.“诊疗式”主题教研的研究与实践[J]. 教育评论，2015（2）：115-117.

“诊疗式”主题教研活动模式充分体现了教研活动的专业化特征，克服了传统教研活动在内容安排上的盲目性、随意性，以及在分析评价上的主观性、模糊性，提高了教学指导的针对性、有效性，是专业化程度较高的主题教研实施模式。

四、主题教研规程实施模式小结

我国主题教研活动的实践与研究覆盖省、市、县（区）、校不同范围和层次，包含内涵、价值、载体、模式、策略等不同内容和角度的研究与实践，对各级各类学校，特别是对基础教育学校有效整合教学研究、校本培训、教育科研等，提供了学习借鉴的思路和做法。综合已有研究与自身实践，本研究形成了对主题教研规程核心特征的认识：主题教研规程以课题研究为主要形式，实现了教研从经验到实证的转型——课题化；主题教研规程强调团队互助解决问题，实现了学科骨干专属教研向群众性教研的转型——主体性；主题教研规程强调教学问题解决的系统化和连续性，实现了教研从解决单个具体问题向持续优化教育理念、改进教学行为的转型——系统性。对于区域主题教研的顶层设计、对标考评以及指导学校主题教研的有效实施和价值实现，都具有重要的指导意义。

此外，尽管已有研究对主题教研活动做了较为完善的展示，并且呈现出较强的发展态势，但纵览各地主题教研活动的开展，仍存在明显的不足。例如：着眼于学校教研、科研、师训三者整合的主题教研规程，在具体的研究实践中，一是难以看到以科研的方式做教研的更多实证，即缺少倡导者强调的科研方法或研究工具及其规范应用；二是主题教研的过程隐含了同步的教师培训，却难以看到主题教研的学科化成果显性地成为教师培训更优质更高效的资源；三是区域教研员，特别是学科教研员在学科主题教研中存在感不足，难以提升主题教研解决学科问题的针对性。

当主题教研作为一种高效能的教学研究、教师发展的有效形式得到越来越多的认同时，当中国“教研”特别是上海教研成为世界基础教育中一道独特的风景线时，上海市宝山区教育学院以上海市教研室研究项目的方式，开展了“主题教研规程设计的区域实践探索”。把主题教研当作撬动教育教学质量这个杠杆的支点，倡导学科教研员以课题研究带动教学问题的系统思考与解决，关注科研方法在教研中的应用，追求研究结论更多基于实证而非经验，坚持把有说服力的研究成果以教师研修课程的方式加以推广应用，真正做到教研—科研—师训三位一体的融合。

借鉴已有研究成果，立足区域教育实际，本研究中的主题教研规程是指以教育教学实践中真实发生的、富有共性的、源于教师困惑的问题为主题，通过体现“教学做合一”、教学相长、相教相学理念的专题系列研究活动，以教研学习单为导引，教研员与教师在共同的研修“目标与任务”中进行“质疑与澄清”“讨论与引领”“展示与交流”“实践与评价”，以促进教师和教研员发展为宗旨的一种实践性、分享性、反思性的专业发展研究活动。

第五章　主题教研规程设计的理论建构

随着基础教育改革进入崭新发展时期这一背景的出现，上海市教研室进一步明确教研工作定位，转变教研方式，要求区域“做实学科教研”，从“经验层面”走向“实证层面”。从经验走向实证，并不是简单的由经验总结转向量化分析的形式转变，而是需要寻求理论的支撑。中国香港课堂学习研究、日本授业研究与中国内地教研活动最大的不同是将一整套的学习理论内嵌于教学研究的过程中。以往我们的教研活动很少以理论来分析自己或侪辈的教学活动是否合理有效，更不说用理论来指导教研设计、规范教研活动步骤了。寻求理论支持并不是照搬理论投入实践，而是用理论关照实践，将其作为实践的基础，让教师在研究过程中有科学的分析框架，为如何规范教研活动设计提供有效指导，从而将教育实践研究从技术理性的盲目性中解放出来。本章将从库恩范式理论和教师专业发展理论两个理论维度来陈述区域教研活动规程衍生与形成的理论基础。

第一节　基于库恩范式理论的教师教育范式

教师教育的人文性和实践性决定了教师教育范式不只是一个科学研究的范式，而是理论与实践操作内容为一体的范式。从这个角度理解的范式与实证视角下追寻的教研活动“规程”有异曲同工之妙。因此，我们将从“范式”内涵结构出发理解区域教研“规程”。

一、“范式”词源学解释

“范式”一词在中国古代词语中并不存在，结合《辞海》中对“范”“式”二字的解释来看，“范式”就是范例、模式。“范式”英文为 paradigm，通常被认为是“例子”；该词源自希腊语 paradeigma，是亚里士多德《修辞学》中的一个重要概念，亚里士多德的释义为“范例”，一种最好的、最具指导性的例子；在其著作的拉丁文翻译中，paradeigma 被翻译成 exemplum（例示）。paradeigma 第一种用法是“一种可以用类似动词来模仿其变位的模型”，第二种则是可被用作一种隐喻。20 世纪 30 年代，路德维希·维特根斯坦在剑桥大学的演讲中频繁使用了“范式”一词，维特根斯坦对“范式”含义的使用已经超越其原有含义。而后，库恩对“范式”含义进行了扩展，逐渐演变成当前我们熟知的意义。

二、库恩理论中的“范式”内涵

库恩的“范式”包含三个层次：一是，形而上学范式也称为哲学范式或元范式。这里“范式”指由共同体成员共同认可的一组假说、理论、准则和方法所形成的科学家共同信念的综合。科学研究就是在研究共同体的信念支持下的一种研究活动。二是，社会学范式。这里的“范式”指的是科学家普遍认可的学术系统，包括构成学术研究基础的概念系统、基石范畴和核心理论在内的理论框架，其实质是一种学术价值取向或理论立场，通常可以理解为一个科学研究所依靠的理论框架或理论视角。三是，人工范式或构造范式。这里的“范式”是作为一种依靠本身成功示范的工具、一个解决疑难的方法、一个用来类比的图像。[1] 这三个层面的内涵在不同维度阐释，既相互区别又相互联系，交织成一个有机体。

综上，以上三部分就构成了库恩范式理论的全部内涵，既有哲学和理论层面的内涵解释，又有操作层面的含义。从这三个层面理解出发，“范式”已经具备丰富内涵，不仅是一种科学研究的本体论、认识论，还是一种科学研究的方法论。本研究就是在以上三个层面意义综合理解的基础上使用“规程”（范式）一词的。

三、教师教育的“范式”

历史上，教师教育是由师范教育演变而来，但随着时代发展“教师教育”内涵和外延也在传统“师范教育”基础上更加丰富。2001 年，“教师教育”概念正式提出，《国务院关于基础教育改革与发展的决定》指出要“完善教师教育体系，深化人事制度改革”。教师教育包含着教师培养和教师进修的职能，是职前与职后两种教育的综合概念，[2] 其指向的是终身教育，这也正是当今教师教育的重要特征。

[1] 何菊玲，栗洪武. 教师教育范式：结构与内涵——基于库恩范式理论的解读 [J]. 教育研究，2008 (4)：83-88.

[2] 何菊玲. 教师教育范式研究（理论卷）[M]. 北京：教育科学出版社，2009：21.

根据库恩“范式”内涵的基本结构，教师教育的“范式”也应该包含以上三个层面的内涵。以下将从库恩范式的三个层面，理解教师教育的“范式”。

第一，从形而上学范式层面来看，教师教育的“范式”是指教师教育研究共同体所秉持的共同的理想信念。信念是教师在哲学认识论层面对教育教学基本问题的认识，是教师对有关教与学现象的某种理论、观点和见解的判断，是教师内在的精神状态、深刻的存在维度和开展教学活动的内心向导，在共同体愿景中塑造，在实践反思中确立，在行动改进中提升。很多证据表明，真正影响教师教学实践的不是学科知识或教学知识，而是我们如何思考知识。“我们如何思考知识，确实在相当程度上影响着我们如何思考教育”。[1] 教师共同体不同信念意味着对知识的不同看法，这些看法将对教育问题形成不同假设，从而产生不同的问题阐释方式和问题思考的理论框架来指导我们的教育行动。因此，不同理想信念下的教育行动注定是各异的。

第二，从社会学范式层面来看，教师教育的“范式”是教师教育共同体在其共同信念指引下形成的教师教育研究的理论框架及研究传统。在科学知识观影响下，将教师教育作为自然科学进行研究，形成了知识本位、能力本位的教师教育理论；在对话知识观影响下，真正认识到教师教育的人文性质和实践性质，采用以旨在理解的质性研究方法为主的多元研究方法，形成了反思型教师教育、探究批判型教师教育和校本教师教育等理论。[2] 简言之，社会学层面的教师范式就是一种帮助教育研究者形成派系的价值取向及理论立场。

第三，从人工范式层面来看，教师教育的“范式”则是指向教师教育具体的实践层面，指的是将教师教育共同体的信念、理论范式作为“理想模型”应用于课程、教学及教学改革中，解决教育实践中的疑难问题。“理想模型”只有应用于教育实践才能真正发挥其价值，离开课程、教材、教学实践，“理想模型”就成为无源之水、无本之木。同时，“理想模型”也不是一成不变、唯一固定的模式，而是随着实践认识的深入，当教育者想突破原有的认识进入更深认识时，就会对原有的“理想模型”进行改造和更新。

综上，教师教育范式内涵是在库恩范式理论基础上建构起来的，应该兼有三个

---

[1] 索尔蒂斯．教育与知识的概念［A］．瞿葆奎．教育学文集·智育［C］．北京：人民教育出版社，1993：62．

[2] 何菊玲，栗洪武．教师教育范式：结构与内涵——基于库恩范式理论的解读［J］．教育研究，2008（4）：83-88．

层面的“范式”内涵，但是教师教育独特的人文性和实践性，又决定了教师教育的“范式”不仅仅是一个科学研究范式，更是一个将理论内嵌于实践操作的行动范式。

第二节 教师专业发展的三种路径

20 世纪 80 年代以来，教师专业发展引起诸多学者的关注。他们从不同的假设和思想背景对教师专业发展进行研究，形成不同流派。根据研究取向不同，关于教师专业发展的研究大体分为三类：理智取向研究、实践—反思取向研究、生态合作文化取向研究。以下将从理智取向研究、实践—反思取向研究及实践性知识、生态合作文化取向及共同体研究三方面做一个简单介绍。

一、理智取向研究

教师专业发展理智取向是所有教师专业发展取向中历史最悠久的。理智取向的基本观点是：人应该通过学习具有某些特征的“知识”，为其行动奠定理智的基础。教师的教学作为一种理性活动，其背后应该有特定的知识作为支撑。在理智取向观点中，这里“特定的知识”包含两个方面：教师首先要自己掌握知识，其次要知道怎样将这些知识有效地传递给学生。即教师要具备两类最基本的知识：一是自己要拥有“内容”（知识、技能、价值观等），即学科知识；二是要具有帮助学生获得这些“内容”的知识和技能，即教育知识。[1]

很显然，理智取向的问题在于：它的重要假设（教学实践存在理智的基础）通常不能“完全”成立。在实践中，教师的教学不可能完全没有理智的支撑，但是很多时候包括教育决策在内的教育界大量实践决策都是非理性的（并没有轮廓清晰、内涵分明的“专业知识基础”，决策过程也似乎“不合逻辑”）。[2]

二、实践—反思取向研究及实践性知识

20 世纪中期以后，社会科学界对于人的研究发生了重大转变，对“人”的分析不再是抽象的、一般的“人”，而是个体的、具体的、独立的、丰富的、复杂社

[1] 胡惠闵. 校本管理［M］. 成都：四川出版社，2005：62.
[2] 胡惠闵，王建军. 教师专业发展［M］. 上海：华东师范大学出版社，2014：46.

会关系中有些特定历史和境遇的“人”。教师专业发展的反思取向，正是建立在这样的基础上。实践—反思取向的基本前提是：教师不仅仅只是贮存他人观念的“容器”，教师的工作不仅仅是把外界获取的理论应用于教学实践；除理智取向所强调的知识基础外，还存在着内隐于教师实践之中的、“行动中的知识”，并且这种个人的、实践的、情境化的知识更能为教师个体的教学改良做出贡献，教师必须在自己的行动中用自己设计的情境化策略去尝试着解决它。[1]

杜威的“做中学”、舍恩的“行动中的反思”和波兰尼的“个体知识论”为教师实践性知识的研究奠定了基础，康内利和柯兰迪宁更强调这种知识个人经验的特点，称之为“个人的实践性知识”。[2] 从弗里曼开始，许多研究将教师的理解作为知识来看待，其认为教师的知识是不清晰的（unarticulated），教师拥有广泛的知识引导其工作，在面临各种任务和问题时，他们利用各种知识资源去解决。其赋予了教师自主的、博学的决策者的地位，也让人们开始了解教师是知识的拥有者和活跃的使用者，教师知识的独特性和不可替代性。

佐藤学在其专著《教师这一难题——走向反省的实践》中指出，教师工作与医生、律师一样具有明显的专业特征，教师拥有不同于“理论知识”的“实践性”知识，并且还指出实践性知识的五点特征：①实践性知识是在一定的情境下的经验性知识，与“理论知识相比”，缺乏严密性和普遍性；②教师的实践性知识是特定的教师根据特定的班级、特定的教材和特定的学生为对象而形成的“事例知识”；③教师的实践性知识具有综合性特征，难以还原回个别的专门领域，是有目的的统合性知识；④教师的知识不仅是意识化的、显在的知识，而且还包括无意识的、活用的“默会知识”；⑤教师的“实践性知识”具有个人化的性格，以教师个人的经验和反思为基础形成的，实践知识的传承是以授受方的实践经验的成熟为基础的。

教师实践性知识的重要性得到了普遍认同，那么如何提升教师实践性知识呢？其中，最具代表性的是梶田正已对于经验型教师提升实践性知识的论述。他认为，教师每日每时都在从事教学实践，但倘若不能从某种体验上升到经验，就无法创造出新的知识；教师把日常教学中的体验加以经验化，才能创造出新的教学知识。经验型教师面对教学的复杂性，往往能够做出适当的判断，策略就是教学的法则化。

---

[1] 胡惠闵. 指向教师专业发展的学校管理改革——上海市打虎山路第一小学个案研究 [D]. 上海：华东师范大学，2003.

[2] F·迈克尔·康内利，D·琼·柯兰迪宁. 专业知识场景中的教师个人实践知识 [J]. 华东师范大学学报（教育科学版），1996（2）：5-16.

所谓“法则化”，是指“为了减轻教学环境的认知复杂性而采取的程式化的行为范式”。日常教学中，教师采用视为有用的教学技能，是尝试错误的“经验”；把若干教学技能加以系统化以便有助于学生活动，从儿童的反应来考察教学能否法则化，是深思熟虑的“经验”。同样，当已有法则凝固化、在相同情境中不再奏效时，教师如果能够运用新的尝试错误的经验——新的教学技能，可以说教师就产生了“实践性知识”。这样，教师通过日常教学实践的反复，获得教学法则，就是创造出了从教学体验出发从事教学的“实践性知识”。这为主题教研活动范式的研究思路提供了强有力的支持。

三、生态取向研究及合作共同体

教师专业发展生态取向假设学校是“各种教育者交互的社会”，教师的专业发展会受到其所处的教师群体的影响，“如果剥夺了群体背景看待教师，这个‘丰富个体’从‘专业’角度来讲，就会突然变得‘贫瘠’起来”。[1] 基于此，以合作共同体的形式开展教学研究是促进教师专业发展最根本的方式。

“共同体”（community）概念最早可以追溯到德国社会理论学家滕尼斯。他在《共同体与社会》（*Gemeinschaft und Gessellschaft*）一书中提出“共同体”有两种含义：其一是指共同拥有一个确定的物质空间或地理区域的群体（小区），如邻里、城市等；其二是指具有共同特质、归属感，并且或者维持着形成社会实体的社会联系和社会互动的群体，如种族共同体、学术或专业共同体。[2] 强调基于地缘和基于认同的区别。杜威在《民主主义与教育》一书中提出“学校即社会”“教育即生活”“学校即社会生活的一种形式”的观点。因此，即使教师生活在环境单纯的学校，其个体也必然会处于各种群体关系中。基于此，“学习共同体（a community of learning）”和“实践共同体”逐渐得到认可，提倡通过建立教师共同体的形式发展教师群体。[3]

20 世纪 90 年代后，国际倾向于以合作共同体的形式促进教师专业发展，例如：彼得·圣吉（Peter Senge）和他的学习型组织、罗宾·布鲁克·斯密斯（Ronbin Brooks-Smith）和他的学习型学校、美国的“小组协同教学制”（Team Teaching）、日本的“课例研究”。这些合作共同体的特质归纳如表 5-1：

---

[1] 胡惠闵，王建军. 教师专业发展［M］. 上海：华东师范大学，2014：51.
[2] 宋萑. 教师专业共同体研究［M］. 北京：北京师范大学出版社，2015：49.
[3] 华逸云. 教师领导视角下的学科团队建设［D］. 上海：华东师范大学，2016.

表 5-1 教学研究型合作共同体的特质

学者	术语	特质
彼得·圣吉（1990）	学习型组织	系统思考、个人控制、心智模式、团体学习、共享愿景。
克鲁斯、路易斯，等（1994）	校本学习共同体	教师间的反思性对话，实践的非私有化，集体关注学生学习、合作、分享的价值和标准。
霍德（1997）	专业学习共同体	支持性及共享的领导、共享的价值和愿景、集体学习与学习的应用、支持性条件、共享的个人实践。
麦克劳和克林（2001）	教师学习者的共同体	清晰且共享的目标、探究的立场、学习的技能、边界跨越、拓展的共同体边界。
哈格里夫斯（2003）	蓝山中学的专业学习共同体	1. 结构：专业学习团队、管理团队、家长委员会、学生议会。 2. 技术：完整统整、所有教师配置携带型计算机、少会议多学习、数据开放。 3. 领导：高资格、关注学生和组织学习、分权领导、有计划的领导连续。 4. 个体学习：学习的生命、领导的学习、持续性学习、联结个体学习与专业学习。 5. 文化：关怀和学习。 6. 目标：学生和他们的学习、自我意识的学习型组织、学习和关怀。
劳尔和迪安（2004）	专业学习共同体	分享的目标感，关注学生的学习、协作、活动，去个体化实践，教师支持与合作、分享的决策。

在此背景下，国内学者开始借鉴国外有关教师合作的理论和思想，分析我国的教育实践，并发现基于合作共同体的教师专业发展实践我国早已有之，最典型的当属各级教研组开展的教研活动。

综上，理智取向认为专业存在于其坚实的知识基础上，教学要成为一个专业必须有坚实的知识技能基础。教师专业发展根本上应以建构专业的可靠“基础”为目的，但很显然，这个“基础”所包含的内涵不仅仅是“学科知识”，而建构“基础”的方式也不简单的是“学习与获得”。在此基础上，研究者不断意识到教师自身的能动反思与探究能力，认为教师自主的、主动的反思理应构成教师专业基础的重要组成部分。对于“基础”内涵新认识加深了人们对教师专业发展的认识，形成了实践—反思取向。此后，随着生态观传播，研究者发现以合作为基础的专业发展，较之教师个人努力，可能更利于专业发展，这种合作可能包含大学教师与中小学教师的合作以及教师同侪之间的合作。“教师专业发展”是一个复杂概念，既包含教师知识和技能的变革，也包含教师个人素质及群体文化改变，在实践中也很难存在完全按照其中一种专业发展的做法。

主题教研活动的目的是指向教师专业发展的，通过提升教师能力以发挥成效。而本研究力图通过探索有效区域主题教研活动规程，以此激发教师专业发展热情和提升教师专业发展能力，重点并不在于教师本体性知识的探寻与变革。因此，通过理论的对比分析，本研究选取实践—反思取向研究、生态取向及合作共同体研究作为主题教研活动范式研究的理论基础。

第三部分 规程实践

第六章　主题教研规程的基本框架

第一节　现实思考，提出问题

自从上海学生在 PISA 测试中取得一定成果后，中国式教研就逐渐走进了国际教育的视野。关于教研的理论研究与实践探索也日益增多，其中以强调真实教学问题解决的系统化、连续性的主题教研活动越来越受到教研员与一线教师群体的青睐。

随着课程改革深入，教研工作定位与教研方式也不断调整。上海市教研室以党的十九大精神、全国教育大会精神等重要文件为指引，将“立德树人”“以人为本”“基于标准”作为教研话语体系的关键词，提出实证教研，力图实现从“教学层面”到“课程层面”、从“经验层面”到“实证层面”的提升。[1]“教研员会依靠个人的业务能力，通过听评课来对教师课堂教学进行全面指导，并对参与教研活动的教师形成辐射培训。”但是，教研员“对课堂教学的指导往往停留在‘该怎么做’的经验层面；至于‘为什么这样做’这一‘研’的层面，教研员与普通教师的差别并不明显”。[2] 另外，教研活动往往关注教而忽视学生的学，追求如何“教得好”“教得出彩”而非如何帮助“学生学得好”“学得有效”。

为此，顺应教学改革潮流，做好教研转型，提升区域教研活动的有效性，需要解决四个问题：第一，扭转主题教研活动不科学实施导向，规范教研的程序与方法，强化教研活动的证据意识，实现从“经验层面”向“实证层面”跨越；第二，提升教研成果化，将有说服力的研究成果以教师研修课程的方式加以推广应用，真正实现“研修一体”；第三，更好地发挥学科教研员教研活动设计与引领的作用，

[1] 徐淀芳，赵雪晶. 不忘教研初心，传承嫁衣精神，笃行树人之道 [J]. 上海课程教学研究，2019 (10)：3-9.

[2] 魏宏聚. 课程范式转型与教研员角色重塑 [J]. 中国教育学刊，2010 (3)：47-49.

提升学科问题解决的针对性和有效性；第四，树立“以学习者为中心”的价值取向，发展教师“看待儿童的眼光”，实现教学研究重心由教向学的转移。

第二节　针对问题，寻求理论支撑

教学研究这只“无形的手”需要建立在已有研究的基础之上。针对教研转型中存在的问题，寻求理论支撑，理清主题教研核心特征，将感性经验上升为理性，从而探索出一条区域特色的教研范式。虽然关于中国的特色教研活动，国外及中国港台地区的研究非常稀少，但是他们也开展了很多类似的研究，如日本的“授业研究”、美国的“教师研修”、中国香港的“课堂学习研究”，均可以提供一些有益的借鉴与思考。

一、主题教研的核心特征

长期以来，主题教研是我国教研的主要形式之一，对开展教育研究、提升教育质量起着非常重要的作用。要想在主题教研的深化研究中独辟蹊径，走出了一条具有特色的区域“主题教研”行动路径，首先需要明晰主题教研的核心特征。

有学者对“诊疗式”主题教研进行深入研究，将其特征归纳为四点：①“诊疗式”主题教研本质上是基于问题解决的行动研究；②以课例研究为基本形式，即以学科内容为载体，围绕某个小的教学问题研究如何改进；③“诊疗式”主题教研突破了以往教研活动凭借直觉、经验研究课例的局限，从经验直觉走向科学规范的研究；④群体式合作模式，即在教研活动中，高校教师与中小学教师亲密合作、共同发展。[1] 有学者在“诊疗式”主题教研基本特征基础上，突出项目化特征，即以项目为抓手，开展主题化、系统化、结构化的系列教学研究。[2] 也有学者将主体教研特征归纳为四点：①明确的目的性，针对的是教学中难以解决的疑难问题；②强调参与和过程，指教师在问题解决过程中的专业发展；③突出团队拉力作用，强调教师之间同伴互助；④教研、科研、师训相结合。[3]

[1] 吕映.“诊疗式”主题教研的研究与实践 [J]. 教育评论，2015 (2)：115-117.
[2] 魏恒建. 注重项目引领　实施主体教研——名师工作室研修模式和策略探究 [J]. 江苏教育，2017 (94)：10-12.
[3] 李元昌. 主题教研促进教师发展的实践探索 [J]. 中小学教师培训，2009 (11)：5-9.

主题教研顾名思义，与其他教研活动相比，围绕特定主题开展的系列化、连续性的教学研究活动。而教研活动“主题”通常是教师教育教学中的疑难问题，经过整理、归纳、提炼，筛选出具有典型意义和普遍意义的真问题。从这个角度来看，主题教研核心特征应具备两个特征：“基于问题”和“鲜明的主题”。此外，在教育改革发展的过程中，主题教研还融入一些特定的时代特征。例如：“实证性”，突破以往教研活动凭借直觉、经验研究课例的局限；“群体合作方式”，强调中小学教师在高校教师引领下与同伴教师帮助下的专业发展；“项目课题”，关注中小学教师教学研究能力，教学做合一，教学相长。

根据以上的文献研究，本研究对主题教研核心特征进行归纳，主要有四点：①课例式，主题教研以课例研究为基本形式，实现了教研从单向教学研讨向迭代的行为改进转变；②诊疗式，主题教研强调专业化的研究方法，实现了教研从经验直觉到实证的转型；③团队化，主题教研强调团队互助解决问题，实现了学科骨干专属教研向群众性教研的转型；④系列化，主题教研强调真实教学问题解决的系统化和连续性，实现了教研从解决单个具体问题向持续优化教育理念、改进教学行为的转型。[1]

二、课例研究：他山之石，可以攻玉

20 世纪 80 年代以来，在 TIMMS 测试中日本学生成绩遥遥领先，引起了西方教育界的重视。其中有学者发现日本学校中的 lesson study——课例研究对学校教学起着重要作用。在日本，课例研究又叫授业研究，是源自日本的校本教师专业发展模式，有超过 20 年的历史。[2] 课例研究是“教师以课为载体，对教学实践中的问题展开的合作性研究”。[3] 与多数常规教研中的“就课论课”有别，课例研究强调从教师教学实践中的问题出发，通过教师群体的研究活动解决教学难题，改进教学实践。但由于教学传统和历史定位的差异，课例研究在不同国家及地区的操作模式上存在多元化面貌。以日本“授业研究”、中国香港“课堂学习研究”和中国上海“实证教研”为例，梳理典型课例研究模式的一般化路径。

---

[1] 沈伟. 基于区域教研规程研制与实施的主题教研 [J]. 上海课程教学研究，2019 (1)：28-33.
[2] 李树英，高宝玉. 课堂学习研究的国际展望 [J]. 全球教育展望，2007 (1)：52-56.
[3] 安桂清. 课例研究 [M]. 上海：华东师范大学出版社，2018：18.

日本“授业研究”的常见操作步骤[1]：①界定课例研究需要解决的问题，该问题可以是教师自己实践中的问题，也可以是自上而下由教育行政部门提出的希望教师优先解决的普遍性问题；②执行“合作设计教案—教学、观课—集体反思”的教学研究循环过程，通常这一循环会进行两轮，教师因而有机会将改进的教案再一次付诸实施；③分享课例研究的结果，大多数的课例研究小组通过撰写报告分享自己的工作，另外有一种分享方式是邀请其他学校的教师参观后一次课的教学。

中国香港“课堂学习研究”最基本的步骤包括[2]：①选取课题并初步拟定学习内容，除学科知识外，学习内容也可能是通过学习要培养的一种能力或态度；②确认学习内容，针对学生的前测与访谈，确定学习内容和阻碍学生学习的难点(关键属性)；③教学设计及课堂实践，运用变易理论设计教学，并分数轮进行教学实践，每轮教学都进行同行观课及课后会议反思，以便在下一轮的教学中改善研究课；④教学评价，根据学生的后测与访谈，对每一轮教学进行分析，并提出改善教学的建议；⑤撰写报告及分享成果，通过撰写研究报告，将研究成果与其他教师及公众分享，而所得反馈将成为下一循环研究的重要参考材料。

中国上海“实证教研”包含三个步骤[3]：①提炼实践中的真问题，抓住素质教育的关键点、课程实施的突破点，挖掘教育教学实践中的真问题；②关注新理念下的课例设计，采用科学的程序和方法，基于经验与理论形成基本假设设计；③基于证据诊断与改进，通过案例、数据等一系列证据的合作反思已有行为与新理念之间的差距，反思理性的教学设计与学生实际获得之间的差距。基于证据，逐步从理念走向实践。

综上所述，虽然上述三种课例模式在操作方式上不尽相同，但是也存在诸多共性之处：①共同体方式，课例研究均采用群体性合作方式开展，或是教师内部同伴群体，或是中小学教师与研究性人员合作，或是具有中国内地特色的教研员与一线教师合作；②注重过程性设计与反思，课例研究非常强调实施前的教学设计与实施过程中的反思，试图将过去经验与未来预期行动建立起联系；③持续性的改进，在

---

[1] Stigler, J. W. & Hiebert, J. The Teaching Gap: Best Ideas from the World's Teachers for Improving Education in the classroom [M]. New York: The Free Press, 1999: 112-116.

[2] 卢敏玲，庞永欣，植佩敏. 课堂学研究——如何照顾学生个别差异 [M]. 李树英，郭永闲，译. 北京：教育科学出版社，2006：21-33.

[3] 徐淀芳，赵雪晶. 不忘教研初心，传承嫁衣精神，笃行树人之道 [J]. 上海课程教学研究，2019 (10)：3-9.

课例研究中，教师总是在不断反思第一轮教学设计的基础上进行新一轮的教学，从而通过教学塑造了一个问题解决的迭代过程，并在这个过程中实现知识的创生。由此可见，课例研究无论采用何种方式开展，通常都会经历“疑问—规划—行动—观察—反思—重新规划”的循环过程。

比较三地的课例研究，在共性的操作模式下也存在一些方法和理念层面的差异。日本的课例研究更注重参与式的观察与人种志的方法收集证据，用于解释课堂中的教师行为，特别是教师关于学生的假设，从而突出“以学习者为中心”的特征。中国香港的课堂学习研究突出的特征是以变异理论作为理论框架分析教学的研究过程，将前测与后测进行比较，收集学生进步的证据，用于评估教学改进情况。换言之，中国香港的课堂教学研究设计过程采用的是“理论驱动的设计过程”和“数据驱动的修正过程”。与日本相比，中国香港的课堂学习研究结果更聚焦教学活动设计与改进，并强调证据收集，以此做出正确的教学诊断。虽然二者取向不同，但在教育教学研究中都具有建设性意义，可以相互补充。当前教育改革强调基于证据的研究，在教育革新过程中非常有必要采用“设计本位”的学习研究对新的教育实践效果进行科学化的检验。为此，中国上海从“行动教育”模式到“实证教研”模式，日益关注基于证据的教学改进。但不同的是，中国香港更关注的是基于教师教学设计改进的学生学习成就增长，而中国上海更关注的是教师在教研活动过程中实践智慧的生成，其实质是教师专业发展模式。

第三节　设计本位研究取向的主题教研

自20世纪50年代教研体系确立以来，教研活动方式日趋多元，教研活动组织形式也历久弥新，这些都为当下更加科学有效的教研活动提供了丰富的实践基础。但是不可否认的是，目前我国的教研活动也面临诸多问题。面对形式各样、千秋各异的国际经验，我们必须在借鉴与反思的基础上，完善教研的操作方法，创生出更加科学有效的本土经验。

如何帮助一个教师基于一个特定主题开展科学规范的教学研究呢？需要由证据支撑的、系统加以组织的、某一主题的教学法知识。而这个知识在任何一个国家都非常缺乏。对我国而言，长期以来教学研究遵循经验思辨的路线，教学法的知识是在证据收集基础上对支撑于教学实践缄默信念检讨过程中产生的。而设计本位课例研究强调的“理论驱动的设计过程”和“数据驱动的修正过程”非常契合这一教育改革发展需求。为此，设计取向的课例研究可以为我国教研完善提供有益经验。所以，本研究基于主题教研特征，借助设计取向课例研究的理论框架，以主题教研为抓手，探索区域教研实践范式，为区域主题教研活动科学、有效开展提供“脚手架”。

一、设计本位研究取向的课例研究

（一）“设计本位研究”的内涵

设计本位研究（Design Based Research，DBR），又称“设计实验”（Design Experiment）、“设计研究”（Design Research）、“基于设计的研究”（Design-Based Research）等，后来趋同采用“教育设计研究”(Educational Design Research，EDR)，是 20 世纪 90 年代在美国学习科学领域兴起的一种新型的研究范式，在教育知识创生和教育改革实践方面产生诸多效能。

目前，国内外关于“设计本位研究”的定义与内涵的研讨还在继续，不同领域学者都有其独特见解。“设计本位研究”强调以“设计”为中介，主张在真实复杂的情境中开展迭代设计研究。基于此，科布（Cobb，P.）等将其定义为：“‘建立’特定的学习方式并在支撑它们的情境中系统地研究这些学习方式。这种设定的情境需要在实践中进行测试和修正。”[1] 祝庭智在综合多位学者的观点后提出，设计本位研究除了实践修正外，更重要的是知识的创生。故其将设计本位定义为“基于设计的研究是一种系统而灵活的方法论，其目的是在真实情境中以研究者与实践者的写作为基础，通过分析、设计、开发和实施的反复循环，改进教育实践，并提炼对情境敏感的设计原则和理论”[2]。还有学者以环境设计为切入口，认为基于设计的研究“主要研究特定环境中的学习过程”[3]。

综上所述，尽管研究者众说纷纭，但是仍可以看到很多元素的一致性。设计本位研究是在真实具体的教学情境中，探索实际教育问题的有效解决，在研究者与实践者协同作用下，设计有效干预方案并将设计方案付诸实施，在实施过程中通过科学方法收集数据用于设计方案和教学实践修正，最后在迭代实践过程中创生出新的

---

[1] [美] 杰尔・康弗里. 作为方法论的设计研究的发展 [A]. // [美] R・基思・索耶. 剑桥学科手册 [C]. 徐晓东，等，译. 北京：教育科学出版社，2010：157.

[2] 祝智庭. 设计研究作为教育技术的创新研究范式 [J]. 电化教育研究，2008 (10)：30-31.

[3] [美] 杰尔・康弗里. 作为方法论的设计研究的发展 [A]. // [美] R・基思・索耶. 剑桥学科手册 [C]. 徐晓东，等，译. 北京：教育科学出版社，2010：177.

教育理论的一种新型研究范式。

（二）“设计本位研究”的特征

尽管不同研究者对“设计本位研究”内涵界定有所差异，但是其核心要素大体相同。由于设计本位是基于传统实验研究无法应对的真实情境问题而提出的，因此，设计本位研究最直接的特征是“情境”“问题”。对此，巴拉布概括了基于设计研究的总体特征，认为设计、理论、问题、自然情境是设计本位研究的核心要素，而且这些要素之间是有交互作用的，不可分离。[1]

研究发现，“设计本位研究”与“行动研究”有很多相似之处，二者均注重实际情境的影响、教学干预的设计和问题的解决。但行动研究主要指应用理论解决某一具体情境的问题，并不关注教学干预的迁移性。而“教学干预的迁移性”涉及多次设计与修正。对此，柯林斯将这种特点称之为“不断修正”，每一次的迭代都是对适应新情境的教学设计的改进。2003年，斯坦福大学的沙威尔森等增加了“迭代的、关注过程的、干预主义的、合作的、多层次的”等特征。[2] 此后，李维斯等在总结前人经验的基础上，总结出设计本位的六个基本特征：①聚焦复杂性的问题；②整合设计原则与能提供的技术；③在对学习环境的优化过程中产生新的设计原则；④长期的投入和研究方法的精炼；⑤研究团队的持续合作；⑥理论建构与问题解决并重。国内学者祝智庭将其总结归纳为实用性、务实性、迭代性、整合性和情境性五大关键特征。[3]

（三）“设计本位”研究取向课例研究操作流程

设计本位研究一般呈现出“设计—实施—评价—改进—再实施”的迭代循环过程。李维斯在2006年用图示的方法来诠释了设计研究与传统实证研究的差别（图6-1），并提出设计研究的四个步骤：①分析实践性问题；②根据现有设计原理与创新设计要求设计解决方案；③在实践中开展解决方案的检验与精炼的迭代循环；④经过反思产生“设计原理”以及增加方案实现。[4] 相比于传统实证研究，设计研究带有行动研究的取向，是以一个开发目标为起点，不断提取设计原理的过程，强调知识创生和问题解决的迭代循环过程。

---

[1] [美] 杰尔·康弗里. 作为方法论的设计研究的发展 [A]. // [美] R·基思·索耶. 剑桥学科手册 [C]. 徐晓东，等，译. 北京：教育科学出版社，2010：182.

[2] 安桂清. 课例研究 [M]. 上海：华东师范大学出版社，2018.

[3] 祝智庭. 设计研究作为教育技术的创新研究范式 [J]. 电化教育研究，2008（10）：30-31.

[4] 同上.

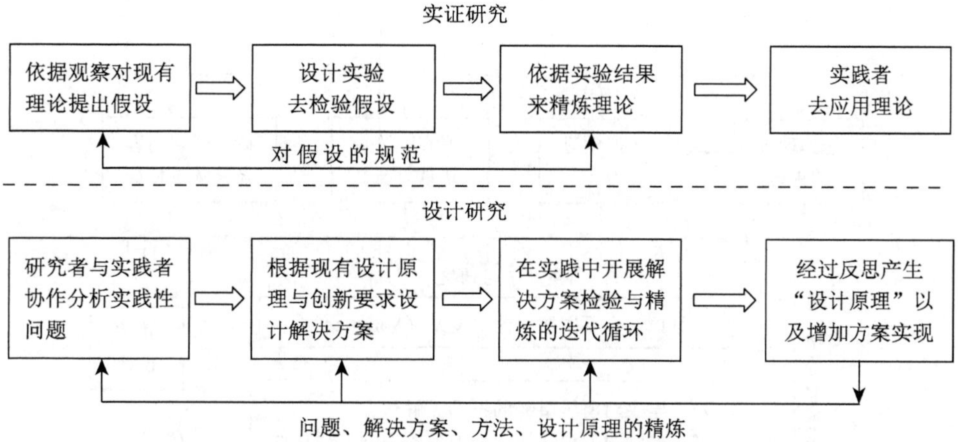

图 6-1　设计研究与传统实证研究的对照

也有研究者从更为具体的角度将设计研究分为九个步骤：①从一个有意义的问题入手，该问题强调从教师、学习者以及其他人所面对的有意义的问题入手；②设计者与实践者协作，扎根真实情境；③在学与教的理论框架下设计研究过程；④进行文献综述、需求分析，生成研究问题；⑤设计一个教育干预；⑥开发、实施并修正设计的干预；⑦评价干预的影响；⑧循环这个过程；⑨撰写报告，分享设计本位研究成果。[1]

设计本位理论框架在课例研究中如何落实的呢？以中国香港的课堂教学研究为例，研究开展前先建立课堂学习研究共同体，其成员包括一线同级同学科教师，以及校外教研人员或教育学院学者。每个课例研究都要经历数个步骤，这些步骤不是以固定的顺序出现，有时候其中某些步骤会反复出现，有时候某些步骤会同时进行，具体操作流程如图 6-2[2]所示。

设计本位研究取向的课例研究主要分为五个步骤[3]。

1. 选取课题，初步拟定学习内容及其关键特征

研究课题通常是教师在教学实践中遇到的有意义的问题，并初步拟定学习内容及分析学习内容的关键特征。研究小组试图通过所选择的这个问题的解决对教育实践产生积极作用。

[1] 安桂清. 课例研究［M］. 上海：华东师范大学出版社，2018：133.
[2] 李树英，高宝玉. 课堂学习研究实践手册［M］. 安徽：安徽教育出版社，2011：6.
[3] 卢敏玲. “课堂学习研究”对香港教育的影响［J］. 开放教育研究，2005（3）：85.

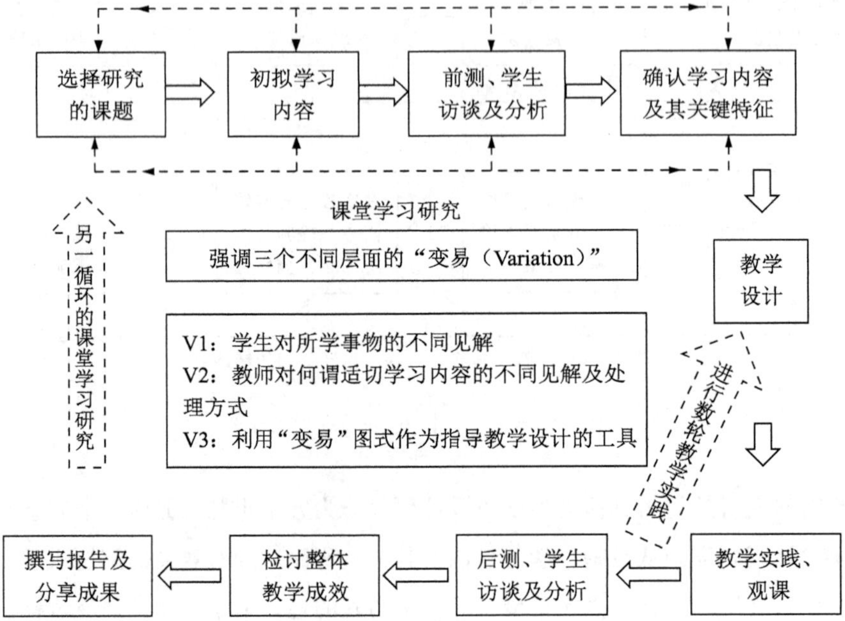

图 6-2　设计本位研究取向的课例研究流程

2. 分析学情，修订学习内容及其关键特征

在设计前，需要厘清学生对学习内容的已有认知水平，找出关键属性，包括教师之间的经验分享、资料查阅、学生前测等方法，并根据收集到的学情对初拟的学习内容做适当调整。

3. 开展教学设计及课堂实践

设计本位研究取向的课例研究的整个过程是由学与教最稳健的理论框架指导的，以此支撑整个研究过程。中国香港的课堂学习研究以“变易学习理论（theory of variation)”作为支撑，以学情分析数据设计“变易”图式，据此开展课堂设计，并由几位教师分几轮开展课堂实践。每一轮施教都会进行同行观摩和课后反思研讨。每一堂课的录像也会做进一步的分析。

4. 开展教学评估

对参与研究课的学生进行后测，并抽样对学生进行课后访谈，以此了解学生对学习内容的掌握程度。根据学习结果，再从课堂上寻找对应教学情境，根据收集信息做出分析，提出教学改进的建议。

5. 撰写报告及分享成果

教学研究形成的成果与其他教师分享，并将反馈结果作为下一循环研究的重要参考资料。

根据以上研究，笔者认为设计本位研究取向的课例研究具有建构主义特征，除了兼有传统研究方法的归纳、演绎、批判思维外，还特别注重过程中知识的创生，这种方法对教育理论创新与实践创新都有非常重要的作用。这种研究方式也特别适用于主题教研。因为主题教研的系列化、结构化的活动关键在于整体设计与规划。传统的主题教研活动多是经验推演或是听评课的片面化整合，缺乏基于具体问题情境的设计与规划，教研活动往往存在活动目标盲目性、活动方式随意性、活动效果片面化等问题。而采取设计研究方法，则需要教育研究者与教学实践者密切协作，提炼在真实情境中的问题，确立研究目标，寻求理论引领，通过设计、开发、实施干预，并在实践中修正最初设计的干预，通过评估检测设计的效果，针对设计缺陷提出设计改进方案和新的理论假设，通过迭代过程优化理论和实践，这种研究范式对于明晰主题教研活动路径，提升教研活动实效无疑是有重大意义。

二、设计本位研究取向的主题教研规程

主题教研的国内经验表明，作为教师专业发展重要途径之一的主题教研，虽然在国内有非常丰富的实践探索，但并不存在一套普遍使用的操作模式。基于主题教研的核心特征，在设计本位研究的课例研究的指导下，本节试图描述设计本位研究取向的区域主题教研活动的规程。

（一）设计本位研究取向的主题教研理论框架

相较于传统的经验型的主题教研活动，设计本位研究取向的主题教研更多体现问题导向、设计导向、效果导向相结合，更加关注团队协作，倡导经验提炼和证据分析相结合，理论建构与问题解决并重。基于此，设计本位研究取向的主题教研从设计本位研究的六大基本特征出发，建构如图 6-3 所示理论框架。

（二）设计本位研究取向的主题教研路径

基于设计本位研究取向的主题教研，本研究尝试将教研主题确立、合作教学设计、设计实施、活动反思、设计修正、研究成果分享等主题教研活动的关键环节作为节点，探索区域主题教研的一般行动路径。

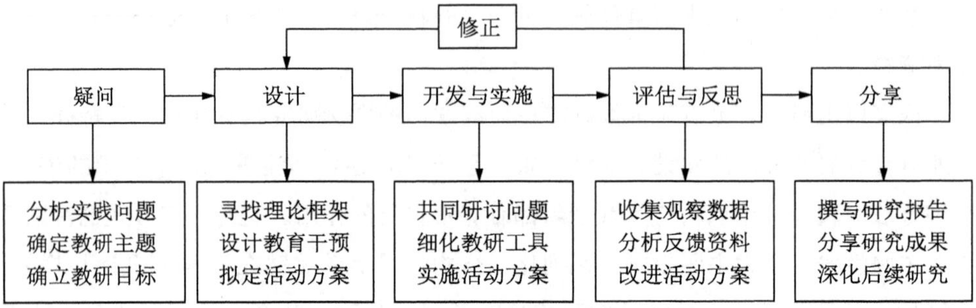

图 6-3　设计本位研究取向的主题教研理论框架

1. 确立研究主题，呈现展示任务

1）研究主题

传统教研活动多停留在“就课论课”，或是主题不明确，或是缺少主题下的系列研究。主题教研课例式、系列化、结构化等特征决定了主题教研不同于一般教研活动，参与主题教研的教师通常要经历“疑问—规划—行动—观察—反思”的循环过程。“疑问”指的是教师在教育实践中遇到的共性的困惑、难题，经过反思、归纳提炼为研究主题。因此，明确研究主题就成为了主题教研的起点。

主题教研的团队化特征要求，开展主题教研前需要建立一个研究小组。在我国区域主题教研的研究小组通常是由学科教研员、多名同科教师、高校专家共同组成。教研员作为撬动主题教研这个杠杆的支点，在确立研究主题前，教研员需要根据学科发展的特点、教育理念的更新，对研究问题做出预判。这是有效开展教研活动的首要路径，也能更好地发挥学科教研引领作用。

关于如何确立一个高质量的研究主题，有很多困惑围绕着教研员，包括高质量的研究主题需要包含哪些特征，如何确立研究主题，如何从研究主题延伸出系列教研活动小主题等。

（1）主题的特征

由于设计本位是基于传统实验研究无法应对的真实情境问题而提出的，因此，设计本位研究最直接的特征即是问题的情境性。设计本位研究取向的主题教研活动是以真实的教学实践作为研究对象，旨在通过课题研究带动教学问题的系统思考与解决，提高教学质量。研究主题应具备以下三个特征：

一是，源于现实。主题教研活动聚焦存在于教学实践中的真问题。

二是，行于反思。教师在教学实践场域中遇到的实际困惑与问题非常多，但是如何捕捉和提炼问题，如何依据自身学科优势去表存真，判断、筛选出真问题，这考验的不仅是教研员的问题意识，还有教研员的反思能力。

三是，具体可行。很多主题教研活动都存在选题宽泛的不足。主题教研选题要聚焦教学实践性问题，从小处着手，明确问题解决的核心内容、问题解决适用的对象与范围、问题解决可依托的资源与限制性条件等。

（2）主题的类型

主题教研活动致力于解决教师在教学实践中遇到的真问题。从教师在教育实践中遇到的问题入手，按照教师专业知识类型，可以将教研主题划分为三类。通过类别划分，给教研员确立教研主题一些启迪与参考：

一是，与教学相关的研究。主要涉及学科内容分析和对学科本质的理解以及与特定主题相关的教学法知识等，决定着教学目标确立、教学难点解决、教学策略选择、教学评价等，直接影响着教学实践，是非常常见的一类教研主题。

二是，与学生相关的研究。学生行为是新课程改革以来教研的重要内容，教研活动应该重视学生及学生的“学”。与学生相关的研究主要涉及学生学习特点分析、学生不同学习水平把握、不同学习水平学生之间相互影响，这直接影响着教学的起点，同一教学内容不同处理。此外，学生学习表现也是检验教研设计成效的一个重要依据。

三是，与课程知识相关的研究主题。传统意义上，课程知识主要是教材和其他可用于教学的各种教学媒体、教学资源的知识。随着课程改革深入，课程知识涉及面也日益广泛，不仅包括教材与教学资源，还包括对课标的理解和落实到课堂过程中教学内容的调整、充实和创生。

（3）主题的系列化

设计本位研究取向主题教研活动是在问题解决的迭代过程中实现知识的建构。从这一点来看，主题教研活动的系列化是不可绕开的话题。如何实现系列化呢？知识的创生是教师个体与教师群体之间在共享、研讨、反思的过程中不断推进知识积累与问题解决。将宏观问题研究分解为一个个微问题，在微问题解决过程中积累知识，经过整理归纳生成教学实践性理论，不断扩大教学研究指导范围，直至宏观问题解决。

2）展示任务

主题教研作为一种分享的专业文化，不是一个个体单打独斗，通常依托的是一个专业共同体。为此，教研员在明确研究问题后，需要在共同体内部呈现展示任务。展示任务在教研规程中有特定的含义：目标的表述必须转化为教师要去做的行动，而且是一种“以教人者教己”教学相长的展示行动。[1] 只有将教研目标转化为教师展示行为，才能真正调动团队教师参与教研活动的热情和积极性。

展示任务单主要包含研究主题、研究问题、选题背景、研究目标、过程安排、活动资源等。将展示任务以任务单形式发给团队成员，使团队成员结合已有的教学经验、文献收集等方式提前了解教研内容，带着准备参加教研活动。

2. 质疑展示任务，澄清核心问题

在设计之前，需要做好两件事情，为合作设计高效开展做好准备工作：①借助展示任务，团队教师明晰研究主题；②厘清研究主题关键属性。要解决上述问题可以分解为以下两个步骤：

1）解释研究主题、质疑展示任务

在专题研讨活动之前，教研员在团队内部对教研主题、研究问题、研究背景、研究目标做进一步解释。由于任务的接受与实施因个体思维广度和深度的差异，必然存在盲点、争议、困惑。在主题解释后，需要接受团队成员的质疑。在教研主题的统领下，教师以小组为单位，通过问题交流讨论，明确哪些是围绕目标与任务、具有研讨价值、需要组内讨论的问题，哪些是与本场研究无关的问题，哪些是需要归纳后全场提出的核心问题。

2）澄清核心问题，修正研究内容

澄清是指在确定核心问题后，教研员与教师通过研讨厘定问题的相关边界。在小组研讨中，以核心问题为切口，教研员与组内资深教师共同引导教师通过经验分享、文献综述、学生前测等方法，明确问题的关键特征，澄清核心问题，以达到组内教师观点一致。再根据核心问题的理解，对初拟的研究内容做适当调整。

3. 设计方案，展示交流

在设计本位研究取向下，方案的设计是整个教研活动的关键环节。有学者认为一份详尽、全面的教案是课例研究能够成功的关键所在。对于主题教研活动也同样如此。教研方案既包含整个教研活动的活动方案，也包含教师展示任务方案，规划了教研活动的行动蓝图。在设计本位研究取向的主题教研活动中，怎样设计方案才能保证教研活动开展得卓有成效呢？

[1] 沈伟. 基于区域教研规程研制与实施的主题教研 [J]. 上海课程教学研究，2019 (1)：84-89.

1）合作设计教研方案

教研活动是教师对教学实践性问题开展的合作性研究活动。主题教研活动的一个非常重要的特征就是团队化，强调教育研究者与教学实践者密切协作。为此，在主题教研中，方案的设计强调教师之间的协作互动，共同参与，智慧共生。合作设计有助于帮助教师丰富对研究任务的理解，恰当地调整自己最初的设想。同时，合作设计实现了教师群体优势互补、资源共享、思维碰撞，可以让每位参与者收获更多的思想与方法。[1] 例如，在每个展示课教案撰写中，其他教师可以共享以往的教学经验，特别是教学重难点、学生认知情况，可采用的教学资源、教学策略等。

2）展示交流教研任务

展示是指教师的观点在集体场合中的完整呈现；交流是指相教相学、共同研讨、补充完善。在方案设计完成后，教研员引导各小组围绕目标与任务，以全场研讨的形式，通过教研员与教师、教师与教师、小组与小组的充分交流与分享，形成相异构想、智慧互补，修正初拟的设计方案。

“展示与交流”是教研活动的核心环节，教研员需要通过本环节来达成教师展示任务，落实设计方案；教师需要通过本环节阐述观点、教学展示、教学观摩、主题研讨等形式，展示问题解决的过程，以及问题解决过程中建构的与之相关的实践性知识，供其他教师质疑。

4. 开展教研评估，深化实践

从理想的教研方案走向现实的教研活动，教研效果如何需要进一步评估检测。通过证据的收集，评估设计方案的实效，寻找出理想方案与现实实施之间的差距，针对设计缺陷提出设计改进方案和新的行动方案。

1）实践评价与研讨

实践是指将理念转化为行动的模拟或操作；评价是指对本次教研活动的感受和达成度的检测。教研的目的是要将教育理念转化为教学行为，教研员在教师对主题达成共识的基础上，设计相应的真实或虚拟的实践场景，教师则以小组合作的形式，展示面对问题的方法、策略。每次教研活动都需要同行观摩，教研员和其他小组结合目标与任务的评价。通过同行观摩反馈及教研员、组员的评价，检测教研目标的落实程度，顺势达成对本次教研活动实效的评价。

---

[1] 安桂清，桑雪洁.“教师如何做课例研究”之二 教案的合作设计 [J]. 人民教育，2010（22）：47-50.

研讨指的是教研小组基于观摩结果和评价信息，从不同视角审视预设的教研方案的得失利弊，进而揭示教研可能改进的方向及改进对策。教研活动后的研讨水平高低直接影响后续方案改进的质量。对此，教研研讨中每个成员都需要敞开心扉，在民主平等氛围中开展对话，以充分挖掘实施过程中的问题及可能达到的教研效果，提出切实可行的改进建议。

2）方案的二次设计与实施

由于设计本位研究取向下的主题教研活动是一个“规划—设计—实施—评价—改进”的循环过程，因此教研活动并不会随着一个教研活动的结束而结束，而是一个持续改进的过程。而教研方案修改状况直接影响第二轮教研实施质量。教研活动后，教研任务具体负责教师或教研小组反思教研过程、总结教研经验，基于收集到的评价信息及同伴群体的研讨意见，挖掘行动方案中的不足，探讨问题症结，思考修补方法，改进不合理做法，形成新一轮教研方案。

5. 撰写报告及分享成果

一个完整的主题教研活动并不是随着教研活动后研讨的结束而结束，还需要教研小组或教研任务负责人综合群体研讨意见和自我反思的意见撰写教研报告。这不单是对整个教研过程加以系统反思、梳理实践性知识的过程，还是实践性智慧生成与输出的过程。通过主题教研报告撰写可以汇聚教研过程中的实践智慧，并对其凝练与传播，将会惠及更多教师群体。同时，除了能将教学研究形成的成果与其他教师分享，实践智慧还可以作为下一循环研究的重要参考资料。

（三）主题教研活动工具

教研工具主要包括过程性工具与评价性工具。

过程性工具如教研学习单：教研学习单是为了方便教师了解教研主题、明确目标与任务，记录教师和同伴参与过程和学习路径的支架式思维链记录单。根据设计本位研究视角下的主题教研活动的特点，可以从背景分析、主题确定、目标制定、步骤预设、实践评价、资源配置六个核心环节进行多样化设计。

评价性工具如教研活动评价单：活动现场评价采取的是教研员自评、教师评价相结合的双评方式。教研员自评内容是对本次教研活动的总结和反思，思考教师真的需求，主题提炼是否合适，实践课是否完善以及观课指标是否切题等。另外，数据实证对比也是对教研效果的有效监测，基于实践的双评有利于教研员修正后续的教研内容和实施路径，有利于提升教师的体验感，促进观点的内化生成，更有利于教师在观点形成后基于实践的实验验证。

基于文献研究与实践经验，区域对主题教研活动进行了整体设计，将“主题”划分为三类：与教学相关的、与学生相关的、与课程相关的。不同类别的教研主题具有各自鲜明的特征，问题解决方向也各不相同。通用式的“设计本位研究取向”主题教研规程是否适用于不同类别的教研主题呢？在区域教研实践中，我们鼓励各学段教研员及一线教师针对具体教研主题、针对特定知识的学科教学组织形式、针对具体问题解决方向，创造性地改造主题教研规程，形成各具特色主题教研变式，更好地提高主题教研活动的实效。在历时五年的区域实践探索中，在三类教研主题下，形成“诊断接力式”“研训融合式”“教学相长式”三种特色的实践形态。

第七章　指向课堂教学改进的“诊断接力式”主题教研规程

在教师专业成长中，最为根本的基础就是日复一日的教学活动。在三级教研组织中，指导教学都是最为基本、最为核心的职能。[1] 主题教研就以教学实践中问题的解决为活动目标。这不仅是区域教研的重点，也是一线教师最感兴趣的教研主题。虽然与教学相关的教研是最基础、最常见的教研活动，但这类教研活动仍存在一些问题：①缺乏问题意识。多是“就课论课”，缺乏对教育教学实践中遇到问题的提炼与深层次的思考。②缺乏问题改进证据支撑。作为教学权威，多数教研员对课堂的指导往往停留在“该怎么做”，至于“为什么这样做”缺乏研究，都是凭直观感受、主观经验进行教学诊断与干预。[2] 为此，教学问题挖掘、问题研究以及基于证据的问题改进成为提高教学相关主题教研活动的一个重要突破口。基于上述思考，各学科教研员尝试以“教研问题诊断的接力式主题教研”为抓手，探究有效的教学研究之路。

第一节　“诊断接力式”主题教研的内涵

在教学实践中，教师对于教学内容理解、教学内容组织与实施、教学效果评价等方面存在各种各样的问题，怎样才能从问题的发现走向问题的解决呢？怎样才能从经验化的干预走向专业化的指导呢？怎样才能从自上而下的“指挥”走向教师之间平等互利的合作共生呢？这里借鉴了医学领域的“诊断”活动思路与共同体理论中的“合作教研”活动方式。

[1] 丛立新. 沉默的权威——中国基础教育教研组织 [M]. 北京：北京师范大学出版社，2011：151.
[2] 吕映. “诊疗式”主题教研的研究与实践 [J]. 教育评论，2015 (2)：115-117.

一、何谓“诊疗式教研”

“诊断”的思想来自医学领域。一个完整的诊断行为包括以下环节：病人叙述病情—医生利用各种必要手段对病人进行检查，得出结论—医生开出治疗处方—病人吃药或接受其他治疗手段。[1] 如果病人康复，那么医生的诊断行为结束；如果病人没有康复或出现其他病症，医生则根据病人具体情况提供新的治疗方案直至病人康复。如果医生仍无法治愈病人，则需要其他同行参与这一诊疗过程。通过这样一个完整的诊疗过程，我们可以看到“诊断”行为具有两个基本特征：一是指向疾病，二是指向疾病的治愈。

其实，教研活动与医生的诊断行为有很大程度的相似之处。在教学类主题教研活动中，教师相当于医生，对“疾病”即教学中存在的问题进行诊断与研究，借助专业知识和技能提出适切的“诊疗”方案即教学改进的建议与措施。整个“诊疗”过程，从问题发现—分析与诊断—方案提出—治愈，都不能仅凭经验与直觉主观臆断，而是基于调查、观察、实施与分析、评价与反馈的规范研究过程。

主题教研所采用的“诊断”与医学上的“诊断”还存在一些不同：①在医学上，病人与医生的角色基本不互换（除非医生生病）。但是，在教研小组内病人与医生常常互换。因为，与教学有关的主题教研活动，关注的是“教师的教”，包括教的内容、教的方法与策略、教的效果，因此“疾病”产生于“教”。每一个从事“教”的教师都可能会成为病人。当A老师在叙述“病情”时，教研小组内的其他老师充当医生，当轮到B老师在叙述“病情”时，这两名老师的角色发生互换。②在医学上医生诊断通常是一对一，但是在教研小组中，通常是一对多。换言之，一名老师在叙述“病情”时，其他教师都充当医生进行集体会诊。得出“治疗”方案亦是如此。③在医学上一种疾病通常对应固定处方，但是教研方案是开放的、不唯一的。主题教研是通过深入反思课堂教学现象与研究教学问题，而不是简单运用现成的原理与技术来改进教学，研究问题的解决方案无法单纯地遵从演绎的方法获得，只能在过程中不断地归纳、反思、改进与生成。加之，学生是复杂的、教学情境也是复杂多变的。受诸多因素的制约，往往导致当前问题的解决方案没有已知的、固定的答案，很多时候存在多种解释和解决方案。这时候，作为“病人”的教师，可以不用完全遵循其他教师（“医生”）所提供的处方，可以自主做出选择与

[1] 胡惠闵．在传统的学校教研基础上发展校本教研 [J]．全球教育展望，2008（2）：78-81.

调整。但相同的是，二者始终是围绕“问题及问题的解决”和“实践的改进”开展“诊断”。

二、何谓“接力”

“接力”指的是教研小组成员围绕同一个教研主题组建教研共同体，按照个人专长分工，接力式小组合作教研，最终让研究小组每位成员为最终教学问题解决策略形成贡献智慧，也让最终实践智慧内化为每位教师的实践性知识。

“教研接力”思路来源于共同体理论。自20世纪90年代以来，依托共同体促进教师专业发展方式备受教育领域关注。教师专业学习共同体（Professional Learning Community，PLC）通常由校内或区域内不同学校的教师以不同形式聚在一起开展专业合作与集体探索。共同体中的教师合作（Teacher collaboration）是教师们围绕共同的目标和愿景，带着不同观点，基于相互信任分享时间；通过协商、反思进行教学尝试以解决问题，推进教学文化更新。[1]

共同体创建既能发挥教研员“领袖”作用，也能发挥每位教研小组教师特长。以往教研活动中，存在着区域教研员在学科教研活动中“无作为”现象，从而导致了主题教研解决学科问题针对性不强。通过共同体方式，倒逼教研员在教研共同体中担负起“项目负责人”的角色。如何更好地在教研共同体中发挥区域教研员引领作用呢？一方面，教研员必须深入一线，了解教师在教学实践中普遍存在的问题，并能澄清问题的实质，提炼教研活动的主题，使教研活动真正契合教师实际需要；另一方面，教研员也要发挥学科教学特长，以研究思维带动一线教师对教学问题的系统思考与解决，通过科研方法判断教学改进策略是否有效而非凭借经验直觉。

同时，教研共同体也能改变传统教研活动中“一人上课一人忙”现象，真正按照个人特长，分工合作共同完成。为了真正实现责任分工到位，让每一个成员都能从自己或他人的展示中获得成就感，在教研共同体中通常会采用“前置”或“后续”的推进策略。所谓“前置”，教研员在主题教研开始前会分发教研学习单，让教研小组所有教师提前介入整个研讨活动，对研究主题进行先行研究，也使原本某一名教师享有的研究资源产生横向的扩充。在对教研主题深入研究后，教师或教研员也会对教师实际情况做一个预估，根据教师个性特征和特长选择某个角度或者围

[1] 张晓蕾，王英豪. 从“合而不作”到“合作共赢”：对我国校际教研共同体中教师合作现状的探索性分析 [J]. 教育发展研究，2017（24）：14-20.

绕某个教学中的实际问题展开研究。“后续”指的是教研活动后，教研共同体成员针对性研讨，结合自己的研究和教学经验，进行后续的研究与反思。这样，在“前置”中促成每位教师的参与，在“后续”中促成每位教师的反思。在“前置与后续”中为每位教师的专业成长创造条件。

在这样的思路下，“诊断接力式”主题教研采用“带着问题来，带着方案走；带着行动来，带着新的方案走”的诊断流程。具体过程是：教师因共同的实践困惑组成教研小组，进行诊断交流—共同协商问题解决方案—依据问题解决的行动方案在实践中实施—带着实施结果进行新一轮研讨—根据新一轮诊断结果改进形成新方案—再次回到实践中实施改进……依据教学类主题教研活动基本环节：问题提出—教学研讨—合作设计教案—同课异构—课后研讨—教案二次设计……形成任务接力式系列主题活动，将教师教学理念嵌入教师教学实践中，促进学科教师在“合作设计—观摩—研讨—反思实践—反思—再实践—推广”的循环过程中，将教研活动生成的教学实践智慧转化为对学科教学的理解，并在相教相学过程中促进教师专业发展。

第二节　“诊断接力式”主题教研的特征

“诊断接力式”主题教研模式以教师“教”的相关内容作为研究对象，旨在通过集体研究，化解教学实践过程中存在的难题，深化对学科内容的理解，改进教学方式，提升教学质量和重建教学范式。“诊断接力式”主题教研模式主要具有以下五个特征。

一、基于问题解决

“诊疗式”主题教研专注于教学实践中的问题解决。研究主题主要来源于中小学教师在教学实践中遇到的困惑或难题，而不是简单地实践或验证某个理论。这种主题教研模式致力于通过科学的研究手段去探究问题解决的有效策略。教研主题来源于教师日常教学中的切身体会，来源于教师与同伴对教学问题的探讨，涵盖了“教”的方方面面，包括教学的内容、方式方法、效果评价以及教师对教学的理解等。例如，“如何组织学生开展合作学习”“有效的课堂评价”“如何有效实现信息技术与教学融合”“课堂提问的研究”“学生学习某一具体内容的前概念及其转化”

等。总之，面对现实的课堂教学，有太多具体、真实的教学问题值得教师去探究。

二、以课例研究为基本形式

课堂是教学主阵地。课例研究就是教师与课堂教学情境之间持续互动的过程。课例研究主要包含两个要点：一是以学科内容为载体（即以具体学科的某节课为研讨对象），二是围绕某个小的教学问题研究如何改进（即研讨活动有一个聚焦的研究主题）。[1] 其中，课例是指被观察与研究的课，直接指向“什么”课程与“怎样”教学的概念化整合。而表征这一整合状态的即是作为教师专业素养的“学科教学知识（PCK）”，基于此有学者提出课例研究是围绕某一主题的教学法的创造而展开的。[2] 由此可见，课例研究非常契合“与教学相关”主题活动需求，可以作为“诊断接力式”主题教研的基本形式。

课例研究就是通过一系列的研究聚焦于教学方案的合作设计与实施，通过课堂观察收集方案实施效果，并在课后研讨中汇集课堂观察结果作为方案改进的依据。因此，通常情况下，课例由研究小组教师合作设计完成，由不同教师进行同课异构，其他教师仔细观察、详细记录教学过程，并在课后合作讨论，探究课例得失，提出改进建议。方案设计者在广泛听取各方意见和自我反思的基础上，进行二次教学方案设计，并将设计方案重新付诸实践的循环过程。在这一过程中，教师可以不断描述、梳理教学案例，从具体实践案例中提取经验，从而形成关于某一教学主题的教学法的假设，进而通过课例研究进行检验和发展，从而创生出新的教学法的知识。

三、指向行为改进

“诊疗式”主题教研旨在改进教学实践，所有实践形式都是为这个目的服务。主题教研活动非常关注提供“处方”之后的实际效果，即合作设计教研方案后的实践结果。在每次方案实践过程中都会涉及观察与评价，在每次方案实践后都会紧跟一次交流研讨，其目的就是收集教研方案实施结果，以此作为新方案产生的改进依据，否则无法达到“恢复健康”的目的。此外，主题教研活动还通过研究报告强化教师改善自身实践行为的意识。研究并不仅仅是为了成果显性化，写完文章也并不

[1] 杨玉东. 基于课例研究的实作式教师教育模式［J］. 中国教育学刊，2010（5）：76-78+82.
[2] 安桂清. 课例研究［M］. 上海：华东师范大学出版社，2018：60.

意味着教师行为就得到改进。而是提倡教师用自己熟悉的语言、案例来呈现自己的研究成果，在这个过程中反思自己的实践行为，帮助教师进一步认识自己，通过认识改变来影响教师改进教学实践的行为。

四、行动路径清晰

教研共同体是一种松散的、自发的、自愿参与的组织。共同体有效运行实行的是项目制，明确活动的规则。每个教研活动项目都要制订比较完备的课题研究和教师专业发展规划。在教研共同体建立之初，共同体成员就围绕教研活动主题，反复商榷，形成整个教研共同体及每位成员个体的研究计划、研究目标，然后由成员共同合作完成，并根据研究进程及时调整规划。通常情况下，教研共同体的研究计划包含：项目组成员的基本情况分析、教研活动的主题、教研活动目标项目组优势资源、学科活动安排等。“诊断接力式”主题教研就是以项目为驱动，明确教研活动的目标与任务，强化共同体成员分工与合作。

一旦协商一致，共同制订了教研活动与教师发展规划后，教研共同体就会汇聚众人所长，分配或自主认领任务，打破年级、学校界限，以完成项目阶段任务为目标，按需灵活组合开展“合作探究”“同课异构”“序列课堂”等教研活动，探究问题解决的行动路径，并且十分详细地记录，用以对照、反思和修正。例如，几位数学教师在教研员的带领下，针对沪教版数学教材知识体系纵向排列的特点，把跨年级研讨作为常态的研究活动，每学期都以不同的专题开展活动，如分数教学、统计教学、图形教学、解决问题的策略……对不同年龄段的教学内容、层次、策略加以比照，同一年级的不同教师之间开展“同课异构”，使共同体中的每一名教师既能看到差异，也能找到方法。

五、团队合作密切

主题教研活动的研究共同体通常由学科专家、教研员及一线中小学教师组成。在教研共同体中，强调共同体成员的亲密合作、伙伴共生，以团队互助形式解决实际教学问题，亲密合作，共同发展。在教研活动过程中，教研员、学科专家与中小学教师组成了稳定的、和谐的教师专业发展共同体。学科专家拥有丰富学科教学研究知识及学科理论知识，传授有关课堂观察、学习测试、数据统计等专业技术，指导中小学教师开展科学、规范的学科教学研究。学科教师拥有丰富的课堂实践性知识，具有研究者、实践者的双重身份。教研员作为整个共同体的“项目负责人”，既具备一定的研究知识也具备丰富的教学实践经验，是学科专家与一线教师之间的纽带。在这个过程中，教研员既要凝聚团队力量、协调各方关系，也要充分发挥学科教学研究优势，引领教师反思自身教学中存在的问题，明确教学改进的方向，帮助教师成长为新时代所需要的研究型教师。可见，“诊断接力式”主题教研能够实现教研员与学科专家、一线教师的亲密合作、互助共赢。

第三节 “诊断接力式”主题教研的实践形态

在过去五年的区域实践中，区域教研员与中小学教师合作开展主题教研活动，在区域“设计本位研究”主题教研一般化规程框架下，探索建立“诊断接力式”主题教研。本节将研究主题确立、合作设计教案、同课异构、课堂观察、课后研讨等“与教学相关”的主题教研关键环节作为节点，试图呈现“诊断接力式”主题教研的具体操作流程。

一、研究主题确立

研究主题确立是主题教研的起点。研究主题确立包含了研究问题筛选、提炼、预判与基于问题的假设。为什么要有研究问题筛选、预判与基于问题提出假设这一环节？其一，问题价值或者说研究主题的价值，决定了教研活动的价值，价值高的主题对教师实际发展需求的契合度高。其二，以往主题教研活动往往活动前草草确立研究主题，教研员有可能对问题价值或对教师实际需求把握不准，花了很多精力开展研究，却无法顺利开展下去，只能推倒重来。所以，从一开始就进行主题预判与思考，可以减少这样的风险，提高整个教研活动的实效。

（一）研究主题选择

虽然研究主题选择具有非常重要的意义，但在教研实践过程中还存在诸多问题。

1. 教研主题中缺乏问题

很多日常主题教研活动没有“主题”，单纯地“就课论课”，似乎一堂课泛泛研究就是教研主题。“问题”是研究的起点，也是研究的对象。没有研究问题指导，很难有深度思考与创造性实践知识的产生。

那么，教研主题中的问题可以来自哪里呢？①教育改革或学科知识前沿热点问题。包括新的教育理念、新的教学方法或教学内容，如“如何在一堂数学课中开展小组学习活动”“如何开展以问题解决为主基调的学导课堂”“如何应对统编教材中重复教学的问题”。②教学中的困难或缺失。面对一种新情况或想要改善一个困境，或是弥补一个不足，如“小学语文课统编教材中综合性学习如何教、教什么”“为什么课堂纪律总是失控”“如何处理课堂中学生相异构想”“如何让学生在课堂上提出有价值的问题”。③一种不明的情况。教学中的疑惑、意外或无法用以往经验解决的问题，探究“为什么会产生这样的结果”。

2. 教研指向的具体问题不清

在教学实践中教师存在很多困惑与难题，但是很多时候教师只看到了“无序”的教学现象，却无法提炼出这种不恰当教学现象背后存在的问题。教研问题与教师口中“一般的教学问题”有所不同，如“课堂上学生做小动作”“课堂秩序失控”“教学预设与教学实际偏差”，这些只是课堂教学现象，但这些现象背后可能涉及的“课堂教学的有效性”“课堂教学的策略选择”等问题才是教研重点。这时就需要教师经历反思提炼，由表及里、去假存真，直击教学现象背后的问题与矛盾冲突的根源。

3. 主题太宽泛，没有对象意识

选题过于宽泛是一线教研非常容易出现的问题，如“建立对话教学”“开发语文教学资源”“开展课堂观察”“课堂教学话语分析”“测验试卷设计”等。这些过于空泛的主题无法聚焦要解决的问题，也缺乏问题解决的范围，这必然导致对研究内容解决浮于表面，很难对教学实践真正产生作用。这也就意味着主题选择要聚焦问题，从小处切入，以小见大。如“教学有效性研究”范围比较宽泛，当在这个主题前面加上一定的范围，明确研究对象时，问题也就逐渐聚焦。有教研小组将“教学有效性研究”改成“小学低年段识字教学有效性研究”，研究深度和实际价值就大大增加。

4. 研究主题的学科意识不强

对任教学科的深刻理解是开展教学相关的主题教研活动的首要任务。比如，一次语文学科主题教研活动以“如何利用‘口语交际’帮助学生建立良好的人际关系”为主题，以统编教材三年级上册口语交际“沟通”为课例，组织公开课、研讨交流等活动，教师在授课过程中不断引导学生认识沟通价值，在课后研讨时，教师普遍认为教研主题的方向有问题，上课教师似乎将小学语文中“如何上好一堂口语交际课”的研究变成了一堂道德与法治课。显然，在主题定位时对这一学科内容的理解存在偏差，导致学科界限不清。

（二）研究主题预判

怎样的研究主题才是有价值的？这里就涉及对研究问题的实践价值、理论价值和实践可行性的预判。对研究问题价值预判的正确性高低可以增强研究者专业自信，而这种价值正向预判表现在对所研究问题本身之于教学实践改善的价值和个人驾驭问题的能力两方面的预估。有些问题在中国的教学理论和教学实践发展中表现得比较突出，亟待研究，但研究者个人的能力不及，驾驭不了这个问题，这类问题就不会使研究者感到自信；有些问题虽然研究者觉得自己研究起来游刃有余，但这个问题是一个不证自明的或常识性的问题，这类问题也不会使研究者感到自信。[1] 也就是说，只有那些既符合教师实践需求又符合个人能力的问题，才是有价值的研究问题，才能让研究者感到自信。

与其他教学研究不同，设计本位研究视角下的主题教研在确定研究主题时需要进行文献综述、需求分析、可行性分析等，以便能够生成更有价值的研究问题，以此增强研究小组成员的研究自信。

（三）基于问题提出假设

在明确研究问题后，教师还应该基于问题的理论与实践的理解，提出问题解决的基本设想，阐释研究的理论目标与实践目标，提出问题解决思路。教研活动是以有目的的学习而不是偶然学习为目的的，这也就意味着最终的目标与预期的学习结果指引着所有活动的设计与选择。有意义的学习结果是大多数设计过程的起点与终点，因为对设计有效性的评价是针对目标来进行的。[2] 没有研究假设的教研活动，目标不清晰，行动方案设计与实施也无迹可循，甚至会半途而废。没有预设与实践结果对比，研究结论也是不完整的、缺乏反思依据。以研究问题为起点，不断追问潜在的假设，既能帮助研究者在理论层面弄清问题存在的原因，解决指导思想，更要能在实践层面指导现实问题解决出路，把探究带进课堂、教研同步、以研导教、以教促研。因此，基于问题提出假设是教研活动中主题确立必不可少的环节。

---

［1］ 安富海. 教学论研究的理论自信：含义、内容及实现路径［J］. 课程. 教材. 教法，2014（1）：79-84.

［2］ ［美］R·W·加涅，W·W·韦杰，K·C·戈勒斯，J·M·凯勒. 教学设计原理［M］. 王小明，等，译. 上海：华东师范大学出版社，2005：3.

研究设想是对整个研究过程想要实现的目标、预期达成的结果以及从目标走向结果之路径的系统思考。好的假设能为主题教研活动顺利开展提供清晰化思路，不好的假设往往会指引研究者偏离研究主方向。那么，研究设想究竟包含哪些内容呢？比如，用什么样的视角去分析教研问题，如何组织利用研究相关资料，如何从研究资料中论证或创生出问题解决策略等。

二、课例研究

课例研究是“诊断接力式”主题教研的基本形式，也是贯穿于整个与教相关教研活动的重要载体。以下将从合作设计教案、同课异构、课堂观察三个部分详细阐释。

（一）合作设计教案

在课例研究中，教案处于非常重要的地位，可以视为教师头脑中教学研究理念的一种外化的行动方案。有学者将其视为课例研究的基石，认为一份详尽、高质量的教案是课例研究能否成功的关键。在课例研究中，教研设计充当多方面角色：首先是教学工具，教案规划了课例活动的蓝图，课堂教学依此展开；其次是观察工具，教案不仅提示观察者在课上可以看些什么，而且是观察者记录和分享观察结果的依据所在；再次是交流工具，教案设计传达出设计者的思考，在课后研讨时可将其与课堂实况加以比较，以分析、交流预设与生成之间的距离。[1]

所谓课例研究，就是一群教师共同研讨、观察、改进课堂的过程。课例研究是一种合作性研究活动，作为课例研究关键性环节的教案设计也应当是合作的成果。我国早有集体备课、设计教案的传统。相较于个人备课，集体备课强调通过教师间的合作与探究，借助群体智慧，解决教育教学问题。[2] 但受传统教育理念和教学模式的影响，实践中的集体备课存在三大问题：①集体备课形式往往简化为“同伴教师提出撰写建议”“上课教师执笔写教案”或“上课教师汇报教案设计内容”“同伴教师提出修改意见”片面化、单向式的合作；②作为传统教研活动主要形式，集体备课区别于其他教学活动本质在于对教材、教法及学法的研究，但从现实来看，许多集体备课过程都习惯从“如何做”的角度思考问题，而不是“是什么”与“为什么”的研究；③垄断式集权备课，集体备课强调的是实践智慧的共生，但从现实情况来看，集体备课往往由“成熟型”教师担任主备，青年教师负责听与记，很难

[1] 安桂清. 课例研究［M］. 上海：华东师范大学出版社，2018：406.
[2] 孙晓雪. 教师集体备课的现实困境及突破策略［J］. 教育探索，2016（4）：116-119.

实现人人参与、伙伴共生的目的。与传统的集体备课不同，设计研究取向下的“诊断接力式”主题教研合作教案设计既强调教师之间的群体合作、共同磋商，也关注设计及设计研究依据。

“诊断接力式”主题教研中的“合作教案设计”具体是如何操作的呢?

1. 围绕教研主题，开展专题研讨，确立课例研究框架

通过理论研究，明晰课例研究中主题核心问题的内涵与外延。结合课例特点，分析课例研究维度，从而建构这个主题下的课例研究框架。以“识字教学有效性”为例，结合课例特点，可以将“小学低年段识字教学有效性”分解为“识字教学方法”“识字课堂教学结构”“低年段学生识字教学特点”“低年段识字教学发展学生核心素养”四个方面。同时，这些不同维度的研究问题，也可以作为系列教研活动的主题。

2. 依据研究框架确定教学设计方向，确定教学内容，制订教学设计

在形成教学设计过程中主要分成四个步骤：支持教学设计的分析（文本解读）、基于文本分析下的目标制定、目标导向下的教学设计、目标参照下的作业设计和评价说明。将教研小组教师分成三个小组，分别认领其中一个任务。采用“集体研讨、任务接力”的方式，即“集体研讨—负责小组设计—负责小组汇报—集体提意见—负责小组修改”流程，有分有合，责任分工明确。这样既可以通过任务倒逼方式扩大每位成员的参与度，也可以通过智慧集成帮助单个任务负责教师丰富对教学的理解，以恰当地调整最初的设想。

比如，在“乘法的初步认识”一课的教学设计中，上课教师希望通过一个问题解决的情境引入乘法概念：问 2 只兔子几条腿？3 只公鸡几条腿？在研讨时，有教师根据自己的教学经验，提出质疑，指出学生多数会列出“4 + 4”或“2 + 2 + 2”，简单问题情境不利于学生从熟悉的加法运算思维中跳脱出来。经过研讨，认为原来的问题情境没能体现出乘法运算相对加法运算的优越性，故在问题情境中增加了一个问题“又买来 6 只兔子，问共有几条腿”。以问题链形式，不断增加问题解决的复杂性，帮助学生建立问题解决的支架，逐步将学生牵引至乘法运算的探究中。

又比如，在《一匹出色的马》一课的文本解读中对“马”这个意向理解出现困难，有不少教师提出“在回去的路上妹妹很累不愿意走路，为什么看到‘柳条’后，能骑着‘柳条’（将‘柳条’当作马）赶快往回赶呢?”在研讨过程中，有教师提供了《一匹出色的马》的原文出处。原来是在特定年代下，全国男女老少都有崇拜解放军的情节，而妹妹正好看到解放军骑着马从她面前走过。这种崇敬的心情，使得妹妹在爸爸递给她柳条并说“这是一匹出色的马，你走不动了，就骑着它回家

吧”时，能将其联想成马，将自己联想成解放军，于是才有了“妹妹高兴地跨着‘马’回家”的情节。

从这两个例子可以看出，一个人的想法、经验总是有限的，一个人的资源也是有限的。合作的教学设计实现了教师群体之间优势互补、资源共享，可以让每一名参与者都能收获更多的想法、相关的资源以及问题解决的方法。但是必须强调的一点是，合作教学设计并不是三个和尚挑水，互相推诿、浑水摸鱼，合作教学设计非常强调教师个人独特性与平等思想的交换。这就要求参与教师要坚持“和而不同”的思想，根据自身与执教班级情况有选择地吸收同伴的意见与建议，撰写自己的教学方案。

教案设计通常有两种方式，一种是专注“教”的单线结构，一种是既关注“教”又关注“学”的复线结构。随着教育改革的深入，从关注教师的教转向追求学生的学，日益成为课例研究的核心理念。面对这样的转变，教师“教”的方案设计也从专注“教”的单线结构转向“学教合一”的复线结构。所谓“学教合一”的复线结构，是将教案分成两栏或三栏：“教师活动设计”“学生活动设计”或是添加“设计意图”。这种复线设计模式，增加了对学生学习经历的关注，体现了“以学生为中心”的思想，并将“设计意图”放在旁边，帮助执教老师与同伴明晰每个步骤背后的设计思路与意图，方便进行课堂观察和课后反思。在日本教案设计中，作为教案核心部分“课堂教学步骤安排”是由四栏组成：①教学活动及提问，包括对课上学习活动的揭示和教师在课上不同情况下的关键问题；②“预期的学生反应”，包括教师预期学生会产生的想法、答案、反应等；③简略叙述怎样应对学生的不同反应；④课堂教学评估，要求教师同步记载和评估课上各个不同部分的教学效果。[1] 表 7-1 是区域主题教研活动中教研员与一线教师共同设计的《营养物质的运输：血管》一课教案的一部分。美国学者在日本教案设计基础上增加了完成教学事件所依托的媒体、材料，并基于教育事件对学习活动的价值提出四种成分的教案设计表：①陈述课的目标及其类型（即学习领域），强调教师在授课时必须注意其先决条件，并为它向下一个目标迁移做准备；②列出打算使用的教学事件，事件的顺序要基于信息加工的内部阶段顺序；③列出每个教学事件赖以完成的媒体、材料及活动；④注明每个所选事件中教师或培训者的作用和各种活动（教学的处

---

[1] 安桂清，桑雪洁.“教师如何做课例研究”之二　教案合作设计 [J]. 人民教育，2010（22）：47-50.

方)。[1] 表 7-2 是一节具体概念为目标课的部分样例。

表 7-1 复线型教案案例一:《营养物质的运输:血管》

学生活动	教师活动	教师的应对	设计意图
对三类血管分类依据进行猜测。	人体的血管分为三类:动脉、静脉和毛细血管。		
阅读课本总结归纳三类血管在结构、功能上的差异。 用直观的感知来说明三类血管的差异。 观察小金鱼毛细血管及血液流动情况,并进行描述,进一步佐证毛细血管的特征。	活动 1:血管的分类 你认为三类血管的分类依据是什么?这三类血管在结构和功能上存在怎样的差异? (1) 请同学们阅读课本及提供的血管图文信息资料,总结归纳三类血管在结构、功能上的差异; (2) 组织学生观察体验测量脉搏的桡动脉、输液用的手背静脉(青筋)和采血用的指尖毛细血管的差异; (3) 投影展示小金鱼毛细血管及血液流动方向。	学生汇报,教师板书,填表:三种类型血管的类型、管壁、管腔、血流速度和作用。	通过对比和分析,认识血管的类别,知道血管的作用,形成结构和功能相统一的观念。
学生思考、回答。	活动 2:瓣膜的作用 我们都知道"水往低处流",那为什么我们足部的血液可以"水往高处流"流回我们的心脏呢?静脉中瓣膜发挥怎样的作用?	组织学生汇报,同时教师播放模拟视频展示静脉瓣膜的结构与功能。	观看模拟视频,认识瓣膜的结构是与其功能相适应的。

表 7-2 复线型教案案例二:《梯形》

目标:给出一些不同的几何图形,学生能通过圈选来识别梯形。		
事件	方法/媒体	教学处理或策略
1. 引起学生注意	实况教学和黑板	在黑板上画出一些图形,突出图形外观特征的变化。
2. 告知学生目标	实况教学和黑板	呈现几对在关键特征(四条边、直线、两边平行)上不同的图形,并告知学生他们将学习如何识别梯形。
3. 激起回忆先决条件	教师使用带有幻灯片的高射投影仪或PowerPoint 演示文稿	成对呈现线条,包括直线、非直线,平行、不平行;呈现图形,包括四边形、五边形、三边形,封闭的、不封闭的。在每对图形中,让学生通过说出或指出来识别差异。

[1] [美] R·W·加涅,W·W·韦杰,K·C·戈勒斯,等. 教学设计原理 [M]. 王小明,等,译. 上海:华东师范大学出版社,2005:243.

（续表）

事件	方法/媒体	教学处理或策略
4. 呈现刺激材料 5. 提供学习指导	教师使用带有幻灯片的高射投影仪或 PowerPoint 演示文稿	呈现一系列成对图形，每对图形中有一个是梯形，另一个不是梯形。要求学生识别每对图形中的梯形。当知道特征后，指出每对图形具有还是不具有该特征（直的、非直的，平行的、不平行的，等等）。
6. 引出行为表现	工作表	呈现一个包含 20 个平面图形的工作表，其中 8 个是梯形，其余的在一个或多个关键特征上不同。让学生圈出梯形。
7. 提供反馈	高射投影仪或教师的口头评论	当学生完成工作表后，把一份复本投影出来。识别每例中的梯形，识别不是梯形的图形的关键特征。
8. 测量行为表现	实况教学	使用一个与工作表类似的测验，让学生圈出梯形。
9. 促进保持与迁移	工作表	要求学生分别以垂线、水平线或斜线画出一个梯形。如果材料允许，要求学生识别物体图片中的梯形。

如上述案例所呈现，教案设计如何能同时呈现教师活动、学生活动、学生预期行为与可能存在的错误，并能针对学生预期行为提出对应教学策略，那么我们所设计的教学案例就兼顾了教学和观察双重功能，不仅能为课堂教学提供行动路径，还能帮助同行在观课过程中做好详细记录，以作为课后研讨的重要证据。

3. 关注课后对教案的二次设计

课例研究本质是行动研究，不断经历行动、研究的这种螺旋式自我反思行为，因此教案设计也并不会随着一堂课的结束而结束。教案是教师教育和教学理念的具体落实，它蕴含着教师对教学目标的理解、教材组织的构思、教学实践的分配、教材组织的构思、教学方法的选择、教学步骤的建立、学生特点及对其学习的评价和检查等。[1] 在教案实施过程中，有很多易变因素，最初设计的理想教学方案在实践中会出现许多新变化，如同一教学内容学生不同的理解、某一教学活动组织效果。好的教案要根据学生在课堂中的实际状况调整原先设计。通过课堂观察收集学生反应及教学新变化，通过课后研讨找出学生学习的难点及改进的方向，是对教案进行持续改进的重要依据。同时，新的教学案例修改状况也将直接影响新一轮教学改进事件的质量。

有学者提出，绝大多数教师备一节课至少上两次课，当第一次上完后，会有新的发现，这些新变化必然成为下一次课必须修正的地方。[2] 实际上，教案设计应该贯穿课例研究的始终，同时也在不断推进教学实践改进行为。教师在第一次授课

[1] 敖俊梅. 教案反思——教师行动研究视角 [J]. 教学与管理，2010 (2)：19-21.
[2] 袁玉玺、李凤英. 教案要与课改同行 [J]. 人民教育，2003 (1)：33.

结束后，集合同伴及自我教学反思，探究课堂得失利弊，并针对新的班级情况做出适当调整，从而产生一份新的教学设计。

比如，在统编教材语文二年级上册《一匹出色的马》的第一次教学中，教案设计一个非常重要的教学目标是“边读边想象画面”，为实现这个教学目标，教师引导学生想象景物描写的画面。通过课堂观察结果反馈来看，对于二年级的学生而言，他们并不能将书中描写的景物按照方位、色彩搭配串联成一幅画，他们只能说出单个景物或谈及其他无关情境。经过研讨，教师们发现了这一课所在单元的教学目标“读句子想象画面”与下一单元“运用学到的词语把想象的内容写下来”之间的内在关系，逐渐认识到“想象”的目的不是为了拓展课文的内容，或者是为了想象而想象，而是为了加深学生对句子内容的理解。那么，这篇课文中创设让学生想象的环节就一定不是让学生随意表达，而是要引导学生抓住文中重点词句想象画面，并能在脑海中再现场景和画面，从而加深理解。因此，将这一环节放在景色描写句子理解之后，先引导学生发现景物描写由远及近的表达顺序，再引导学生体会人物心情变化，最后引导学生说出头脑中的画面。

（二）同课异构

课例是教研活动赖以存在的一个重要载体。如何组织不同课例，达到教学研究与反思效果呢？在各种组织形式中，同课异构教研活动成了课例研究项目实施的一个亮点。开展同课异构教研活动，可以促进教师分享经验、学思统一、学以致用。以下将从缘何选择同课异构作为课例组织形式及其具体操作流程做一个简单介绍。

1. 同课异构的内涵

“同课异构”本质上是一种课例研究，基于帮助教师理解教材、改变教学方法、形成教学风格的教学研究活动。“同课异构”是指同一教学内容由不同的教师来上课，比较其对教材的分析、教学设计和教学风格的不同，达到相互学习的目的。[1] 其中“同”指的是同一课或同一教学内容及统一理念。理念是教师教学的灵魂之所在。教师进行同课异构时，内在的价值追寻是一致的，都是在忠实于课程标准的基础上关注学生发展。[2]“异”是指不同的学习对象以及教师的不同构想、不同教法、不同风格等。[3] 实施“同课异构”教研活动，一方面能让不同水平教

[1] 王敏勤.“同课异构”教学反思例谈［J］. 中国教育学刊，2008（6）：62-65.

[2] 张兰婷. 同课异构的多方位解读［J］. 教学与管理，2016（23）：24-26.

[3] 卢若飞. 以“同课异构”为载体，推进协作教研文化建设［J］. 思想政治课教学，2008（6）：34-37.

师面对同样的内容，结合自身的教学经验，对教材、学情、课标做出不同理解，并选择适切的教学方式和手段开展教学，可以为其他教师提供同一教学内容下多样教学设计案例；另一方面，通过课例展示、对比与教学观摩，让每位参与教师都能获得对教学内容的多样解读，从而在互动中比较、在比较中反思、在反思中提高。

“同课异构”课例教研是一种多层面的互动合作式教研方式，在操作理念上坚持“课例带动—群体研讨—资源共享—反思提高”，其基本流程是“方案设计—课堂行动—评议反思—修正方案—再次行动—再次评议反思—撰写反思案例”[1]循环往复的行动过程。这种教研方式，能够让更多教师站在其他教师课例经验的基础上，扬长避短，改进自己的教学实践。

2. 同课异构作为课例组织重要形式的缘由

缘何会将同课异构作为课例研究重要形式？在课例研究中，区别于传统备课，课例研究一个非常重要的特征是反思。只有在实践经验层面不断反思的教师才能立足实践实现专业成长，才能在自身专业成长过程中改进实践。美国著名心理学家波斯纳 1989 年曾提出教师成长的公式：成长 = 经验 + 反思。我国著名教育家叶澜也认为：一个教师写一辈子教案不一定能成为名师，如果一个教师写三年反思有可能成为名师。[2]众多理论和实践都证明：反思是促进教师成长的一个决定性因素。因此，课例研究将教师反思作为一个非常重要的环节。

教师专业发展的实践—反思取向提出了一个非常重要的命题，它说真正影响教师实践行为的是不可见的知识。不可见的知识，都是隐藏在实践当中的，你甚至都无意识具备这些知识。很多教师真是习惯性地依靠这些“不可见的知识”去开展教学实践活动，而这些知识在西方“冰山理论”中被称之为“海平面以下的知识”。实践反思取向认为是海平面以下的知识更重要，正是这些海平面以下的知识才真正影响了整座山的走向，决定了整座山的高低，因而教师反思的重点内容就是这部分知识。那么，教师实践反思是非常抽象、个性化的，如何将这种抽象行为具象化呢？教师在教学中那些微妙的行为是如何发生的？舍恩在“行动的反思”的实践认识论中提出两种方式，通过比照以前的经验相似地看着（seeing as）和相似地做着（doing as），与情境进行交易。[3]他将“行动的反思”描述为“欣赏—行动—再欣

[1] 卢若飞. 以“同课异构”为载体，推进协作教研文化建设［J］. 思想政治课教学，2008（6）：34-37.
[2] 胡惠闵，王建军. 教师专业发展［M］. 上海：华东师范大学出版社，2014：149.
[3] 李莉春. 教师在行动中反思的层次与能力［J］. 北京大学教育评论，2008（1）：92-105+190.

赏”，简言之就是“与情境的反思性对话—重新框定问题—行动中发现新的问题—新的行动中反思”。舍恩的“行动中反思”的实践认识论又被称为“照镜子”定律，相似的教学经验就像镜子中的影像，通过“照镜子”这一行为“欣赏”，然后找“异同”，反思如果自己执教会存在哪些优势与不足，然后再回到课堂实践中“相似地做着”。

舍恩发现，在复杂专业情境中，反思性实践通常不能直接应用理论，而是靠他们存储的大量熟悉的例子，即所谓的“经验库”（repertoire），对比着“相似地看”和“相似地做”。在中国帮助教师形成这样的“经验库”，采用的就是“同课异构”，以此来方便教师“照镜子”反思自己。简单来说，同课异构就同一节课，让三个或多个不同发展水平的老师来上，那么对这三节或多节课的理解可能就会不一样，形成三个或多个相似的经验。教师通过“照镜子”（观课），围绕教研主题追问“课的状态是什么”“为什么这么上”“你是如何想的”等问题，当他试图要对自己的行为作自我辩护的时候，他就会把海平面以下的“不可见”的知识给调动出来，从而将“看不见的知识”显性化。在这样的得失利弊探究中查漏补缺，从而形成新的行动思路和新方案，然后回到课堂再行动。这样既能促进执教老师自我反思，也能促进观课教师基于教研主题对课例有更深度的理解和反思，知其然并知其所以然。

3. 课例研究中同课异构的操作流程

根据舍恩“行动的反思”理论，通过“同课异构”建立同一个教学内容或同一课的相似经验“经验库”，让教师在观课中与观课后能比照经验相似地看着（seeing as）和相似地做着（doing as）。依据“欣赏—行动—再欣赏”的行动路径，“诊断接力式”主题教研模式形成一套具体的“同课异构”操作流程：方案设计—教师示教（A. 教研员或名师、B. 骨干教师）—评议反思—修正方案—模仿试教（在 A、B 的指导下，C、D 青年教师试教）—再次评议反思—迁移运用（在观摩后，教研小组其他教师在课堂实践中创造性地施教）。

教研员或名师及学科骨干教师无论是在学科课标理解上，还是在教学实战经验上都要领先一筹，因此在“同课异构”中重点发挥教研员及优秀骨干教师在教学上的示范引领作用，然后再由一线青年教师在教研员和骨干教师引领下上示范课，最后教研小组形成这一主题下的统一教学规程，由教研小组其他教师迁移运用到自己的课堂实践中。当然，研讨与反思是贯穿于整个过程的。在经历两轮示范课后，教师对这一主题下的不同水平的教学案例都有一定的了解，对如何在课堂实践中落实教研中创生出的教学规程也有了更深入的把握。

例如，在上海市宝山区"'以问题为起点'的'场馆进课堂'探究教学设计"主题教研活动中，首先由其教研小组围绕"如何在去场馆前帮助学生选择探究的方向""有哪些适用的'学习指导'方式""如何选择探究的方式和设计探究方案的辅导"等问题共同研讨设计了教学研讨课《航海博物馆中的各种救生结》，并由教研员与骨干教师共同执教。课后，教研小组围绕本次教研的核心问题"怎么以问题为起点，开展探究性学习教学实践"展开研讨，后由两名青年教师进行二次执教，并在课后集体修正第一次执教结束形成的教学规程，最后鼓励教师在课程实践中尝试学习借鉴、迁移使用教研中大家讨论梳理出的"以问题为起点"的教学模式与方法策略，提高"场馆进课堂"课程的实施能力。

（三）课堂观察

"课堂观察"是课例研究的关键环节之一。该环节能收集教学方案在实践中的落实情况，为反映教学效果提供证据，也是教学反思和重新规划教学设计的基础。所谓"课堂观察"是指观察者带着明确的目的，凭借自身感官（如眼、耳等）以及有关辅助工具（观察表、录音录像设备等），直接或间接（主要是直接）从课堂情境中搜集资料，并依据资料做出相应研究的一种教育科学研究方法。[1] 如何在课例研究中落实课堂观察呢？本节主要从"观察重点"与"观察量表"简单介绍一下教研活动中课堂观察是如何落实的。

1. 课堂观察重点需有鲜明的主题意识

课堂观察的目的在于为教学反思提供证据。人们通常把教学领域的反思从时间维度上去分为教学前反思、教学中反思和教学后反思。而教学中反思是这三种反思中最难捕捉的——无论对于在场的观察者来说，还是对于教师本人来说，要说清楚并系统地记录无数课堂反思的瞬间到底发生了什么，无疑是具有巨大挑战性的。这样就意味着作为观察者不可能观察到课堂的方方面面，也不是观察广度越大越好。因此，课堂观察需要制定课堂观察的重点，只有观察重点明确统一，此后的研讨交流才会有深度、有质量。

课堂观察是一种有明确目的和方法的研究，观察目的因研究的需要而异。"主题"是"研究"的生命，没有主题就谈不上研究。课堂观察的重点需要根据教研活动的主题来确定，并为最终的研究目的服务。例如，在上海市宝山区一个小学音乐

[1] 王娟. 多维、合作、反思：中美课堂观察模式的比较与启示 [J]. 课程与教学论研究，2016（1）：37-42.

主题教研活动中，围绕教研主题“运用多感官体验，培养小学低年级学生的聆听能力”确定的观察重点包括：①观察课堂中运用了感官体验策略帮助学生感知、理解音乐作品的教学事件；②学生有哪些倾听的行为和习惯；③教师如何运用感官体验聚焦音乐要素和表现形式的特点。

2. 课堂观察表

课堂观察的实施除了目的明确外，课堂观察还应具有逻辑性、规范性。在传统教研活动中，教师进行课堂观察时常常依靠一支笔、一本本子和一个脑子，甚至有时候只是听听而已，不知道听什么，也知道如何去听。为改变传统教研活动中教师仅凭印象和感觉开展教学研讨的局面，教研小组通常会根据教学主题和教研内容编制合理观察量表收集课例教学中的“数据”。因此，课堂观察工具对当下注重实证的教研活动显得格外重要。

最直接的课堂教学观察工具或许是教案。对照教案，我们可以了解教学设计预设是否在课堂教学中生成，预设之外生成了什么并为何产生这样的生成，以及检验教学目标是否达成，达成的证据如何等。在日本的课例研究中，教师通常会依据一份达成共识的教案去观课，并据此开发教案观察表。如表 7-3 所示，是一份以非线性教学设计为基础的教案观察表，包括“教学活动设计”“预期行为（内含‘学生反应’‘教师的应对’）”“非预期行为（内含‘学生反应’‘教师的应对’）”以及提升空间。[1] 国内外还有很多基于不同视角和观察点的观察工具，如 LICC 模式[2]中以学生学习（Learning）“达成”视角为例，有三个观察点：学生清楚这节课的学习目标吗——侧重是否的问题；预设的目标达成有什么证据（观点/作业/表情/板书/演示）并有多少人达成——侧重观察内容的广度和数量方面；这堂课生成了什么目标且效果如何——侧重观察内容的深度和质量。IQA（Instructional Quality Assessment Classroom Observation Tool）课堂观察模式，着重从课堂教学互动的角度对教师的专业行为给予指导和协助，重点关注课堂中教师提问的问题数量、严谨性和教师追问的可靠性及问题深度。总体而言，不论是哪种观察评价工具，都是从教与学的目标出发，围绕教学活动与学生活动进行观察。同时，不同于传统只专注于“教”的观察，学生学习状况以及教师对学生学习状况的应对都成为课堂观察重点。

[1] 安桂清. 课例研究［M］. 上海：华东师范大学出版社，2018：424-425.

[2] 注：LICC 模式是由学生学习（Learning）、教师教学（Instruction）、课程性质（Curriculum）与课堂文化（Culture）组成，故简称 LICC 模式。

表 7-3 《小蝌蚪找妈妈》教案观察表

教学活动设计	预期行为		非预期行为		提升空间
	学生反应	教师应对	学生反应	教师应对	
刚才我们用“先”“再”“接着”“最后”这些词语描绘了小蝌蚪的变化过程。大家还有什么问题要问吗？	我观察它的颜色变了，由黑色变成绿色，它身上还长出条纹。	积极地鼓励学生表达自己的观点，强调先长出后腿、再长出前腿、接着尾巴变短等是小蝌蚪成长过程中的明显变化，其他变化也存在的。	小蝌蚪为什么先长出后腿？	这是由它的生长规律所决定。	启发学生可以通过养蝌蚪观察一下。

结合课例研究特点，“诊断接力式”主题教研选择教案观察表作为教研活动基本观察模式。但因为每个主题研究类型、研究对象、研究目的各不相同，于是鼓励教师在确立观察点后，结合研究需要编制主题教研活动的观察量表，而后进入课堂，在不断试用中修改完善，最终形成科学的观察工具，为更加科学有效的主题教研收集丰富数据。此外，课堂观察量表中还建议设置评价等级，为观察者提供较强的可操作性，也为后面的数据分析提供便利。例如，在一个优化幼儿园孩子用点心的教研活动中，教研小组结合集体活动方案的目标和活动，分别从幼儿园、教师和保育员三方面观察并对其提供证据，给出改进建议（表 7-4）。

表 7-4 点心环节优化活动观察表

观察点			评价意见			举例说明
			★	★★	★★★	
用点心前	环境创设	1. 符合幼儿年龄特点的环境创设： 主题式情境融入（小班） 交往式约桌约伴（中班） 服务式自主管理（大班）				
		2. 其他环境创设（音乐氛围、点心流程路线等）				
	教师组织	1. 符合年龄特点				
		2. 内容有针对性				
用点心中	教师和保育员指导	1. 指导语符合幼儿年龄特点： 能用情境性语言逐个引导幼儿用点（小班） 用引导方式鼓励幼儿与同伴自主交往（中班） 能充分激发幼儿自我服务、值日生管理（大班）				
		2. 语气柔和				
		3. 根据幼儿个体差异，给予不同指导与帮助				
		4. 对于幼儿良好表现给予肯定与表扬				
		5. 能发现用点心中的问题并及时回应				

（续表）

观察点			评价意见			举例说明
			★	★★	★★★	
用点心中	幼儿表现	1. 符合幼儿年龄特点的表现： 情绪愉悦，点心牛奶都能吃完（小班） 过程中同伴间有语言交流、行为交往（中班） 有自我服务能力和为他人服务能力（大班）				
		2. 能一口牛奶、一口点心，最后一口牛奶				
		3. 其他生活自理能力的表现，如保持环境整洁、有序排队不拥挤等				
观察后我的困惑：						
我对点心环节进一步优化的建议：						
备注：1. 可向班级教师了解班级幼儿原来的用点心情况 2. ★（一般）★★（较好）★★★（好）						

除了观察量表外，在课堂观察中我们通常还会结合座位表、姓名牌等工具，具体记录不同学生的学习行为、教师与学生之间的互动，以便能够观察到不同学生的学习情况和困难所在。这些观察工具通常适用于差异性分析的教学研究中，了解不同层次或不同类别学生在课堂中的反应以及教师对其反应的应对，能为此后的研究分析提供真实具体的素材。

三、课后研讨

课后研讨活动是基于课堂观察结果对课堂教学实施情况进行系统分析的活动。一次教研活动并不是随着课堂观察结束而结束，课堂观察评价的作用也不仅仅是为给执教老师打一个分数等第，而是要结合课堂观察评价内容与获得的信息，对其背后涵盖的教育理念和基本原理进行解读和分析，并提出深入讨论，提供相应的建议和对策。课后研讨平等开放、畅所欲言是不是意味着随性或随意发言呢？课后研讨需要在专门场地并具有一定的规范流程和要求。

首先，课后研讨需要安排在专门场地。在这个专门的研讨场地内，座位桌椅摆放尽量呈圆桌型，方便教研小组全体教师面对面交流。同时，这个场地最好是执教者上课的场所，方便结合教师板书、PPT、学生座位等现场资料开展研讨。如果没有可能的话，需要执教者与观察者带好上课过程中使用的材料如教案、学习单、学具等，以及观察过程中产生的材料进入研讨教室。

其次，研讨会上有角色分工和活动流程。一个研讨活动通常包含主持人、执教者、观察者和总结者。一般先由主持人介绍团队成员和研讨基本流程，随后由执教者或执教者所在团队其他成员介绍文本分析、教学设计意图、作业设计及依据，由执教者进行课后反思，再由教研活动其他参与者结合观课和自身教学结果做出点评，并由执教者做出简单回应。

再次，研究小组结合观察结果和观察者点评展开研讨，寻求研究的结果和解释，梳理提炼需要改进的方向和改进的策略。

最后，由教研员或学科专家或名师对本次研讨做一个总结和提升。

在课后研讨中还需要注意两点：①关注问题的研究而非课的评价。课例研究是主题教研活动的一个研究载体，而非研究本身。因此，所有的观察与研讨都要联系教研主题，为教研目标实现提供证据、寻求解释、探索问题解决路径，而非仅仅关注课的好坏优劣，着重纠正教师在执教过程中的行为偏差，否则就会本末倒置。②关注执教者与观摩者互相交流、平等协商而非以专家姿态对执教者进行建言。课例研究作为教师专业发展的一项专业活动，旨在建立教师发展共同体，为教师提供平等合作、民主协商、互利互惠、伙伴共生的研修环境。为此，教学研讨应当是基于平等交流、智慧共生的实践性反思活动，而不是权威者的一言堂。在研讨后，还需要对课堂教学、课后研讨资料、观察数据和研讨结果进行进一步梳理，进而为随后课例分析以及下一轮教研活动提供证据。

四、撰写研究报告

通常将研究报告的完成放在关注行为的改进之后。虽然研究成果的呈现离不开报告撰写，但是研究的最终目的并不是为了一份报告。同样的，不研究也能呈现一篇文章、一份研究报告，但是这样的研究成果对于教学实践行为改进没有任何意义。因此，无论哪种形式的研究成果其目的指向一定是教学改进。

为什么一定要在教研活动结束后撰写研究报告呢？因为一项研究永远不会因为一次活动的结束而结束。研究报告撰写能扩大研究成果惠及的范围。研究报告撰写过程其实也是一次实践反思的过程，有助于撰写者系统梳理研究过程与研究结果，提升撰写者的实践反思能力和研究能力。此外，将研究过程和研究结果中创生出的实践性智慧文本化，获得公开发表和传播，让无论是教研小组的成员还是其他教师都可以通过阅读获得启迪，从而扩大实践成果的辐射范围。

研究报告的撰写不必苛求规范统一的格式，提倡用教师熟悉的语言、获悉的教学事件来呈现研究过程与结果。当我们面对一个教学实践时，围绕主题和研究框架去分析自己的教学行为时，就会出现一个一个的思考，将这些思考呈现出来的可能是一份自传。当三个处在不同专业水平的教师上同一堂课后，这就代表了三种不同的发展水平或合作自传，三名教师合作反思的结果就形成合作自传。当我们观看了一堂课或多位教师执教同一节课后，并针对“你为什么这么做”“你是怎么来想的”追问执教老师，对非执教老师追问“如果是你，你会怎么做”“你是怎么想的”，在这些问题研讨之后形成一些思考，那么这就叫案例分析。由此可见，研究报告形式非常多样，教师可以根据实际需求选择适切的研究报告形式。虽然研究报告并不必苛求统一格式和呈现形式，但是有些要素却必不可少，如研究主题、教案设计思路、教研实践开展情况、教学实践检讨等。

例如，“‘基于课程标准　关注技术方法教学’小学劳技”主题教研活动后，教研小组成员撰写了一份研究报告。以下是研究报告中的部分内容，重点介绍活动开展情况以及活动后的反思。

一、活动的开展及成效

本次“基于课程标准　关注技术方法教学”小学劳技主题教研进行了很有意义的教研活动实践，教师们经历了第一步：目标与任务、第二步：设计与观摩、第三步：研讨与交流、第四步：实践与交流，最后每位教师的教研活动思维过程体现在一张教研学习单上。本次教研活动使教师们了解了基于小学劳动技术课程标准，关注技术方法教学在课堂中运用的方法与策略，并能运用课堂观察工具和活动单开展有效的教学研究，最终能提取教研规程经验应用于学校的劳技教研活动。激发了教师们培养学生的技术素养，指导学生去设计与操作探究的热情。

二、活动的反思

纵观本次主题教研活动，我们发现教师们平时在自己的课堂中对于“基于课程标准　关注技术方法教学”这一主题研究还不够深入，具体反映在很多教师提出的问题浮于表面，真正有价值的问题不多，这就给我们一个很好的反馈，我们的教研活动一定要让每位教师做到“有备而来”，而不仅仅是一个旁观者。“备什么”可以考虑提前将教研目标与任务、研究课的课题等一些相关信息发到微信群里，让教师们真正做到“有备而来”，能真正参与到我们的主题教研中来，学到有价值的技术方法教学在课堂中运用的策略。

再以一个初中英语主题教研活动为例，为突破教师日常教学设计缺乏系统的整体设计观，研究团队开展以单元、主题、模块为单位的研究和实践，力图提供一份完整课例，为教师落实单元各课时教学之间的整体设计观提供参考，该小组以牛津英语 8A Module One Unit Three：Trouble！为展示课例。在研究报告中，研究小组成员就阐述了以牛津英语 8A Module One Unit Three：Trouble！为例的原因。

牛津英语教材鼓励学生积极参与听说读写各项语言的实践活动，提倡“learning by doing”，也就是“用中学、学中用”的理念。通过梳理比较，发现六七年级和八年级都有“dealing with trouble”内容，并且教材按照单元主题螺旋式上升，由浅入深、由易到难、循序渐进、逐步扩展。通过单元之间联系的比较，教师能更容易形成单元教学设计的关联意识。

第四节　指向课堂教学改进，“诊断接力式”主题教研活动的实践探索

案例一　“促进幼儿生活态度知行合一的生活活动教学策略探究”主题教研活动

一、教研主题与目标的确立

（一）教研主题

1. 儿童发展的需要要求幼儿具备积极的生活态度

依据《3—6 岁儿童学习与发展指南》，儿童“积极的生活态度”养成涉及到多个领域的内容，如，健康领域的发展目标之一为培养幼儿的“生活习惯与生活能力”；再如社会领域的发展目标中，对“具有自尊、自信、自主的表现”与“喜欢并适应群体生活”等人际交往与社会适应能力等的追求也隐含着“生活习惯、生活能力、生活态度”等方面的培养目标。这些都说明对于儿童的终身发展来说，积极的生活态度培养是至关重要、不可忽视的。

2. 生活课程实施要求关注幼儿生活态度的养成

生活活动是幼儿园四大课程之一，能有效地促进和保障幼儿身心健康发展。生活课程的内涵除了指向幼儿生活能力与习惯的养成，更关注幼儿积极生活态度的形成。这就要求当下的幼儿园教学中要关注幼儿生活态度的培养，以此满足幼儿持续发展的需求，支持幼儿的终身发展。

3. 现实中关于幼儿生活态度的培养活动存在诸多问题

我们看到，在日常的生活活动中，教师们通常会根据生活态度的培养内容，借助于一些绘本故事并运用问题讨论法来开展活动，即“提出问题—观看绘本故事并讨论理解—具体生活情境讨论并迁移运用”的活动模式。对于这样的活动过程，教师们认为是遵循了幼儿的学习特点，即借助幼儿喜爱并能理解的绘本故事，来理解生活态度的内容，同时在理解之后也能及时迁移至幼儿熟悉的生活情境中去。但问题在于，孩子们往往会出现“刚才在课堂上还有板有眼地说着‘遇到困难要你帮我、我帮你’，转身一碰到问题，马上又来求助于老师”的现象，这也是教师在生活活动实践中的最大困惑。

为什么会出现教师运用了符合幼儿年龄特点的学习方法，却未能产生预期活动效果的现象呢？在幼儿生活态度的形成中，教师实施怎样的方法、策略才能有助于实现幼儿的知行合一？幼儿生活态度形成的有效生活活动模式是怎样的？这些问题既是我们开展教研活动的出发点，也是教研活动开展的方向与目标。因此，本次系列主题教研活动将以“促进幼儿生活态度知行合一的幼儿园生活活动策略探究”为主题，力图探索建构有效形成幼儿生活态度的生活活动模式，为其他幼儿园生活教育课程落实提供参考。

（二）教研目标的思考

针对诸如“愿意帮助同伴，遇到问题能自己解决或与同伴一起解决”“不争抢、不独霸玩具”的生活态度内容，教师如何通过生活活动促进幼儿的知行合一，将幼儿生活态度的改变真正反映在其生活行为中，即探寻生活态度认知能够在具体生活情境中有相应行为反应的有效方法策略是本次系列主题教研活动需要突破的难题。基于此，本次系列主题教研活动确立了以下两个教研目标：

1. 通过系列教研活动，组织指导团教师探寻在幼儿生活态度形成中能促进幼儿知行合一的有效方法和实施策略。

2. 在解析、观察与建构的过程中，引导指导团教师在生活活动中进一步落实

"以儿童发展为本"的理念，研究幼儿的发展规律，关注幼儿的活动现场，建构有效形成幼儿生活态度的生活活动模式。

二、主题教研活动核心概念界定

（一）解析的内涵

解析是基于幼儿学习规律、活动内容及教师行为的深度分析与学习。"以儿童发展为本"的课程理念是为了儿童和基于儿童的统整，解析的目的就是让生活活动的实践能基于儿童，避免"以己养鸟"现象的产生。解析的过程能明晰幼儿学习的规律、生活活动的内容、教师的教育行为三者之间关系，这是生活活动开展的基础和前提，也体现了教师的专业性。

（二）观察的内涵

观察是基于幼儿活动现场观察实证的问题研讨。教育改革对教研工作提出了基于证据的方法要求，观察就是一个获取证据的过程，基于观察的研讨、质疑、梳理不但是实证式的教研方式，让教研的过程具有站得住脚的科学性，更让教研获得的方法策略拥有推广的依据。

（三）建构的内涵

建构是基于个体实践、集体展示之上的活动模式设计。当前教研活动的参与对象是区生活指导团的教师，但生活活动的实践者涉及全区所有幼儿园教师，因此，经历"团队实践—集体研讨—个体实践—团队展示研讨—反思改进"这样一个研究过程后的活动模式建构是非常有必要的，体现了区级教研活动的价值，利于广大教师对于同类生活活动内容的实施，提升生活活动效度。

三、教研方案的设计与实施

本次系列主题教研活动按照"诊疗式接力"主题教研一般化规程出发，从"质疑与澄清—设计与实施—评估与反思—展示交流与再梳理"四个步骤出发，开展本次主题教研活动。

（一）质疑与澄清

"质疑与澄清"从"解析教师困惑""展示教研任务"两方面展开，帮助团队教师明晰教研主题、把握教研活动方向。

1. 解析教师困惑

1）对活动内容的分析

生活态度是一种稳定的心理倾向，但它是通过具体的行为来反映的，也就是说，有什么样的生活态度，就会产生与之匹配的具体行为。借助于绘本故事的生活活动模式只给予了幼儿充分理解和迁移的空间，但缺失具体情境载体的体验转化，因此，幼儿的态度认知只能停留于语言层面。

2）对教师行为的分析

正如陶行知先生所说的："我们必须有从自己经验里发生出来的知识作根，然后别人的相类的经验才能接得上去。倘使自己对于某事毫无经验，我们决不可能了解或应用别人关于此事之经验。"教师虽然在绘本阅读中通过问题讨论的方式引导幼儿懂得了相关的做法和道理，但这些是别人的经验，因为没有创设情境让幼儿生发自身的经验相接，所以孩子们才会出现说做分离的现象。

3）对儿童认知特点的分析

皮亚杰的认知理论告诉我们：2—7 岁是前运算阶段，感知觉主导儿童思维，特征之一就是缺乏转化性。因此，通过绘本阅读获得的生活态度内容，只停留在认知层面上，幼儿是难以迁移转化到具体的生活情境中去运用的。

通过解析，教师们清晰地认识到，对于幼儿生活态度的形成，绘本故事阅读模式只是引导幼儿形成了生活态度的正确认知，而要达成知行合一，还需要给予认知转化的载体和过程，因此，必须创设可以体验的生活情境，架设幼儿态度认知的转化通道。

2. 展示教研任务

(1) 通过"愿意与同伴友好相处"这一生活态度内容的活动实践，引发生活指导团教师从观察幼儿的表现出发，去发现"生活情境体验法"对于幼儿生活态度行为产生的促进作用。

(2) 通过问题讨论，指导团教师研究"生活情境体验法"在生活活动中的运用，并探讨及梳理其运用的有效方法策略。

(3) 迁移"生活情境体验法"实施策略，通过"愿意与他人合作"这一生活态度内容的生活活动展示，初步形成"生活情境体验法"生活活动模式，提升生活活动开展的实效性。

（二）设计与实施

1. 合作设计

"设计"包含两方面的设计："生活课例"的设计和"课堂观察记录表"的设计。

1）课例设计前的培训及研讨

我们就“如何运用生活情境体验法开展生活活动”对团队教师进行指导与培训，分析研究维度、研究框架，并调整生活情境体验法的一般操作流程。结合幼儿发展特点，从“情境创设”“感悟体验”“生活经验动态生成”“感悟升华环节”调整生活情境体验式活动的流程。

2）合作设计生活活动方案

在明晰生活情境体验式活动结构要素、实施流程的基础上，先行组织负责实践的指导团小组，根据“愿意帮助同伴，遇到问题能与同伴一起解决”这一生活态度内容，设计了“穿反穿衣”这个必须要通过相互帮助才能完成的生活情境，形成了“一起来”的中班生活活动方案（表 7-5）。

表 7-5 “穿反穿衣”活动流程

穿反穿衣，一起来！
活动流程为： 第一环节　观看视频，知道遇到困难，互相帮助才能解决； 第二环节　生活情境游戏 1：穿反穿衣，体验互相帮助才能赢得游戏； 第三环节　生活情境游戏 2：运球，幼儿再次体验。

3）课堂观察记录表

“幼儿课堂表现观察记录表”（表 7-6）的观察重点：幼儿是否产生生活态度的相关行为。

表 7-6 幼儿课堂表现观察记录表

活动主题		班级		执教者	
幼儿姓名		记录者		日期	
第一环节	参与情况				
	态度表现				
第二环节	参与情况				
	态度表现				
第三环节	参与情况				
	态度表现				
总结					

参与情况：观察幼儿在活动中是否有兴趣积极参与、思维集中，是否有游离现象。
态度表现：记录幼儿对于生活态度内容的表现，语言表达还是行为表现；发言的次数及内容等。

2. 发布观课任务单及课后研讨任务

1）课后研讨任务

问题1：汇总观察表，分析课堂中幼儿对于生活态度的表现（语言表达、行为表现），辨析“生活情境体验法”对于幼儿生活态度形成是否有效？

问题2：小组讨论，教师是如何运用“生活情境体验法”的？您发现过程中哪些方法最为有效？

问题3：对于生活活动中“生活情境体验法”的运用，您觉得要注意些什么？您还有哪些困惑？

2）观课信息及任务发布

在微信群中，向大家发布教研活动告示单、生活活动教案以及问题单和观察表，生活指导团成员明确参加教研活动的目标和任务。

3. 第一轮：同课异构

首先，由陈老师（目前已是学科骨干教师，教龄满10年）在上海市宝山区太阳花幼稚园中（1）班执教课例。

随后，基于第一次研讨结果，林老师（目前是一名教学能手，教龄4年）在上海市宝山区太阳花幼稚园中（3）班［该班幼儿与中（1）班幼儿，学情、生源基本一致］再次执教。

（三）评估与反思

1. 汇总观课信息，开展分组研讨

1）观课数据汇总（表7-7、表7-8）

表7-7　上海市宝山区太阳花幼稚园中（1）班观察结果

生活活动环节		生活态度的语言表达	生活态度的行为表现
第一环节：观看视频		12名幼儿全部有相关语言表达	没有要求，所以没有行为表现
第二环节：生活情境游戏1	第一遍游戏	1名幼儿边游戏边有语言表达	2名幼儿有行为表现
	第二遍游戏	5名幼儿边游戏边有语言表达	10名幼儿有行为表现
第三环节：生活情境游戏2		8名幼儿都有语言表达	11名幼儿有行为表现

表7-8　上海市宝山区太阳花幼稚园中（3）班观察结果

生活活动环节	生活态度的语言表达	生活态度的行为表现
第一环节：观看视频	11名幼儿有相关语言表达	没有要求，所以没有行为表现

（续表）

生活活动环节		生活态度的语言表达	生活态度的行为表现
第二环节：生活情境游戏 1	第一遍游戏	2 名幼儿边游戏边有语言表达	2 名幼儿有行为表现
	第二遍游戏	7 名幼儿边游戏边有语言表达	9 名幼儿有行为表现
第三环节：生活情境游戏 2		10 名幼儿都有语言表达	11 名幼儿有行为表现

2）根据观课数据，分组研讨

将教研小组按照研究任务分成三组，每组都有不同成长阶段教师（新手、熟练、专家），以下是分组研讨结果。

（1）达成共识

a.“生活情境体验法”能够引发幼儿产生相关的生活态度行为表现

从对幼儿的课堂全程观察发现，虽然在观看视频时，幼儿都形成了“遇到困难，互相帮助才能解决”的认知经验，也有了相关的语言表述，但是到了真实的生活情境中，语言表达就基本丢失，能够转化到行为的幼儿也少之又少。但在体验了游戏的失败和经过了相关的讨论后，明显地，第二遍游戏时幼儿的语言表达和行为表现都逐渐被激发。同时，这样的语言表达和行为表现还很好地迁移到了其他的生活情境游戏中。因此，生活情境的体验能有效地触发幼儿生活态度行为，并能保持幼儿产生行为表现时的语言表达。

b. 运用“生活情境体验法”，需要给予幼儿多次的体验机会

从数据汇总我们可以看到，从第二遍情境游戏开始，中（3）班相比于中（1）班幼儿的生活态度认知在语言上和行为上都有了更高频率的积极反应。观察发现，中（3）班执教老师在两遍游戏中通过角色扮演、情境模拟、辩一辩、我会分享等方式，相比于中（1）班活动增加了幼儿表达和情境体验机会，因而，幼儿对于认知的内化活动机会也更多。由此看来，生活情境的体验需要多次。

（2）争议与未解决问题

a. 争议：运用“生活情境体验法”开展活动，重点在于让幼儿在情境中体验，教师是否还需要引导幼儿进行讨论？以下是两种观点：

（a）需要：生活情境体验后的语言表述会强化态度行为，利于态度的进一步巩固。

（b）不需要：我们期待的就是幼儿能够将认知转化为行为，如果幼儿已经有了行为上的改变，目标就达成了，讨论是多余的。

b. 困惑：

（a）既然是运用生活情境体验法，是不是在活动的开始就应该直接先让幼儿进

入生活情境去体验?

(b) 活动中一定要创设两个不同情境吗?一定要创设生活情境吗?其他情境可以吗?

3) 教研员与专家引领下的深度研讨

研讨主题:“生活情境体验法”在生活活动中的运用策略有哪些?要注意些什么?以下是研讨建议:

(1) 运用“生活情境体验法”,利于生活态度的知行合一

现场的活动,让我们清晰地看到了“生活情境体验法”对于幼儿生活态度形成中知行合一的达成是有效的。就如陶行知先生所说:“亲知为一切知识之根本,闻知和说知必须安根于亲知里面方能发生效力”,“生活情境体验法”就是突显了幼儿亲知的过程,幼儿在充分的真实情境的体验中进行态度认知的输出和再输入过程,从而实现态度认知的言行转化,达成知行合一。

(2) 合理运用“生活情境体验法”,促进生活态度的知行有效合一

a. 揭示话题,清晰态度认知

对于幼儿来说,建立在认知经验上的体验,能够更利于幼儿经验的迁移、运用和内化,因此,在生活活动中,可通过视频等多种方式,引导幼儿来发现和积累生活态度的相关认知经验。这个环节在情境体验之前,既是帮助幼儿建立和清晰态度认知,又能暗示幼儿体验的方向,有助于幼儿认知的迁移运用。

b. 体验+讨论,内化态度认知

对孩子而言,一起探讨想法、表达观点的过程是有意义的学习过程,因此,采用生活情境体验法并不等于排除幼儿之间的讨论,只是讨论建立在幼儿生活情境体验的基础上会更为有效,这样的讨论能促进幼儿建立认知和行为的桥梁,有助于幼儿在外化于行的基础上,进一步实现内化于心。

因此,在活动中,教师要善于观察和捕捉幼儿在情境体验中的行为表现,注重针对有特点的行为表现,通过讨论来引发幼儿回顾自己的体验过程,讲述和分享自己的经验和困惑,以触发同伴之间的相互学习和迁移。例如:在中(3)班对穿反穿衣游戏的分享讨论中,有的幼儿委屈地说道:“我跟×××说了,请他帮我穿一穿,可他就是不睬我。”是的,在游戏中,有的幼儿是不会去关注同伴的语言的,那怎么办呢?在讨论中,孩子们想出了很多解决的办法,排队帮助、动作提示等,这些都是基于体验的行为讨论,这样的讨论呈现了从孩子出发的互相帮助的行为,他们可能不像成人想到的要用语言请求帮助,但是他们讨论出来的办法更适合他

们，也真正体现了孩子自己的态度行为表现。

c. 重复体验，转化态度认知

生活情境的体验是一个幼儿亲知的过程，生活态度的形成特点决定了这样一个亲知的过程一定不是点到为止，也不可能经历一次的体验就能获得知行合一的成效。同时，每位幼儿的态度认知反映到态度行为上也是有差异的，就如在反穿衣的活动情境中，有的幼儿乐于去帮助别人穿，有的幼儿喜欢接受别人帮助。因此，活动中“情境体验，运用经验”与“结合游戏，回顾经验”的过程可以根据活动现场幼儿的表现，进行多次的重复，这也遵循了幼儿喜欢重复的年龄特点。幼儿在重复体验中亲知，在重复体验中进行同伴之间的相互学习，逐步将已有的态度认知转化为生活情境中的具体行为，达成生活态度的知行合一。

d. 迁移体验，运用态度认知

素养是对知识的创造性理解和创造性实践，同样，生活态度的形成也需要经历一个迁移运用态度认知的过程。因此，创设多样化的情境，给予幼儿不同的体验机会，能利于幼儿迁移运用已有的态度认知，产生与情境匹配的、适宜的态度行为。在活动中，我们主张根据具体内容创设 2—3 个生活情境，促进幼儿的迁移体验，促进幼儿多样化的态度行为产生。同时，这里的生活情境只是一个泛指，关键不在于情境的类型，而是设计的情境必须与活动中的生活态度认知内容相匹配。因此，适宜的生活情境设计非常重要。

2. 实践生成：构建“生活情境体验法”生活活动模式

1)“生活情境体验法”生活活动模式

“生活情境体验法”生活活动模式：感知—体验—讨论式。其中，感知是指获得生活态度相关认知经验；体验是指生活情境体验，生活态度认知与行为的转化；讨论是指促进生活态度认知的外化和内化。

2)“生活情境体验法”生活活动的基本流程

视频（绘本、故事等）呈现，了解生活态度认知内容：生活情境重复体验；外化生活态度认知：生活情境迁移体验；实践态度认知：教师小结，内化态度认知。

3. 任务布置

指导团成员运用本次教研活动中研讨达成的“生活情境体验法”的生活活动，选取生活态度一个内容进行实践活动。

（四）展示交流与再梳理

1. 第二轮同课异构

指导团成员三人一组根据各自负责的生活态度内容，运用“生活情境体验法”活动策略开展生活活动实践。在此基础上，“愿意与他人合作”生活态度内容组进行了两次大班生活活动展示，由戚老师（入职两年的新手教师）在上海市宝山区四季万科幼儿园大（一）班执教（表 7-9）。

表 7-9　大班生活活动展示“合作真快乐”活动方案

活动名称：合作真快乐（大班） 活动目标：1. 乐意听取同伴的意见，初步尝试通过协商分工，合作进行游戏。 2. 体验与他人合作的重要性和乐趣。 活动过程： 第一环节：观看蚂蚁搬豆视频，了解合作力量大，一个人做不了的事情，相互商量协作就能很好地完成。 第二环节：四人一组，数泡泡游戏 第 1 次游戏：幼儿自由分组数泡泡。讨论：数了几种颜色的泡泡？有什么办法可以把所有颜色的泡泡都数清楚？ 第 2 次游戏：幼儿自主商量后数泡泡。讨论：数得最多最快的组介绍好办法。 第 3 次游戏：运用好办法数泡泡。讨论：你们用了什么办法来数泡泡的？ 第三环节：八人一组，拉彩球游戏，幼儿再次体验协商合作的办法。 教师小结：听听同伴的想法，有商量有分工，才能更快更好地完成任务。

2. 展示活动总结与后续思考

北京师范大学冯晓霞教授指出：“幼儿的深度学习是建立在情境中，以理解为基础、能够积极主动参与的、有意义和长远效果的学习。”合理运用“生活情境体验法”开展生活活动，不仅能促进幼儿生活态度认知的内化于行，知行合一，更是幼儿的一次深度学习过程。本次系列主题教研活动所生成的“生活情境体验法”的生活活动模式中还有很多值得改进之处，例如：①体验式生活活动策略多元化，可以根据生活情境采用表演体会、情境演示、生活展示、实物展示等多样教学策略；②关注评价在幼儿生活态度养成中的积极作用，评价过程即学习的过程，以评价带动幼儿生活态度的更好形成，因此在后续研究中能够将情境体验式评价融入生活活动模式，探索评价目标、评价路径。

四、主题教研活动的成效和反思

（一）本次教研活动的成效

1. 基于问题的解析体现了教师的专业

主题教研活动的实施解决了“为啥孩子会说一套做一套”的教师困惑，在这一过程中，最为基本和关键的一步就是对于教师困惑的深度解析。本次教研活动中，从生活内容、教师行为、幼儿学习规律三方面对运用绘本讨论法讨论幼儿为什么没有产生生活态度知行合一的效果进行剖析，发现问题的根源，找到实践改进的切入点，这样的解析过程需要教师调用培训储备的专业理论积淀，很好地体现了教师的专业性。

2. 基于实践的观察反映了儿童的视角

随着课程改革的深入，儿童视角成为了教师挂在嘴边的高频词，但是如何把理念转化到具体的实践中去，还需要我们将眼光压低，教研活动中我们设计了课堂观察表，将观察的视角更多地转向课堂的真正主角——幼儿。在观察幼儿中取证，基于课堂观察信息汇总开展分析讨论和梳理，这样源自儿童视角所形成的活动策略才能更好地推动儿童的发展。

3. 基于模式的建构突显了教研的价值

教学活动模式的建构能够更好地将生活指导团开展教研活动的研究成效辐射到区域教师的层面，提升区域教师开展促进幼儿生活态度形成的生活活动的有效性，提升了教师的课程实施能力，也造福了幼儿，突显了主题教研的价值。

（二）对于开展主题教研活动的反思

1. 从教研形式来说，有教育活动现场很重要

教研非纸上谈兵的过程，像此次教研活动这样，基于生活活动现场的教研活动，让教师在观摩中有真实体验，让教研有实证。

2. 从教研过程来说，任务单的设计很重要

任务单是对教研目标的转化和细化，用任务引导教师的思维路径，用任务驱动教师全心卷入。因此，教研员要分解教研目标，梳理达成教研目标的核心问题和关键问题，例如："我的任务单"中任务 1，紧扣教研目标，引导教师运用课堂观察表，来仔细观察幼儿的态度行为表现；任务 2，引导教师从活动现场去思考分析教师运用"生活情景体验法"活动实施策略，教师在完成任务单的过程中，也明晰了目标，并完成了目标指向的研究点。

3. 从教研组织来说，教师分组的质和数很重要

教研活动既给予教师一个充分表达的空间，也是促进相互思维碰撞、质疑吸纳的活动，因此，在分组讨论时，应考虑教师的专业发展现状，组合分组，我所组织的教研活动中，就采取了人员随机、层级固定的方式，保证每一组当中都有各级骨

干、专家的引领和群众性教师的组合。同时，每组的人数不宜过多，这样每位教师都有表达观点的时间和空间。

4. 从教研质量来说，教研员的判断和梳理很重要

在分组讨论中，教师往往会产生许多的问题，教研员就要有对这些教师讨论生成问题进行价值判断与归纳梳理的能力，及时梳理出与本次教研目标相关的核心问题，就像“运用生活情境体验法，是否还需要引导孩子讨论?”这个问题就直指“生活情境体验法”的运用策略。同时，在展示与交流阶段，梳理教师关于核心问题的讨论观点，及时予以基于目标的小结提炼，也是提升本次教研活动质量的关键。

5. 从教研效果来看，教研活动后教师实践很重要

如同本案例中的孩子一样，教师同样需要认知之后的体验，因此，活动之后教师在自己课堂中的跟进实践很重要，这也是提升区级教研活动效度的关键。

解析·观察·建构——“促进幼儿生活态度知行合一的幼儿园生活活动策略探究”主题教研活动是一个流程非常规范的“诊疗式接力”主题教研活动。按照“发现问题—研究问题—实践检验—反思提升”的程序，该主题活动从幼儿园生活活动实践中提炼实践问题：幼儿知行不一，从而确立了“探索促进幼儿生活态度知行合一的幼儿园生活活动策略”的研究主题，以情境教学理论作为研究框架，通过“质疑与澄清—设计与实施—评估与反思—展示交流与再梳理”四个关键环节探索出“生活情境体验法”生活活动模式。

总体而言，该主题教研最大的亮点是同课异构。该主题教研活动下的同课异构经过细致设计，体现了三点值得推广的经验：一是“变量的控制”。第一轮同课异构中，注意控制变量，即在相似水平幼儿中，比较不同教学策略优劣；在第二轮中设置差异变量，即通过不同发展水平教师，在同一主题下形成不同的活动设计与实施，以便为参与教师提供丰富课例资源。二是“设计—诊断”及“设计—推广”的行动思路。从第一轮同课异构中成熟型教师示范设计到集体研讨诊断，形成成熟活动方案，再到成熟教师指导下的青年教师推广应用，在一次又一次实施中完善方案，在一次又一次研讨中形成新的方案。对于重要的问题，只做一轮的行动设计是远远不够的。该主题教研就是通过多轮行动设计来实现问题解决的升级，反复轮回，螺旋上升，使得问题解决得更透彻，也使得成员对于问题的认识更深刻。三是研讨小组设计。问题研讨并不

是随意、松散的活动，而是要为后续行动方案设计提供证据和思路。该主题教研活动就是充分利用骨干教师和专家力量，采取了“人员随机，层级固定，人数有限”的方式，既保证专业引领，又保证每位教师都有表达观点的时间和空间。

（原始资料由上海市宝山区教育学院万黎老师提供）

案例二　基于阅读任务的有效教学设计的主题教研活动

当今英语课程承担着培养学生基本英语素养，发展学生思维能力、创新能力，形成良好的品格和正确的社会主义核心价值观的重要使命。阅读教学是小学英语教学中的一个重要环节，教师通过开展有效的阅读教学活动，培养学生良好的英语阅读习惯，使学生在轻松愉快的环境下感知语言，从而达到全面提高英语能力的目的。

一、教研活动的前期分析与主题确立

（一）现实背景和面临问题的分析

近年来，英语学科也一直致力于研究有效的阅读教学，培养学生的英语阅读能力。我们在实践中也遇到了不少问题：

从学生角度来说：第一，不爱阅读。由于小学生的学习注意力保持十分有限，他们不能够长时间静下心来深入阅读，在阅读过程中，遇到生词或不理解的句子就困顿，不能准确理解语篇，因此不喜欢阅读。第二，缺少阅读的基本方法。小学生对于英语阅读只能进行简单的停留于语音、词汇和语句层面，没有深入到阅读内容的本质。第三，阅读内容与学生的实际不相符合。学生的词汇量少，语法知识欠缺，语言积累不够，很需要适合学生学情的阅读材料，开展阅读教学。

从教师的角度来说：第一，教师对阅读教学的认识不够正确。他们认为教师在课堂上应当强调语言知识的讲授，结果使学生误认为阅读就是熟记单词，弄清每句话的意思，仅此而已。第二，教师对于英语阅读教学还缺少教学方法，有待学习、研讨和实践。第三，教师没有可提供的有效阅读材料。阅读教学仅仅使用教材所提供的材料，不能满足学生真正的阅读需求。

（二）确立主题：“基于阅读任务的教学设计”

阅读教学在小学阶段的主要教学目标是针对小学生的年龄特点和认知特点，激发学生的阅读兴趣，设计阅读活动，帮助学生获取语篇信息，理解语篇结构，掌握一些阅读技巧与方法。上海市复旦大学朱彦博士在阅读教学指导方面提到：学习者不是为了使用任务而学习语言，而是在完成任务的过程中学习语言。定义“任务”有四个标准：①重点在于“意义”：也就是引导学生知道语篇含义，理解语篇的结构；②存在信息差：通过老师提出的问题发散学生的思维，让学生在不断寻求答案的过程中进行信息补差，从而达到发展语用能力的目的；③学习者主要依赖自身的语言或非语言资源：学生最后能通过图片或板书的支持，运用自己的表情与动作，结合已学的知识对语篇进行复述；④具有明确的语言使用之外的结果：学生能将今天所学进行迁移，把寻找问题和解决方案的方法运用到新的语篇中。这四个标准缺一不可，少之则不能称之为“任务”。正确理解“任务”，对提高阅读教学的实效具有重要意义。因此，本次主题教研活动基于“任务”理论，确立了“基于阅读任务的有效教学设计探索”主题和基本思路。

（三）形成教研目标：探索有效任务设计

通过系列教学研讨活动，引发老师们在英语阅读教学中对任务设计的更多思考，在阅读教学实践中真正落实“任务设计”，激发学生在有效的课堂任务中积极学习语言和使用语言，提高逻辑思维能力。

二、组建研究小组

本次主题教研活动研究小组由区英语教研员、复旦大学朱彦博士，上海市英语教育教学研究基地专家 Rod Ellis 先生，长江路小学英语组全体教师，上海市宝山区高年级中心组课题组成员共同组成。

三、主题教研活动的设计与实施

本次英语主题教研活动采用“项目化”管理方式，将教师作为活动的主体，赋予教师更多研究、实践、思考的空间，使每一名教师都有机会参与区级教研活动全过程。同时，关注基于教研活动主题的方案设计，让传统“磨课—上课”式教研活动向“教与研”同步推进模式转变。根据“基于阅读任务的有效教学设计”教研主题，本次系列教研活动将重点关注有效阅读任务的反复设计与实施。图 7-1 是活动基本流程：

图 7-1 “基于阅读任务的有效教学设计”主题教研活动基本流程

（一）公告与澄清

主题活动伊始，教研员通过理论研究并结合自身经验对主题研究活动进行初步预判。在预判的基础上，形成教研任务单，向教研小组其他成员展示教研活动任务。其他成员在初步探究教研任务基础上向教研员提出质疑，由教研员做出回应，帮助团队成员内化理解教研主题及要求。

1. 教研任务

（1）借助资料包，理解什么是“任务”，如何设计教学“任务”；

（2）思考在英语阅读教学中，如何设计有效的教学任务，需要考虑哪些因素；

（3）以牛津英语 4A M1U3 How do you feel? 第四教时 Read a story “A thirsty crow”为教学内容，进行任务设计；

（4）第一次教研活动：观察杨丹蕾老师执教的牛津英语 4A M1U3 How do you feel? 第四教时 Read a story “A thirsty crow” 故事阅读教学，并完成观课评价表。

2. 观察量表（表 7-10）

表 7-10 “A thirsty crow” 教研活动观察量表

教学目标	达成与否	学生反应	教师应对	不足
1. 能运用核心词汇 happy，sad，thirsty，tired 等和非核心词汇 afraid 表达自己的感受，内容准确，语音标准，并能正确书写				
2. 能用核心句型 How do you feel? 询问他人的感受。并能用 I'm … I can … 描述自己的情绪及处理这些情绪的方法				
3. 正确朗读 “A thirsty crow”，听懂、读懂语篇含义，获取语篇基本信息，通过口头进行故事复述				

（二）独立设计与展示

由执教老师与教研小组背对背独立设计牛津英语 4A M1U3 How do you feel? 第四教时 Read a story "A thirsty crow" 故事阅读教学，并由执教老师上展示课。

（三）研讨与合作设计

质疑与研讨由三部分组成：一是，由执教老师陈述教学设计意图及试教展示后的教学反思；二是，由观课教师根据课堂观察提出质疑，执教老师做出回应；三是，教研组根据研讨结果，集体备课形成新教案。

1. 执教老师教学反思

"我们基于教材、基于课标、基于学生，设计了本课时教学。这节课上，我始终围绕着课本上的图片或文字，把语篇故事细化地进行教学，但是发现学生能掌握的也就是课本上的语句内容，课堂中感觉缺乏趣味性，学生的学习缺乏思维碰撞。"

2. 观察结果汇总（表 7-11）

表 7-11 "A thirsty crow" 教研活动观察量表汇总

教学目标	达成与否	学生反应	教师应对	不足
1. 能运用核心词汇 happy，sad，thirsty，tired 等和非核心词汇 afraid 表达自己的感受，内容准确，语音标准，并能正确书写。	达成	能准确运用上述词汇，对同样图画学生能有多样语言组织形式。	教师积极引导学生围绕图片说话。	阅读任务呈现方式比较单一，皆是围绕图片说话。
2. 能用核心句型 How do you feel? 询问他人的感受，并能用 I'm... I can... 描述自己的情绪及处理这些情绪的方法。	部分达成	不同的 feelings 并未能内熟于心，多是 happy 与 sad。	教师开始返回前一个环节梳理乌鸦"feelings"表达。	前期阅读任务设计问题链缺乏设计与铺垫。
3. 正确朗读"A thirsty crow"，听懂、读懂语篇含义，获取语篇基本信息，通过口头进行故事复述。	部分达成	大部分学生能够朗读、听懂、读懂语篇含义，但复述缺乏逻辑性。	教师提示关键词。	缺乏对复述的支架设计。

教研组对观察结果提出建议：

(1) 核心词汇是很多学生已知的知识，是否可以在课的起始阶段进行阅读前测，了解学生掌握程度?

(2) 学生在核心语句的表达中比较流畅，但是缺乏对乌鸦情绪变化和情绪处理的思考，是否可以设计适合的阅读任务引发学生思考并得出结果，使用英语表达出来？

(3) 大部分学生能够朗读、听懂、读懂语篇含义，能够获取语篇的基本信息，但是在口头复述过程中是否可以培养学生逻辑性思考？

3. 基于研讨，形成新任务设计

(1) 出示故事标题：A thirsty crow 后，通过让学生进行头脑风暴猜测 What does he want? Where can he find the water? 等问题，对故事的内容有一个预测，激发学生的思考以及参与阅读的热情；

(2) 乌鸦在口渴后经历了一系列的情感变化：thirsty →find water →happy→can't drink →sad→have an idea (can drink the water) →happy。通过快速阅读全文，圈出故事中乌鸦不同的 feelings；通过详读，找出情绪变化的相关原因；

(3) 根据板书，使学生了解故事发展的脉络，帮助形成复述的逻辑规律。

(四) 第二轮展示与研讨

1. 第二轮展示活动

在第一轮试教与教研小组集体备课后，执教老师根据新的教学方案进行第二轮展示活动。本次展示活动由高年级英语组教师、中心组相关课题教师和复旦大学朱彦博士共同听课。

2. 研讨与引领

在朱彦博士的引领下，通过集体研讨，得出调控措施：

1) 对于熟悉的故事，我们设计的任务是：让故事中出现不同的问题解决方法，引发学生思考

对照专家所讲的任务方面的理论，本课教学中最难处理的问题就是“A thirsty crow”这个故事对于学生来说是比较熟悉的，乌鸦喝水的过程中遇到了什么，学生基本都了解，也就很难挖掘语篇中的信息差。为了攻克这个难题，我们设计了以下任务（表 7-12），为的是让学生通过学习知晓并理清本篇故事的“Problem-Solution”结构，并能在面对新语篇时通过尝试这样的方法来进行阅读。

表 7-12 “A thirsty crow”阅读活动任务单

任务	活动	活动目的
Pre-reading 任务 1： 根据标题 预测故事	Read the title and predict	出示故事标题：A thirsty crow。通过 Guess what does he want? Where can he find the water? 等问题，对故事的内容有一个预测，激发学生的思考和参与阅读的热情

（续表）

任务	活动	活动目的
While-reading 任务 2： 找到问题 解决问题	（1）Fast reading：Circle feelings of the crow	通过快速阅读全文，圈出故事中乌鸦不同的 feelings。
	（2）Ask and answer	通过问答，以及文本和图片，了解故事的背景。
	（3）Read and underline：Why the crow is sad?	通过自己的寻读，找到乌鸦感到 sad 的原因：看见了瓶子里的水却喝不到，初步感知 problem 的意义。
	（4）Retell	借助板书，复述故事的背景和乌鸦遇到的大问题两个部分。通过复述，更加清楚前面两个部分的结构。
	（5）Think and share	通过思考乌鸦遇到的这个大问题该如何解决，发散思维，并激发学生进一步的阅读。
	（6）Read and tick：What does the crow do?	通过寻读，在文章中找到乌鸦的解决办法，并通过交流探讨和演一演巩固新知。
	（7）Understand the structure	通过对全文的回顾，知晓并理清本篇故事的“Problem-Solution”结构。
	（8）Read and retell	通过朗读整篇故事，借助板书复述整篇故事，进一步梳理清楚文章的结构。
Post-reading： 任务 3： 策略运用， 自主阅读	（1）Read and fill in the blanks	运用前一个故事中所学的语篇结构，尝试自主阅读，解构新的故事，填写表格。
	（2）Discuss in groups	通过小组讨论分享自己对新文章的解读，进一步加深对语篇结构的认识。
	（3）Check and Summarize	总结两篇故事的结构，能为课后用这种策略解读同类型的文章做铺垫，并在德育上进行升华。

2）运用策略，进行自主阅读

相较于平时，对语篇的处理我们不再强调单词或是词组的教学，而是帮助学生学会从阅读中发现问题，并找到解决方法，知晓语篇的结构。本课的最终任务，是让学生能通过在第一篇阅读中学习到的方法，尝试运用到第二篇阅读中。通过快速阅读，分段精读层层推进，梳理新故事中的结构，并填写表格。在小组活动中相互交流，真正实现在完成任务的过程中习得语言。

小学英语阅读理解能力的培养是一个长期坚持的过程，教师只有在每一节英语课堂上，针对不同的课型，选择不同的适合小学生性格的教学方法，才能让阅读课有真正的收获，让学生的阅读理解能力有真正的提高。这样的教学模式也许大家一时还无法接受，我们也是在摸索阶段。

3. 教研员的引领与思考

在上海市教研员朱浦老师的引领下，不断改进，形成关于小学英语阅读教学三点设计策略：

1）阅读教学的任务设计，需要精准定位，符合语言学习要求

阅读教学的任务设计要关注情节发展，故事的冲突点需要精准定位。本课时所设计的“Problem-Solution”结构，把故事情节与结果相联系，通过情感主线带动语言学习，达成英语语言学习的目的，十分成功。

2）阅读教学的任务设计，需要进行信息处理，培养学生思维能力

阅读教学的任务设计不是简单的“懂”，而是“能”。“懂”和“能”是两回事，课程教材改革的新课堂就是让学生从“懂”到又“懂”又“能”的转变。在阅读中，学生需要读出文章的信息，并对所读信息进行处理，这就是对思维能力的培养。阅读任务的设计如果是由情绪变化带动内容结构，再带动词句学习，是一个很棒的学习路径，这样的课有声有色、有型有貌。

3）阅读教学的任务设计，需要呈现语言目标的达成度

阅读教学的任务设计，一定要通过阅读策略的培养达成语言学习目标。例如，本课时的教学目标中我们看到了一条：“正确朗读‘A thirsty crow’，听懂、读懂语篇含义，获取语篇基本信息，通过口头进行故事复述。”作为老师，要在实践教学中帮助学生有效地使用阅读策略，根据教学目标培养学生在处理情感路线和内容关系后，让学生带着思考进行表达，有效地复述故事。在复述故事后，老师还可以引导学生思考这个故事的主题：A ________ crow (smart, super, hardworking, ...)。所有和乌鸦相关的词都是在引导学生该如何做人行事，引发阅读学习所带来的教育意义！

（五）第三轮展示与研讨

根据第二轮展示与研讨中总结提炼的阅读策略，在 2018 年 9 月 25 日的上海市宝山区英语教研活动中，杨丹蕾老师向上海市宝山区高年级备课组长、各区教研员和各区英语教育教学研究基地成员进行了“A thirsty crow”故事阅读教学的展示。

通过区教研活动展示，上海市英语教育教学研究基地专家 Rod Ellis 先生点评，引发共同思考。

根据朱浦老师的建议和对 Rod Ellis 先生任务型阅读教学理念的学习，本次阅

读课仍然以“problem-solution”为基本线索，设计了基于《乌鸦喝水》和《蚂蚁与小鸟》两个故事的系列阅读任务和活动，为学生创设语言使用的机会，激发学生的参与兴趣，使他们在使用语言的同时学习语言，使用学习到的阅读策略解决阅读问题。Rod Ellis 先生认为，本次阅读课设计完整，教师教学活动组织流畅，学生课堂参与积极，是一堂优质的阅读教学课。

在对本节课的点评之后，Rod Ellis 先生还为老师们带来题为“英语阅读教学中的任务设计与实施”的讲座。Rod Ellis 先生首先阐释了“任务”的定义和标准，然后结合生动具体的例子深入浅出地讲解阅读课上任务设计的方法和注意事项。在随后的互动环节中，老师们对阅读教学中的任务设计表现出浓厚的兴趣，他们就任务型教学在中国语境下的具体实施、任务型阅读教学的评估等问题和 Rod Ellis 先生展开了比较深入的讨论，Rod Ellis 先生认为教师可以根据实际情况来设计自己的教学任务，教学效果评估的方式也可多元化。

这样的理论学习和反思性教学实践活动，参与的老师纷纷表示获益良多。

（六）推广与应用

在本次教学系列活动后，我们又组织了一次英语大组的研讨总结活动，深刻地体会到：在设计英语阅读任务时，教师应高度注重教学活动的针对性和实效性；要更多地帮助学生学会阅读策略；考虑学生在阅读活动过程中可能出现的问题加以解决，充分发挥教师的指导作用，让学生体会到学习的快乐和成就感，产生自主学习的动力。

在我们如今的阅读课中，老师们已经开始思考并不断加以实践，通过有效的任务设计培养学生的阅读能力、逻辑思维能力和综合素养。2018 年 11 月 28 日，就在上海市宝山区教育学院院庆 60 周年的系列活动中，张素老师使用平板信息技术上了一堂“3A M4U1 Insects in the park”的阅读课，其阅读任务设计也呈现了我们在杨丹蕾老师课上所实践得到的理念，把理念和信息平板技术又进行了融合，获得了在场观课教师的一致好评。

四、主题教研活动的持续和跟进行动

（一）利用本次主题教研活动成果改进教学的建议

在小学阶段，我们的任务是要激发学生的阅读兴趣，教给阅读的方法，使学生形成一定的阅读策略。阅读课跟普通的课文授课不同，它是在课文的基础上进行补充拓展。“授之以鱼，不如授之以渔”，在英语阅读教学中，我们应首先教会学生阅读的方法。

纵观整堂课，任务型教学可以通过“导—读—练”的方式使学生获得感性认识。任务型教学在英语阅读课中，能真正培养学生的阅读理解能力，综合运用语言的能力，在各种各样的任务活动中，培养英语思维的习惯，提高语言交际的能力，从而达到了语言学习的目的。

（二）继续推进本主题研讨的思考

本次主题教研活动使英语组全体教师的阅读教学理念和实践能力又有了一次提升和飞跃。成功的英语阅读教学要依赖大量的语言材料和语言实践。在阅读课的任务设计中，需要帮助学生得到探索学习的乐趣，培养学生的英语阅读理解能力，使学生养成良好的英语阅读习惯，训练正确的阅读技巧，培养学生主动学习的能力和合作的精神，加大学生的思维广度和宽度。

（三）对本次主题教研活动本身的反思

通过本次主题教研活动的磨炼，教师懂得了根据不同的阅读目标，选择恰当的阅读策略，设计适合学生的阅读任务，帮助学生阅读、理解和思考。教师在课内外都要想办法提高学生的英语阅读能力，让他们找到阅读乐趣，养成终身阅读的习惯。从小学课堂教学任务的设计和实施抓起，让每一个学生都能品尝到“悦读”的滋味，变“要我读”为“我要读”。

基于阅读任务的有效教学设计主题教研活动以小学英语教学中教师常遇到的任务设计有效策略探索为研究着眼点，以小见大探索有效的阅读教学设计。任务型教学是从西方引进的教学模式，它是基于教学目标、结合教学内容、设计出多种任务让学生完成的教学方法。通过多元基于设计的阅读任务，激发学生的学习兴趣，促进学生积极参与语言交流活动，启发学生的想象力和创造性思维。从这个主题来看，设计研究意味非常浓。在整个教研活动过程中，教研小组也始终秉承着“设计—集体问诊—专家引领—改进”循环往复过程，并在三轮行动过程中不断提炼出阅读任务教学设计有效策略和成熟阅读任务设计案例。

该主题教研活动最大的亮点是教案设计。第一，不同于以往的教案设计是单纯的执教者个人设计或者是集体合作设计。该主题教研活动将二者有效地结合起来，既通过“背对背个体设计”发挥个体创造性思考，又通过“集体备课合作设计”汇聚集体智慧。第二，教案改进依据既不是自说自话，也不是唯专家论。如何科学有效改进教案，提炼阅读任务设计有效策略，教研小组有思考、有设计。教研小组先通过学科教研小组内部研讨从实践观课角度对教案改进做出初步修改；再借助专家和学科教研员，从理论和学理的角度进行二次方案修正，同时提炼策略和关键点；再次回到实践，借助观课进行三次方案修正，并形成成熟教学案例，进行推广应用。从实践—理论—实践，不断深化阅读任务教学设计的内涵与实践路径。第三，教案实施，即“同课异构”。不同于传统的多人上同一个内容的同课异构，该教研主题在前三轮教案设计与修正过程中，始终坚持执教者变量不变原则，在相同水平班级实施不同教学方案，关注新方案在实践中成功与否。并在形成成熟方案后，再指导其他青年教师进行“变式练习”，选择不同教学内容，按照教研中形成的阅读任务设计策略与路径，重新设计教案，推广应用，帮助青年教师在实践中内化吸收。综上，“明确任务—独立设计—课堂观摩—质疑互动、合作设计、解决问题—变式练习、推广应用”整个教研环节非常关注教师在行动中的智慧生成，从感性走向理性，是一次非常有益的主题教研探索。

（原始材料由上海市宝山区长江路小学吴琰俊老师提供）

案例三 优化幼儿用点心环节活动有效策略探究的主题教研活动

一、教研活动的主题与期望目标

（一）确立研究主题

1. 幼儿园发展应然需要

《3—6 岁儿童学习与发展指南》中指出，幼儿阶段是儿童身体发育和机能发展极为迅速的时期，发育良好的身体、愉快的情绪、良好的生活习惯等是幼儿身心健康的重要标志。为有效促进其身心健康发展，作为教师应为幼儿提供合理均衡的营养，创设温馨的环境，帮助幼儿养成良好的生活习惯，鼓励幼儿做力所能及的事情，提高其生活自理能力。

幼儿期，生活的过程就是学习的过程，幼儿的学习在其日常的吃、喝、拉、撒、睡、玩、交往、探究等活动中自然地发生着并持续地进行着。正如《3—6岁儿童学习与发展指南》中“说明”所述：“幼儿的学习是以直接经验为基础，在游戏和日常生活中进行的。”幼儿园一日生活的每一个环节都蕴含着巨大的教育价值，给幼儿的学习与发展提供了丰富的契机。为此，大多数幼儿园都尝试过将幼儿吃点心的环节作为幼儿园生活教育的重要环节，通过自主用餐氛围营造，引导幼儿养成自我服务和互动服务的良好行为习惯。比如：小班幼儿围坐在餐桌前，幼儿自己用调羹从提供的三种饼干中选择自己想吃的饼干；中班幼儿自己取拿餐具，从三种饼干中自主选择其中两种，并自己倒牛奶等；大班幼儿则有两名值日生代替保育员为大家服务，并同样采取自取自助的方式用点心。

2. 点心环节的实际困难

学前期是个体发展的关键时期，这一时期的儿童接受能力强、可塑性大，良好的教育经常会取得事半功倍的效果。若教师和家长能在这一时期使幼儿养成良好的生活习惯，则容易形成动力定型；反之，若在这一关键期没有培养起儿童良好的生活习惯或是使儿童养成了不良的生活癖好，以后纠正会相当困难。实践过程中发现，很多保教人员并没有很好地把握这一机会促进幼儿的健康成长，期间存在着很多的问题：①幼儿用餐过程中过分强调用餐的纪律。比如：保教人员从用餐伊始就督促幼儿抓紧时间吃完；对待一些吃饭慢的幼儿，教师经常会采取强喂的方式来解决问题。②幼儿独立性不强。不愿自己动手吃饭，把饭撒得到处都是。③幼儿用餐积极性和愉悦性不高。幼儿用点心时不情愿，甚至作为一种无意识的行为。④大班幼儿互助能力有待提高。大班幼儿已初步建立起为他人服务的意识，也有了做值日生的荣誉感。但是，在管理同伴用点心时，他们显得不知所措，不知道要做什么，想怎么做就怎么做，往往事倍功半。

3. 主题确立与思考

基于幼儿用点心的应然行为习惯培养的需要和用点心环节出现的种种问题，有必要在发现问题后，思考产生问题的原因，解决问题的方法，从而改善幼儿的饮食习惯，激发其主动愉悦地开展用点心活动，因为孩子健康快乐地成长是教师努力工作的目标之一。同时，从教师专业发展角度来看，通过优化幼儿用餐研究，也能实现教学做合一，在行动中研究，在研究中行动，从而不断深化自身的幼儿教育理念和专业修养。

由此可见，幼儿园一日生活中点心环节的研究，既符合幼儿身心健康发展的需求，又与教师专业发展的理念相一致——观察幼儿、跟随幼儿、适时跟进、专业自觉。为此，我们将以“探究幼儿用点心环节活动教学策略”作为系列教研活动主题。

（二）确立教研活动目标

围绕教研活动目标，中心小组做了第一次主题分析，基于《3—6 岁儿童学习与发展指南》以及相关理论研究、实践经验，研究发现幼儿用餐需求、用餐氛围、用餐形式、教师评价等都对幼儿用餐有一定影响。为此，在研究过程中需要根据幼儿不同年龄段特点和《3—6 岁儿童学习与发展指南》中提及的各年龄段幼儿生活发展目标，营造不同的环境，提供不同的用餐形式，采用不同活动策略，通过对比分析，探究利于幼儿用点心的有效策略。从而实现让幼儿在真实的生活体验中主动参与并创造生活，在体验快乐的基础上，自然而然地发展其自主性、主动性、创造性和解决问题的能力的教育目标。

为此，初步制订了如下教研活动目标：

1. 根据幼儿用餐影响因素梳理，结合幼儿年龄特点设计点心优化方案；

2. 通过实践演练、现场观察，分析研讨用点心的不同优化策略的优势利弊；

3. 经过不断改进的实践行动，提炼总结出优化幼儿用点心的有效策略，以及形成一份成熟的优化用点心的活动方案。

（三）主题教研活动思路

基于问题分析，主题教研活动将从用点心的各个环节提出优化设计，主要分这样五步走：

第一步：看点心的现场——了解目前幼儿园点心环节的现状，包括餐厅环境、点心品种、幼儿用点心的情况等；

第二步：听孩子的心声——了解孩子对用点心活动的需求和希望；

第三步：做环境的调整——根据孩子的需要和环境优化的适切性，开展点心环境的创设或调整；

第四步：观活动的过程——观察幼儿在优化后的环境下，能否快乐、自主地用点心，体验自主生活自主交往的快乐；

第五步：研优化的策略——通过研讨总结梳理出小中大三个年龄段优化的策略、做法和实施要点等。

二、主题教研活动的设计与实施

（一）主题教研活动的基本流程（图 7-2）

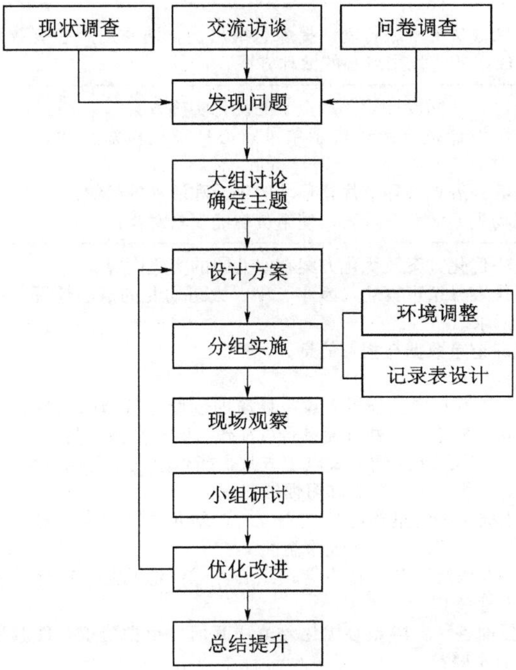

图 7-2　“优化幼儿用点心环节活动有效策略探究”主题教研活动流程

（二）呈现展示任务

为了让组员清晰教研活动开展的整个过程，以及需要实施的有关事项，发放“主题教研告示单”，如表 7-13 所示。

表 7-13　“点心环节优化策略探究”主题教研活动单

教研主题	点心环节优化策略探究	出席对象	
教研活动的设计	概　述		备注
前期设计思考	《3—6 岁儿童学习与发展指南》中指出，幼儿的能力和习惯形成是日积月累的，并具有反复的特点，生活教育要强调在“做”中培养，注重在真实的情境中练习，关注幼儿的情绪反应和情感体验。因此，在认真考虑幼儿的不同生活背景、个体差异和不同年龄段幼儿发展要求的基础上，我们尝试从影响幼儿用点心影响因素为切入口，从幼儿用餐各个环节进行优化设计，激发幼儿的兴趣，提升幼儿的生活品质。		

（续表）

教研活动的设计	概　述	备注
教研活动目标	1. 根据幼儿用餐影响因素梳理，结合幼儿年龄特点设计点心优化方案； 2. 通过实践演练、现场观察，分析研讨用点心的不同优化策略的优势利弊； 3. 经过不断改进的实践行动，提炼总结出优化幼儿用点心有效策略及形成一份成熟的优化用点心的活动方案。	
活动前期准备	1. 团队研讨，共同设计幼儿用点心的优化实施方案。 2. 根据方案设计教研活动告示单及点心环节现场观察表，并发布在群里。 3. 围绕方案开展点心环节优化环境的创设和活动的组织。 4. 制订现场观察活动安排表，使组员明确观察对象。	
活动过程安排	1. 介绍点心优化方案及优化方案在幼儿园的实施内容。 2. 根据安排表分组观察幼儿园小、中、大班幼儿的点心情况，并做相应的观察记录。 3. 汇总观课记录数据与相关信息。 4. 教研活动讨论： (1) 从幼儿的点心情况分析，点心环境的创设与教师的指导在实际操作中是否具有实效性，并方便易行可操作否？请举例说明。 ➢ 小班主要围绕主题情境式点心方式，能否激发幼儿愉悦地用点心，促进幼儿相关生活能力和习惯的养成？ ➢ 中班主要围绕约桌约伴的点心方式，幼儿是否在自助点心中体验到与同伴一起用点心的轻松愉悦？ ➢ 大班主要围绕服务式自主管理点心方式，幼儿是否能体现过程中的自主管理？ (2) 对于目前各年龄段点心优化环节还有何可行性建议，使其更加能促进幼儿的发展？ 5. 总结：提炼幼儿用点心优化策略和实施路径。	
活动资料收集	1. 拍摄点心优化现场观摩和研讨照片； 2. 拍摄小中大班点心活动视频； 3. 收集并录入观察量表信息； 4. 做好研讨记录。	
活动跟进	1. 分析活动视频和研讨结论； 2. 基于研讨结果及视频分析，修改活动实施方案； 3. 将新修改活动方案投入实践，开展新一轮教研活动。	

（三）基于调查，设计活动方案

1. 前期调查

基于调查的设计是形成一份科学、有效的活动方案的前提和基础。在正式活动方案设计前，研究小组从幼儿园三个年龄段幼儿用点心现状、用点心特点和幼儿用餐需求获取信息。

（1）了解现状。组内成员分工收集幼儿园三个年龄段点心环节的现状，包括用餐时间表、餐厅环境、点心品种、幼儿用点心的情况，可以采用拍照或记录的方式收集。以小班为例（表 7-14）。

表 7-14　幼儿园小班点心环节现状收集

小班（2018. 5. 14）	
1. 用餐环境	用餐环境干净、明亮、舒适，有消毒柜、干净毛巾等物品，墙上有关于文明用餐的图片，且用餐室旁边有洗手池
2. 点心种类	饼干、牛奶、食堂自制的小点心、营养水
3. 用餐安排	8:50—9:15　点心、生活活动 9:15—10:15　运动、生活活动 10:15—10:35　学习活动 10:35—10:50　自由活动 10:50—12:00　午餐、自由活动 12:00—14:30　午睡 14:30—15:00　下午点心 15:00—15:30　户外活动
4. 用餐情况	两次用餐中幼儿都有无心用餐、打闹、剩余情况，保教人员有“快点吃啊”“你吃快点”“快点啊，没时间了”之类的语言出现

（2）倾听心声。了解幼儿对点心活动的需求和希望，喜欢的是什么？不喜欢的是什么？为什么不喜欢？等等，为创设能激发她们愉悦、主动用点心的环境打好基础。以大班 A 幼儿为例。

师：老师现在有一个任务，需要为你们准备小点心。你能告诉老师幼儿园准备的食物里你最喜欢什么？

A 幼儿：喜欢香蕉、牛奶、小蛋糕、肉松卷。

师：除了幼儿园里提供的，那你还喜欢什么点心呢？

A 幼儿：巧克力、草莓酱、汉堡、薯片。

师：不喜欢吃什么或者讨厌哪些点心呢？

A 幼儿：苹果、香蕉、白粥、鸡蛋、包子。

……

2. 合作设计用点心优化方案

1）三个年龄段研究小组组建

在分组讨论时，应考虑教师的专业发展现状及每位教师执教年龄段。在遵从教师执教年龄段基础上，按照各级骨干教师 + 一般教师、成熟教师 + 青年教师组合方式，形成三个研究小组，分三个年龄段分头行动。

2）分析研讨

（1）环境布置

此处的环境泛指硬环境和软环境。硬环境是指用点心的餐厅或教室的某一用点心区域，因为优美舒适的环境能激发幼儿用点心的欲望。软环境主要包括人和点心。人是指保育员，她们在用点心时对孩子的引导语等；点心是指饼干的品种和数量、牛奶、营养水等。因为饼干的品种和数量关系到孩子每天营养摄入量的达标问题，同时，品种和数量上的保证能给予孩子充分的选择空间，体现自主选择；营养水的提供可以满足不同孩子的需求，有些孩子会有牛奶过敏等问题，提供时令性的营养水，既能保证他们的营养摄入，又能照顾到孩子的情感，不至于没有东西喝。

（2）角色分工

明确活动设计中涉及人员。在整个就餐过程中，主要涉及教师与保育人员。因此，活动方案设计和观察量表中需要同时涉及教师与保育人员。上海市宝山区青苹果幼儿园每个班级有两名正式教师，一名主班教师、一名副班教师或称之为配班教师、另有一名保育员，共三人。园所对两名正式教师实行的是倒班制（也称之为上下午班制）。

明确活动中的角色要求。在《幼儿园教育指导纲要（试行）》中，幼儿教师的角色被定位为幼儿学习活动的支持者、合作者、引导者，与抽象的角色定位相联系的是一系列具体的工作。联合国教科文组织曾向国际儿童年推荐的《发展中国家儿童保育与教育计划》一书中同样指出："尤其对幼儿，照料与教育对他们来讲，就像纬线和经线一样紧密地交织在一起。"教师应该兼顾教育与保育双重身份。对于幼儿园来说，幼儿教师既是用餐活动的组织者、用餐习惯礼仪的教育者，也是幼儿生活的照料者。对于保育人员，是教师组织用餐活动配合默契的合作者，涉及点心准备、分发、餐具准备、消毒等事宜。

（3）教师和保育人员的自身因素

教师和保育人员自身的因素也是影响教师组织幼儿用餐活动的因素之一，包括教师和保育人员的性格、用餐引导语及沟通技巧等。如：有些老师个性较温和，在组织用餐过程中对幼儿说话也是轻声细语，幼儿在用餐时若与周围的同伴嬉戏打闹，教师会走到他旁边轻声地说："吃饭的时候应该是怎么样的呢?"；有些老师脾气比较直率，看到小朋友在用餐的时候没坐好，会踢一脚凳子以此提醒小朋友要坐姿端正；碰到说话的孩子边吃边聊就会说："吃饭时不许讲话"等；有些保育员则会鼓励小朋友"你今天真乖啊，你真棒，吃得真干净"等。

3）合作设计

此阶段主要是研究小组通力合作，将预期设想变成可行的操作方案。根据上面的分析，设计用餐方案及观察量表（表 7-15）。

表 7-15　“点心环节优化”观察及评价表

观察日期：　　　　幼儿园：　　　　班级：　　　　观察者：

<table>
<tr><th colspan="3" rowspan="2">观察点</th><th colspan="3">评价意见</th><th rowspan="2">举例说明</th></tr>
<tr><th>★</th><th>★★</th><th>★★★</th></tr>
<tr><td rowspan="4">用点心前</td><td rowspan="2">环境创设</td><td>1. 符合幼儿年龄特点的环境创设：
主题式情境融入（小班）
交往式约桌约伴（中班）
服务式自主管理（大班）</td><td></td><td></td><td></td><td></td></tr>
<tr><td>2. 其他环境创设（音乐氛围、点心流程路线等）</td><td></td><td></td><td></td><td></td></tr>
<tr><td rowspan="2">教师组织</td><td>1. 符合年龄特点</td><td></td><td></td><td></td><td rowspan="2"></td></tr>
<tr><td>2. 内容有针对性</td><td></td><td></td><td></td></tr>
<tr><td rowspan="8">用点心中</td><td rowspan="5">教师和保育员指导</td><td>1. 指导语符合幼儿年龄特点：
能用情境性语言逐个引导幼儿用点（小班）
用引导方式鼓励幼儿与同伴自主交往（中班）
能充分激发幼儿自我服务、值日生管理（大班）</td><td></td><td></td><td></td><td rowspan="5"></td></tr>
<tr><td>2. 语气柔和</td><td></td><td></td><td></td></tr>
<tr><td>3. 根据幼儿个体差异，给予不同的指导与帮助</td><td></td><td></td><td></td></tr>
<tr><td>4. 对于幼儿良好表现给予肯定与表扬</td><td></td><td></td><td></td></tr>
<tr><td>5. 能发现用点中的问题并及时回应</td><td></td><td></td><td></td></tr>
<tr><td rowspan="3">幼儿表现</td><td>1. 符合幼儿年龄特点的表现：
情绪愉悦，点心牛奶都能吃完（小班）
过程中同伴间有语言交流、行为交往（中班）
有自我服务能力和为他人服务能力（大班）</td><td></td><td></td><td></td><td rowspan="2"></td></tr>
<tr><td>2. 能一口牛奶、一口点心，最后一口牛奶</td><td></td><td></td><td></td></tr>
<tr><td>3. 其他生活自理能力的表现，如保持环境整洁、有序排队不拥挤等</td><td></td><td></td><td></td><td></td></tr>
<tr><td colspan="7">观察后我的感受：</td></tr>
<tr><td colspan="7">我对点心环节进一步优化的建议：</td></tr>
<tr><td colspan="7">备注：1. 可向班级教师了解班级幼儿原来的用点心情况
2. ★（一般）★★（较好）★★★（好）</td></tr>
</table>

4）发布教研活动安排（表 7-16）

表 7-16　“点心环节优化”教研活动安排

活动时间：
活动地点：上海市宝山区青苹果幼儿园

活动时间	活动内容	活动地点
8:55—9:30	“点心”优化活动现场观察	小一班（一楼） 中一班（二楼） 大一班（三楼）
9:30—10:30	分组讨论：填写观察表	会议室（205）
10:30—10:45	小歇	
10:45—11:45	讨论： 研讨点心优化方案	
11:45—12:45	小结	
分组安排	小班组：	
	中班组：	
	大班组：	

（四）展示与交流

1. 展示活动

展示活动按照年龄段分三个主题，三场独立开展，每位参与教师分别选择一个年龄段参与观察和研讨活动。小班组由陈老师、李老师及 1 名保育员负责（陈老师是主班教师，是一名区级骨干教师，教龄 11 年；李老师是副班教师，教龄 2 年，是园内教学新秀）。中班组由袁老师、黄老师及 1 名保育员负责（袁老师是主班教师，是一名块级骨干教师，教龄 10 年；黄老师是一名新教师，教龄 1 年）。大班组由王老师、尹老师及 1 名保育员负责（王老师是主班教师，是一名园骨干教师，教龄 18 年；尹老师是副班老师，是一名区级教学新秀，教龄 3 年）。

2. 交流研讨

交流研讨主要分为两个环节：分组研讨 + 集体研讨。在汇总观察表基础上，三个年龄段分三个小组填写观察表、汇总观察表，并根据观察结果开展分组研讨，提出优化方案建议。再在此基础上开展集体研讨，通过三个年龄段展示活动对比分析，贯通三个年龄段，提炼共性的策略与差异性策略。以下是研讨意见与建议。

小班优化点心环节有效措施

对于3岁幼儿要创设一个愉快、温馨的生活环境，从情感上赢得幼儿信赖，让幼儿爱上幼儿园的一日活动。因此，环境创设是点心环节优化的基础。同时，基于小班幼儿年龄特点，他们的生活能力和生活习惯都是在成人的提醒和帮助下完成的。因此，小班点心活动中教师和保育员的指导语是优化小班点心环节的重点。

(1) 环境创设：创设富有主题情境的点心环境，如Kitty餐厅（与Kitty相关的物品如保育员的服饰、动物垃圾盒、餐巾纸等）与之呼应的橱柜、墙面用点操作环境（钓鱼）。

(2) 操作提示：利用情趣化的语言，吸引幼儿来用点，如“欢迎宝贝们来Kitty餐厅”等；利用情趣化的语言，引导拿取点心，如“我们餐厅品种丰富，可以每个都尝一尝哦”等；利用情趣化的语言，鼓励幼儿主动食用，如“请这里的客人一口饼干一口牛奶，大口吃完哦”“用完点心后还有钓鱼游戏”等。

中班优化点心环节有效措施

4岁幼儿的有意性行为开始发展，他们能接受成人的指令，完成一些力所能及的任务，出现了最初的责任感。所以，在值日生环节尽可能提供幼儿为集体、同伴服务的机会。同时，他们从自我为中心，转向交往的需要。因此，教师要创设宽松的环境，尽可能放宽点心时间，鼓励幼儿在吃点心时开展交流。

(1) 环境创设：点心区域分为取餐区和用餐区。取餐区设置“今日菜单”版面；用餐区桌子采取拼桌，桌面铺上小桌布、摆上小盆栽等。

(2) 操作提示：基于孩子交往能力发展的需要，可以通过以下形式鼓励幼儿间的交往：结合值日生，设置妈妈老师的小助手1名，一同摆放点心、收拾餐具，通过学做值日生，促进幼儿语言能力和服务能力的发展；采用“约伙伴”“约桌子”的形式，教师鼓励幼儿自主选择同伴一同就餐，促进幼儿同伴间的交往。

大班优化点心环节有效措施

5岁幼儿在生活自理方面较前更独立了，他们喜欢参与成人的劳动，在劳动中表现出一定的责任感。为幼儿创设适当的环境与条件，让幼儿真正动手做，体现幼儿的自主性、主动性。培养幼儿良好的生活习惯，引导幼儿自我服务、为他人服务、为集体服务。

(1) 环境创设：点心区域分为取餐区和用餐区；桌面铺上桌布，可放置标识、盆栽等；播放舒缓的背景音乐。

(2) 操作提示：充分发挥值日生在点心环节的作用，可创设多种点心模式+值日生服务式：可将点心分为A、B、C三种套餐的就餐桌，由值日生为幼儿送上相对应的点心套餐；值日生管理式：由值日生来管理和提醒幼儿取点心和倒牛奶的量；自我服务式：幼儿自取托盘，分别放入点心、毛巾、牛奶，值日生在旁边引导和提醒。

（五）教研活动的持续跟进

教研活动的持续跟进主要分为三个环节：一是优化活动方案，二是分三个小组分别实践方案，三是实践思考该教研主题未来的研究方向。

首先，基于第一轮教研活动三个年龄段用点心优化策略的总结和建议，教研小组分三个小分队分头修改活动方案，并通过集体研讨审查修改后方案的可行性。

其次，指导团成员五个一组根据各自负责三个年龄段新修改优化用点心活动方案，检验活动方案中相关预设达成度。根据达成度修改完善开展第二轮活动后研讨。通过研讨总结梳理出小中大三个年龄段点心优化的策略、做法及实施要点等，并以图文结合的方式将研讨结果梳理成文，供老师们共同使用和参考。

再者，后期思考。本次教研活动对于教师推进幼儿自主生活，增强幼儿点心环节的愉悦性，提升生活品质有着极其重要的作用。并且主题教研的整个流程化设计也能延用于幼儿园一日生活的其他方面的研究中，如盥洗、午餐等环节。当然，主题教研的研讨不是终点，幼儿园将以优化为目标，将点心环节的有效做法，继续实践到其他环节或版块，让优化成为每位老师心中一个不断努力的方向，从而促进幼儿在快乐的生活中全面发展。

三、教研活动反思

本次主题教研活动能做到三个“基于”充分地开展实践研讨，从而保证了教研的有效性。其一，基于问题。研讨的问题来源于幼儿园一日活动中生活环节的点心环节，比较切合实际，并且能认真倾听孩子的心声，发现问题，从问题中来，比较“接地气”。其二，基于课程。所有的改变都是基于课程理念、生活活动书籍中对幼儿生活环节的要求，不是老师凭空猜想或创设，有理有据，有专业支撑。其三，基于实践。本次研讨的内容，都是基于组员实践的结果，包括前期的调研、环境的调整、现场的观察，每一步都走得踏踏实实，才有了预期的成效。

但是，在本次研讨中也发现，由于各园的园所环境各不相同，有些幼儿园的硬件环境比较局限无法实施点心优化方案，或许可以针对规模大小、硬件设施不同的幼儿园，研究不同的优化策略，使其适用于每个幼儿园。

因此，今后在开展主题教研活动时要做到“四要”，即：①研点要落地。也就是教研的主题要基于现状中的问题，才能真正落地开花，研究有实效。②组织要灵活。教研的活动形式可多元，可分可合，可按人数分，可按类别分，这样实践的内容可以同步推进。③方法要细化。制定的教研方案要细，特别是实施过程中每一个步骤都要预设细致，如何实施，一开始做什么，再做什么都要定好，这是对态度和能力的考验。④经验要普适。要全面思考研讨成果的普遍推广性和适用性，这样研讨才有价值和意义。

“优化幼儿用点心环节活动有效策略探究”中“优化”带有不断修改完善直至成熟的意思。从这个角度来看，优化幼儿用点心环节的过程其实也是一个不断诊断改进的过程。幼儿用餐活动的组织是学前教育的重要内容。该主题教研活动针对不同年龄阶段幼儿的用点心活动教师的组织过程是否有所不同，不同年龄段活动组织方式、策略是有所差异，如何实现活动最优化，进行深入探讨并提出三个年龄段的优化策略及可供参考的活动方案。从这些角度来看，该主题教研活动对教研、对幼儿教育都是一种非常有价值的探索。

“优化幼儿用点心环节活动有效策略探究”主题教研活动最大的亮点在于观察量表的设计。观察量表是一份典型的教案观察表（活动方案观察表），既包含观察活动目标能否达成，教师及保育人员的行为，还包含幼儿活动表现，可以作为以儿童为中心的课例研究的有力支撑。使用量表时，教师研讨的重心不再是教师如何组织活动，而是教师和保育员对幼儿行为应对，幼儿活动状况如何。这样的重心转移不仅可以丰富教师对儿童的认知，更能提升教师的教学机智，活动改进亦可变成现实。正如日本学者佐藤学所例举的，好的教学是学生能够接住教师“投递过来的球”。在这个活动中，好的活动就是幼儿能够欣然接受教师对其用餐习惯的引导，积极愉悦地进入用餐环节。此外，该观察量表还采用等级评分和证据罗列方式，既方便量化统计，又能提供具体证明，可以为第二轮行动改进提供充足的证据支撑。

（原始资料由上海市宝山区青苹果幼儿园夏云老师提供）

第八章　指向课程知识建构的“研训融合式”主题教研规程

伴随着新课程改革的深入推进，教研活动在推动地区教育发展、带动教师专业成长、提升学校教学质量、促进学生培养、引领学校课程建设等方面的重要价值日益凸显，主题教研也成为区域和学校在开展教研活动时的重要选择。但纵览教育实践，此类教研活动的开展仍存在一些明显不足，如主题教研的过程隐含了同步的教师培训，却难以看到主题教研的成果显性地转化为教师培训更优质更高效的资源。为此，上海市宝山区以课程知识建构为抓手，倡导以主题教研带动教学问题的系统思考与解决，关注科研方法在教研中的应用，坚持把有说服力的研究成果以教师研修课程的方式加以推广应用，真正做到教研—科研—师训三位一体的融合。通过“研训融合式”主题教研规程的打磨与实践，在教研活动过程中完成教师培训、提升教师科研能力，同时推动区域和学校课程的建设与发展。

第一节　“研训融合式”主题教研的内涵

一、何谓“研训融合式”

教师水准影响着教育的质量，因此教师的继续教育在世界各国都受到普遍重视，高水平高质量的教师继续教育已成为提高教育教学质量的重要保证。在我国，教师继续教育的主要渠道有两种：一是教学研究，二是教师培训。教师培训和教学研究是提高在职教师专业水平的主要途径，而长期以来二者是相互分离的，这种情况容易导致以下弊端：①研训分离导致训而不研、研而不训，研训间互不联络、各自为政，教师教育过程中重复劳动普遍存在；②研训分离导致教育资源的浪费，由于教师培训机构和教研机构的人力、物力、财力都很有限，研训分离造成了人力、物力、财力的浪费；③研训分离导致教师教育的内容中理论学习和教学实际相脱离，达不到从整体上提高教师素质的目的。[1]

在新课程理念和教师专业化背景下，在教师队伍软硬件环境逐步提高的环境下，搭建促进教师专业发展的研修系统，实现教师个人、团队、区域教学组织的资源管理，创建全员参与、团队合作、资源共建、可持续发展的专业学习共同体，整合优秀教学资源，为教师的专业化发展打造一个可靠的、专业化的服务平台是迫切所需。当前不管是区域内还是学校内的教师研修系统，均存在教学研究缺乏科研支撑、教师培训效率低下、科研成果转化不足等缺陷。因此，“研训融合式”主题教研规程应运而生。

“研训融合式”主题教研规程是指通过主题教研活动的开展，实现教研、科研、师训三者的有机结合，其以教研为中心、以科研为先导、以培训为主线、以提高教育教学质量为旨归，以促进教师专业发展效能最大化为追求，以解决教育教学中存在的问题为核心，立足课堂教学，是面向教师现实需求解决的主题教研规程建构。它实行“教研引领、科研创新、师训贯通”的运行策略，区域或学校教师在研中训、训中研、做中学、做中研，解决实际问题，形成指导策略，以实现教研转型、教师发展、课程建设的最大收益化目的。值得注意的是，它并不是将三者简单地相加，而是把三者纳入统一的发展规划之中，将其有机整合并统一实施。教师在教学活动中遇到的实际问题，通过教学研究活动解决；教师在教研活动中遇到的问题，通过进一步的教师培训来解决；并在问题提出和解决过程中，发挥科研的支撑和引领作用。

“研训融合式”主题教研规程倡导立足课堂实践开展研究，它以明确的目标指向、科学的研训方法、集中的研训资源，科研、教研、培训综合发力，融合施培，更快促进教师专业发展和教育教学质量提升。具体来看，教师培训是从理论、知识、方法、技能层面，提高教师的专业水平，进而提高教师从事教学研究的能力；教学研究则是知识发现和传播的过程，也为进一步的教师培训提供新的内容，促进教师培训水平的不断提高；科研则是从理性的层面解决教师教育教学实践和教研活动实践中提出的问题，并发挥导向和支撑作用。三者相互影响，相互促进。实践证明，中小学教师能力的提高，素质的提升，除具备相应层次的科学文化知识外，主要是通过教育教学活动、教育教学改革实验、教学科研活动等实践来获得

[1] 徐辉. 中小学研训一体化研究［D］. 延安：延安大学，2011.

的。“研训融合式”主题教研活动能够提高教师的研究意识，促进教师专业发展，是将教研、科研自然结合的一种方式，形成以科研带教研、以教研促培训的良好发展态势。并且所有环节均以一线教师为主体，从一线教师的需求出发，让一线教师在实践中探索、交流、碰撞，让一线教师在研训活动中不知不觉地成长。

二、何谓课程知识建构

从历史溯源的角度回顾课程知识观带给我国教育实践的经验，可以帮助反思新课程背景下课程知识的建构形态。

传统的课程知识观建立在知识论哲学的基础之上，而知识论哲学以实体性思维来理解知识，将知识看作概念、命题、理论等抽象的符号或表象，认为知识学习的过程就是掌握知识符号及其内在逻辑的过程。在知识论哲学的影响之下，传统的课程实践表现出鲜明的机械论色彩，这与新课程理念以及当前所倡导的核心素养的内涵与价值追求完全背道而驰。此外，传统知识观认为，知识不仅是普适的、客观的，而且是确定性的，通过概念分析和逻辑推理寻找确定性知识就成为知识论哲学的主要任务。受此影响，课程设计往往给学生呈现标准化的、结论性的知识，忽视知识发展中的争论与不确定性。这种标准化课程虽然有利于知识传递，却不利于学生思考能力和首创精神的培养。

面对新课程改革的深入推进和核心素养教育的时代诉求，传统课程知识观已经处在深刻的危机与亟需变革之中。传统课程知识观的根本问题就在于将知识视作表象或符号，忽视了知识与实践的内在联系，而在实践哲学的视野中，知识不再是抽象的表象或符号，而是蕴含着语境性、历史性与具身性的鲜活的人类文化实践。知识的历史生成性强调知识的发展不是事实与理论的机械堆积，而是传统与创新的演进与交替，是充满无尽的旺盛生命力和鲜活时代气息的生成。这同时促使我们重新认识课程的本质：课程不是静态的、机械的，而是动态的、变革的、创新的。如数学中数的概念的发展（从自然数到负数、有理数、无理数乃至虚数等），不是像传统教材那样理解为从简单到复杂的逻辑演绎，而是应该理解为不断突破与创新的过程。换言之，数学课程应该突出数学的创造本质。这种动态的课程观有利于增进学生的变革意识，并契合了核心素养教育对首创精神和批判性思考的重视。[1]

总的来说，课程知识有不同的含义，社会建构也有不同的理解。当前学界关于

[1] 苏鸿. 课程知识的实践意蕴与核心素养教育 [J]. 课程. 教材. 教法，2017，37（05）：52-58.

课程知识的理解，立足于不同视角，展现出多样不同的状态。从较为广阔的社会学视角来看，课程知识是人类思想发展进程中积淀起来的文化经验，按其在社会进化史上的时序加以浓缩和排列而形成的、具有复演人类理智演进历程的文化递质，它渗透着时代主流的文化信念，是实在反映与社会建构相整合的、具有特定社会功能定向的文化材料，社会—文化语境、人类世界、功能区分是课程知识的“三元成分”。[1] 实践中课程知识的文本化形态包括若干课程文件，如课程标准、课程方案、课程计划等，以及课程知识载体，如教材和教学指导书等，本研究中的课程知识建构是指依托主题教研活动的开展，实现区域、学校内的课程互动与动态发展，主要聚焦课程标准、教材及课程建设。

第二节 “研训融合式”主题教研的特征

“研训融合式”主题教研是在新课程理念下，将教研、科研、培训融为一体的实践模式。它把课堂教学活动、教师教学研究、共同体研讨、主题式培训等方面看成一个整体，协调发展。这一模式优化了各类教育资源，彻底打破三者条块分割的壁垒，以提高中小学教师教育教学理论水平、教学技能和科研能力为切入点，使理论与实践有机结合，极大提高了教学研究和教师培训的针对性和实践性。“研训融合式”主题教研模式具有以下四大特点。

一、内容聚焦，目标明确

“研训融合式”主题教研模式在目标导向上指向于课程知识的建构，在内容上则高度聚焦于以下三个维度：①聚焦课程标准，推进基于课程标准的教学；②共话教材使用，助力教师能力提升；③关注课程建设，助推区域学校课程发展。

课程标准是国家对基础教育课程的基本规范和要求，是教材编写、教学、评估和考试命题的依据，也是教师进行课堂教学最重要的参考。新课程背景下的一个关键问题便是课程实施如何基于课程标准，新课程最终要靠课堂教学来实现，但没有基于标准的课程设计，没有课堂教学的改进，也就没有真正的新课程。因此，我们聚焦于课程标准的“立”与“施”，开展教学研究，试图在区域层面推进基于课程

[1] 李殿森. 论课程知识的社会建构 [D]. 重庆：西南大学，2006.

标准的教学。

教材与教师是课程改革中关系密切的伙伴，任何课程改革新理念最终总要反映在教材中，才能与广大师生“零距离”接触。但反映到教材中的课程理念是否能被教师内化成为自觉的教学行为，这就需要关注教师对教材的解读及使用，融入课程改革新理念的教材只有通过教师的解读和使用才能产生实际效用。因此，我们聚焦于教师对新教材的解读与使用，力图提高教师的教材解读水平和使用能力。

学校课程建设是一项漫长而复杂的过程，但它绝不是学校的个别行为，而是区域与学校全体共同参与的整体行动。同时，在三级课程体系下，尤其是在“教师即课程”理念的引领下，教师在参与课程开发和课程实施方面发挥着重要作用。因此，我们投身于学校课程建设的教学研究，力图在区域层面实现学校课程的整体推进。

二、三位一体，形式多样

作为将教研、科研、培训三者紧密融合的实践模式，“研训融合式”主题教研克服了研训分离带来的种种弊端，实现了教—研—训三位一体的深度融合。从内容看，“研”指教育教学研究、教育科学研究、教师培训机制与培训内容研究等活动，重在以实证科研的方式解决现实教学中存在的疑难问题，是以问题解决为指向的。“训”是根据教育发展的现实和未来，遵循在职教师成长规律，有目的、有计划、有组织地促进受训教师业务素质提高的活动，是以教师专业发展为指向的。

在“研训融合式”主题教研活动的开展中，活动形式是多样性的，既有一般性的专家引领、经验交流、听课说课评课等方式，也会根据活动主题和参与对象的不同而灵活应用新方式。在解决实际问题的过程中，有时需要有高水平的引导，相应的就有专题讲座、课程培训等方式；有时需要同事之间的合作互助，相应的就有研讨交流、学术沙龙等方式；有时需要进一步的研究和反思，相应的就有小组攻关、课题攻关等方式；有时需要借鉴他人的成功经验，相应的就有观摩研讨、教学评比等方式；有时需要将结论付诸实践，相应的就有实践生成方式。

值得注意的是，不论采取何种形式，“研训融合式”主题教研都注重发挥教研员的组织引领作用。教研员作为区域内“具有行政职衔的优秀教师”，既能够在理论上上得去，又能够在行动上下得来，充分利用他们教育理论研究的优势，积极构建与教师间专业引领、经验分享、平等合作、共同成长的关系，主动交流分享教学研究的创新经验成果，更好地服务于课程改革，带动教师的专业发展。

三、成果转化，资源共享

“研训融合式”主题教研模式强调研中训、训中研，以科研带教研、以教研促培训，倡导在教研活动过程中进行教师培训，同时提炼、总结教研成果，将其转化为教师培训资源，实现区域和学校的资源共享，进而缩小教育差距，助力教育公平进程。

研修活动的课程化实施是实现上述目标的重要途径，在本模式的具体操作中，既可以围绕区域研究项目，也可围绕学校的课程项目，依据教育实际，找准关键问题，进行研修活动课程的科学设计与实施修正。在教研实践中所遇到的问题，经过加工提炼形成课题，组建课题组进行专题研究，结合定期的教研活动开展研究和交流讨论，在教育专家和教研员的专业引领下，使其转化为相应的科研成果。然后将科研成果进行再加工，形成教师教育的课程和资源，开展全面培训，既推广了科研成果，又帮助学校和教师解决实际教育教学问题，也推动了教学研究工作的开展。

此外，由于资源配置分布的不均衡，部分薄弱学校的课程基础和教师资源仍处于弱势。为了实现区域整体发展的目标，“研训融合式”主题教研模式注重区域内的交流与合作，通过资源共享，以强带弱，以点带面，实现共同进步。同时借助相关培训部门的力量，及时总结培训过程中的经验，及时将先进经验和发展动态进行整理，向外界公布和推广，从而进一步调动学校和教师培训工作的积极性，达到有效资源交流与共享的效果。

四、面向教师需求，立足教育实践

当今世界，各国皆重视教育对社会发展的作用，并不断进行教育改革。而各种教育改革的新理念终归是需要教师来落实的，教育理念再好，教师若无法付诸实际，教育改革就无法成功。在课程改革的过程中教师的重要性得到了普遍认可，课程改革的关键在于教师，在于教师的专业水平和能力。伴随着新课程的推进，新的课程理念、课程标准、课程评价观和教材等都对教师提出了更高的要求，教师在教学实践中产生了复杂多样的问题，比如：如何发挥课程标准的指导作用，使课程标准在课堂教学中得以落地？在新教材普遍推行的情况下，教师如何正确解读和使用新教材？在学校课程的建设发展中，教师如何发挥主体作用？这些问题源于实践，也需要在实践中予以解决。

“研训融合式”主题教研模式从教师的实际需求出发，根据课程教学改革、教育管理和科研工作中的热点和难点问题，确定主题内容。其立足于教师的教育教学实践，“研”的重点是教育教学中存在的实际问题和基于问题的理性思考，“训”的重点是指导教师把握新课程和提升专业化发展水平的理论、策略与方法等。因此，它既能将先进的教育理念转化为教师的行为，又能把教师在实践中感知的新方法提升到具有普遍指导意义的理性认识层面。

主题教研活动的成效保障，首先需要的是供求对路，研训的内容必须是广大教师教学实践中需要的，这是开展有效教学研究和教师培训的前提。“研训融合式”主题教研模式紧紧围绕教师的实际状况和发展需要，重视教师已有的实践经验和现存缺陷，内容既可以是课程教法方面的，又可以是教育观念方面的，还可以是教育教学技能方面的，在实际活动中根据教师的实际需求而灵活选用。其通过问卷调查、访谈交流等形式了解参训教师的培训需求，从而确定多数教师所认同的培训主题；通过部分学员的主体参与，共同制订详细的培训方案，设计具体可行的研训内容，使得研训更具有针对性。

第三节　“研训融合式”主题教研的实践形态

在主题教研规程的区域实践探索中，上海市宝山区依托“研训融合式”主题教研活动的开展，实现区域、学校内的课程互动与动态发展，在内容上始终聚焦于三维度，即：聚焦课程标准，推进基于课程标准的教学；共话教材使用，助力教师能力提升；关注课程建设，助推区域学校课程发展。本节将围绕“研训融合式”主题教研模式的四个关键环节“背景剖析与教师需求分析、主题拟定与研训方案设计、合作研究与实践落地、成果转化与反思分享”依次展开，分别介绍“研训融合式”主题教研规程在上述三个维度下的基本实践样态。

一、背景剖析与教师需求分析

主题教研活动的内容主题必须参考政策、制度等时代背景，放眼于宏观的大环境中进行考察，如新课程改革的深入推进、核心素养培养的教育指向、新教材的普遍推行，这都给学校、教师带来了机遇与挑战，应该如何应对当前难题是最重要的时代要求。同时，其内容主题也要立足于学校和教师的教育教学实际。在这其中，教师的需求调查与分析至关重要。我们开展主题教研活动的第一步工作便是通过调研了解教师实际需求，搜集教师在教育教学实践中遇到的困惑、难题等，针对教师的需求与困难来确定研训的主题。重点解决教师在教学实践中的问题，使教师在不断提出问题、解决问题的过程中实现专业成长。在这一环节中，聚焦课程标准，推进基于课程标准的教学的重要背景体现为课程标准的导向作用；共话教材使用，助力教师能力提升则展现为新课程背景下的教师教材观分析；而关注课程建设，助推区域学校课程发展则必须关注课程资源的校本化特色。

（一）课程标准的导向作用

随着当前课程改革的深入推进，课程改革关注点已从国家层面、专家层面转向学校层面、教师层面和学生层面，课程话语也从理论、政策话语走向实践、应用话语，课程实施已成为课程改革的关键环节。课程标准是国家对基础教育课程的基本规范和要求，《基础教育课程改革纲要（试行）》明确指出："国家课程标准是教材编写、教学、评估和考试命题的依据，是国家管理和评价课程的基础。"

所谓课程标准，就是对学生在经过一段时间的学习后应该知道什么和能做什么的界定和表述，实际上反映了对学生学习结果的期望。课程标准是国家对基础教育课程的基本规范和要求，是中小学教材编写、教师开展教学、评估和考试命题等的重要依据。如何正确理解和把握课程标准的精神，在中小学教育中非常重要——尽管所选用的教材或所依托的课程资源有所不同，但从某种程度上说，教师进行课堂教学最根本的依据是各学科的课程标准。

作为体现基础教育基本要求的纲领性文件，课程标准充分体现了"以学生发展为本"的教育理念，主张使学生自主获取知识，并对知识与技能、过程与方法、情感态度价值观三维目标进行了整合，以学科核心素养的视角提出了学生学习的要求与希望。以语文课程为例，其强调以核心素养为本，推进语文课程深层次改革，充分发挥语文课程的育人功能。随着社会和教育事业的发展，语文课程更加强调以核心素养为本。要进一步改革语文课程的目标和内容，既要关注知识技能的外显功能，更要重视课程的隐性价值，还要关注语文课程在社会信息化过程中新的内涵变化；通过改革，让学生多经历、体验各类启示性、陶冶性的语文学习活动，逐渐实施多方面要素的综合与内化，养成现代社会所需要的思想品质、精神面貌和行为方式。[1] 如《普通高中语文课程标准（2017 版）》就规定了普通高中语文学科核心素养包括"语言建构与运用""思维发展与提升""审美鉴赏与创造""文化传承与

[1] 中华人民共和国教育部. 普通高中语文课程标准（2017 版）[S]. 北京：人民教育出版社，2018.

理解”四个方面，这也为新时期语文教学提供了方向与指引。

（二）新课程背景下的教师教材观

教材观是教师关于教学中相关教学素材的基本看法和观点，影响着教师对知识的处理、教学策略和教育评价模式的采纳，可以说是教育研究中的重要议题。教师具有什么样的教材观直接关系到课堂中教师的教和学生的学，直接影响到课程教材编写者的意图能否被教师理解和接受的问题，从长远来看关系到学生发展与人才培养。

自新课程改革以来，基础教育取得了广为瞩目的成就，教师作为教育过程的主要因素之一是课程改革的主体和中坚力量，尽管没有实证研究表明教师行为与其信念的关系，但通常情况之下教师的行为由其信念决定，教师对新课程的看法与观点支配着教师的教学行为，进而影响着课程改革的成败。教师的信念决定教师的认知、判断、观点和态度，是学科教学中的“幽灵”，影响教师教学成效的高低。而教师教材观作为教师信念的重要组成部分，是进行学科教学的基础。教材是课程的反映，教材观既影响教师对课程的理解，又影响教学实践和学生核心素养的培养。因此，理解教师的教材观对改进教师培养和教育实践都非常重要。

有学者通过实证研究，总结出教师教材观的三种类型：相对封闭型、中间型、相对开放型。具体说来，相对封闭型是指把教材看作教学的近乎唯一依据，强调教材是应付考试、获得确定知识的基础；中间型是把教材看作“宗”，课外拓展看作“影”，认为教材兼具考试与为生活服务等功能；相对开放型则把教材看作教学的“范例”“引子”，在教学中重视内容的拓展性与生成性以及方法的多样性。[1] 伴随着新课程实施的深入，教师的教材观也逐步获得关注。钟启泉认为，传统教材观将教材视为教学出发点，教学是“单向传输”过程，即“教教材”；而新课程将教材视为“桥梁或资源”，即“用教材教”。教学实践过程中，这一观点差异区分了新旧两种教材观。传统意义上将教材限定于概念、法则的观点是片面的，应倡导科学教材观，即教材并非死板的条框，新教材要反映“人文情怀”，成为引导儿童与智慧开展对话的一系列文化探究。[2]

新课程背景下，按课程标准编写的教材既是专家对新课程的解读，同时也为教师教和学生学提供资源和素材，教师对课程的理解往往需要依托教材这一载体来进

---

［1］ 陈柏华. 教师教材观的三种取向 [J]. 教育发展研究，2009，28（10）：74-78.

［2］ 钟启泉. 确立科学教材观：教材创新的根本课题 [J]. 教育发展研究，2007（12）：1-7.

行。因此，教师所持的教材观不仅是教师对教材文本性质方面的看法，更是我们了解教师对新课程理解的渠道。教师对待教材的观念反映了教师的课程观，作为课程改革的实施者和关键力量，教师对教材的理解直接影响实践中教师对教材的处理，进而影响课程改革的成败。

（三）课程资源的校本化特色

课程资源是指形成课程的要素来源和实施课程的必要而直接的条件，在学校课程发展中，课程资源的重要性日益显现。《基础教育课程改革纲要（试行）》中就明确提及："积极开发并合理利用校内外各种课程资源。学校应充分发挥图书馆、实验室、专用教室及各类教学设施和实践基地的作用；广泛利用校外的图书馆、博物馆、展览馆、科技馆、工厂、农村、部队和科研院所等各种社会资源以及丰富的自然资源；积极利用并开发信息化课程资源。"而伴随着我国基础教育课程改革的深入推进，课程资源的丰富性和适切性在一定程度上决定着学校课程发展的高度和水平。

课程资源的广泛性特征决定了在不同的文化背景下，人们的价值观念、风俗习惯、宗教信仰等各有差异，相应的课程资源也各具特色；不同的学校性质、办学宗旨、历史传统、教师素质，乃至学校所处的地理环境也使得可供开发与利用的课程资源千差万别。上述特点凸显了课程资源的区域和校本化特色，如同校本课程的特点是体现学校特色与区域特色一样，课程资源的校本化打造也是为学校形象的特色化服务的。叶澜主编的《课程改革与课程评价》中指出："校本课程的实施应尽可能利用和开发现有的校内外教育资源，发扬学校的传统，结合当地的自然和社会条件进行。每一个地方、每一个社区都有自己独特的自然和社会资源，从这个意义上讲，每一所学校都有开发校本课程的优势条件资源。"这一观点也从另一侧面说明了课程资源的校本化特色。[1]

值得注意的是，课程资源的校本化并不等同于校内化，校本课程资源按照空间范围包括了校内课程资源与校外课程资源。校内课程资源是实现课程目标，促进学生全面发展最基本、最便利的资源，包括教师资源、学生资源、校内物质和文化资源等，中小学校本课程资源的开发先要着眼于校内课程资源。没有校内课程资源的充分开发，校外课程资源的开发就成为奢谈。而伴随着教育改革的进程，校外课程资源在学校课程发展中发挥的积极作用越来越明显，为学校教育注入了新的活力，

[1] 黄英姿. 校本课程资源的开发与管理［D］. 桂林：广西师范大学，2004.

主要体现为社区的文化、物质环境资源等。此外，所谓校本，突出的不是统一性、一致性，而是基于学校现实而展开的，是针对学校各自的特点、问题进行的。不管来自校内还是校外，只要是有利于达成学校课程目标的课程资源，都应该予以积极开发和利用。

二、主题拟定与研训方案设计

主题的深度与适切性在一定程度上决定着主题教研活动的成败，拟定主题的前提工作是发现并筛选问题，问题既可以来源于教育专家、教研员，也可以来源于参与教师。指导教师要在已有经验和广泛调研的基础上，根据参与对象的特点和教育教学实际，列出部分问题；在此过程中，参与教师要通过反思提供自己教学中凝结的思考与建议。其后，指导教师、教研员、教师根据已有问题，搜集相关资料，从中筛选出有价值的、能反映当前教育热点和难点的、大部分教师关注的问题，以此确定教研活动的主题，并在三者的共同参与和齐心协作下设计研训方案。在该环节的开展过程中，推进基于课程标准的教学必须关注课程标准理念下教研员与教师的角色与作用；新教材的解读与使用则要求重视新课程实施下的教师教材分析；而区域学校课程建设则关注教师在学校课程建设中的主体形象。

（一）课程标准理念下的教研员与教师

1. 课程标准理念下的教研员

自教研组织成立以来，各级教研系统对于保证中国基础教育的教学质量和提升教育水平发挥了举足轻重的作用，而教研员也成为推动我国基础教育发展的一支重要力量。近些年来，中国大陆学生连续在国际学生评估项目中获得优异成绩，国内外学者们一致认为这在很大程度上归功于中国特有的教研体系与教研员群体，它对于保证中国基础教育的质量，特别是在教育总体条件和经费投入包括师资队伍的学历水平等方面都与西方发达国家有所差距的情况下，发挥了不可替代的作用。

21 世纪以来，我国的基础教育进入了内涵式发展阶段。伴随着新一轮基础教育课程改革的实施，教研员在课程改革中发挥的引领、推动作用日益凸显。各级教研组织的职能定位逐步从长期以来的“以教学研究与指导为中心”转变为“以推进课程改革为重点”，此时的教研员既要承担国家政策自上而下落实的重任，又要带领中小学教师投入到课程改革的推进与建设当中。在这一过程中，教研员的职责越来越庞杂，角色定位也越来越模糊。在课程标准理念和新课程背景下，有必要对教研员的概念进行重新审视，赋予教研员新的内涵。有研究者指出在新课程改革背景下，教研员被寄希望于承担起教学研究、课题研究和教师研修这三大方面的工作，实现“教、研、修”三者合一。在这一过程中，教研员扮演了示范、组织、指导、支持、领导等角色。也有学者从课程管理制度转型的视角出发，认为在新课程、新课标背景下，教研员的角色定位是专业的课程领导者，具体体现为：政策执行者、课程设计者、发展服务者、专业指导者、质量促进者。并从三个维度探讨了教研工作转型，即：从执行教学政策走向发展地方课程政策，从研究学科教学走向研究课程发展，从实施“以考代管”走向研究质量监测。[1]

结合信息时代和全球化的背景，基础教育的要求也在发生着变革，教研员工作需要面对的问题也变得更加复杂化，在推进教师专业发展和学生开展素质教育及核心素养培育的过程中，教研员更需要与时俱进，不断提升自身能力，适应改革需要，因此教研员如何转型和如何发展变得至关重要。其中，这既需要教研员自身的专业学习与提高，也有赖于与教师群体的通力合作。当前，我国大多数教研员是由优秀教师发展而来，因此，二者关系密切，是值得信赖的合作伙伴。上海市宝山区通过搭建教研员与教师专业学习共同体，以主题教研的方式，在教育专家的指导下开展教、学、研，在解教研员与教师真实之困惑的同时，推动二者的共同发展。

2. 课程标准理念下的教师

教师是教育改革和教育实践的直接承担者，教师对新课程的所思所为，远比课程的文本更为丰富、形象、具体和复杂，这充分反映了课程与教师之间的互动。并且教师在课程改革中的作用具有双重性，如果能够主动转变角色定位，不断提高与学习，则会发挥积极的促进作用，反之，则具有消极的抵制作用。

我国课程标准首先是在信息化社会、知识经济的大背景下，伴随着经济、社会、科技和教育的发展而逐步发展、渐次形成的；其次，它是在对我国的基础教育状况以及社会进步和科技发展的实际情况逐步深入了解的过程中产生的。正因为如此，新课程标准的基本理念、课程目标、内容标准和课程实施建议比较明确地回答了学校课程要改革什么、提倡什么和需要什么的问题。而广大教师是学校课程的“代言人”，他们在教育第一线兢兢业业地工作着，为我国的基础教育做出了重要的贡献，也必将在新课程标准的实施中发挥其独到的作用。新课程标准的基本理念强烈地冲击着一线教师传统的角色形象及其自身素质：教育理念不够先进，知识结构

[1] 崔允漷. 论教研室的定位与教研员的专业发展 [J]. 上海教育科研，2009（08）：4-8.

比较单一，学科水平总体不太高，现代教育技术应用水平不够高……这样的现状很难适应新课程标准的实施，其主要原因之一是来自于在传统课程体系下教师的角色定位于知识的传授者、学生的管理者、学生成绩的评定者和课程的执行者上。因此，在实施新课程标准下需要重新定位教师的角色，广大教师不应只是习题“研究者”和考试“指导者”，而是拥有先进教育理念、懂得现代教育技术、善于学习善于合作的探究者。[1]

在课程标准理念和基于标准的课程改革中，立足于不同视角，教师的角色定位呈现出多样性。从教师和学生的关系看，教师是学生学习的组织者、指导者、参与者，是学生学习能力和学科素养的培养者；从教学与研究的关系看，教师是教育教学研究者、教学反思的实践者；从课程与教学的关系看，教师是课程的建设者和开发者；而从学校与社区的关系看，教师是社区型的开放式教师。对于新课程标准的顺利实施而言，教师在其中扮演了极其重要的角色，他们对于新课标的准确理解和把握，是新课标得以成功实施的基础。顺利实施新课程标准，推进新课程改革，要求广大教师不再是埋头苦干的教书匠，课堂教学也不再像是手工业一样的经验型生产方式，而应该更具有科学性、更具有理性。教师应该具备变革的精神、态度和勇气，其作为课程标准的重要实施者，应该主动去落实新课标的要求，准确把握学生学习方式的基本特征，把新课程体现的教育理念与教学实践整合起来，遵循学科教育规律和学生学习规律，通过创造性的教学设计和个性化的教学实践来促进学生学会学习，教师将随着新课程所提倡的教师角色的改变，而重新定位自己的角色，实现自身的专业发展与提升，在新的高度上实现新课程理念与教学实践的整合。

（二）新课程实施下的教师教材分析

伴随着基础教育课程改革的进程，基础教育领域的教材政策和教材编写也与时俱进得以改进，从“一纲多本”到统编教材，教材的不断变化，对教师教材分析能力的要求也不断提高。教材价值的高低不单单取决于自身的质量水平，更依赖于教师的教材分析能力和课程实施水平。新课程实施导向下的教材分析必须遵循基于教材的基本属性，兼顾基础性和创造性，科学价值与人文价值并重，进而体现良好的育人功能和社会功能等基本原则。

教材作为课程改革的一个重要领域，基于课标编写的教材在编写体系、内容组织形式等方面发生了很大变化。作为课程的主要载体，教材在教师教学的整个过程

[1] 梁丽霞. 实施课程标准下的中学数学教师角色定位研究［D］. 呼和浩特：内蒙古师范大学，2007.

中发挥了关键的作用，教师对教材的分析理解很大程度上决定着教学质量。一方面，教材是教师备课讲课最主要的参考依据，教师讲授的知识内容、教学顺序、练习题的选取等都会遵循教材的安排；另一方面，教材也是学生学习新知识的重要资源，是学生进行课前预习、课后复习的主要材料，不仅向学生展示和传授知识，而且在培养学生素养能力方面也发挥着一定作用。新课程背景下的教材既服务于教师的教，也服务于学生的学，在教学活动中处于最为突出的位置。[1]

由于教材的重要性，教师对于教材的分析自然是重中之重。在精通教材的基础上，教师应对教材从整体上做详尽的分析，理解教材的特点，分析教材的内涵，把握教材的重点、难点和关键处，理清教材的知识点，从而为组织好教材奠定扎实的基础。教师对于教材的分析，首要重点是理解教材的特点，这能使教师明确教材的教育功能和教学目标，认清教育改革方向，体会教材的编写思路和特色，了解教材的结构体系，在教学实践活动中贯彻新的教学理念、高效开展教学。其次是分析教材的内涵，教师对教材内容不仅要知其然，而且要知其所以然，达到理解透彻，融会贯通，内化为自己的知识，真正做到“使其言皆若出于吾之口，使其意皆若出于吾之心”。[2] 只有对教材理解深刻，才能挖掘教材精髓。教师是教学的组织者和引导者，只有做好教材分析，才能做到两个统一：①编写者与学习者的统一，编者的要求与学生的愿望有时不尽统一，需要教师协调二者的关系，围绕编者的意图，考虑学生特点，对教材进行合理取舍；②编者与教师的统一，编者的意图必须依靠教师在教学中得以体现，教师需根据编者的意图确定教学目标，设计教学程序，力求最充分发挥教材的育人价值。

（三）学校课程建设中的教师形象

1. 学校课程建设中的教师主体角色

作为最重要的课程资源，教师在学校课程建设中发挥着重要作用，而学校课程发展反过来又推动着教师的专业成长，是教师专业化的重要途径之一。教师是学校课程建设的中坚力量，教师素质决定课程资源识别范围、开发与利用的程度以及发挥效益的水平，而资源意识和资源开发利用能力的提高也是教师专业化的重要助推力。

无论是学校自行开发的校本课程，还是国家课程和地方课程的校本化实施，都

---

[1] 岳阳. 初中数学教师教材分析能力现状的调查研究［D］. 沈阳：沈阳师范大学，2018.
[2] 郑宇醒. 教材分析与教案编写［M］. 宁波：宁波出版社，2002：20.

要充分考虑教师问题。在如何重视学生生活经验、如何因地制宜开发课程资源、如何充分利用现有资源，以及整合优化校内外资源进行课程建设等方面，教师的作用与贡献都不容忽视。学校课程建设实际就是为了实现学校教育理想，依靠学校成员和各界力量，在学校情境中围绕自身课程需求而进行规划、设计、实施、评价和改进学校课程的行动过程，而这都离不开教师的参与与付出。以教师为主体进行的学校课程建设在很大程度上解决了这样一个问题：别人开发打造的课程不能很好地适应学校的具体教育情境，教师不能很好地理解课程开发者的意图，因此不能很好地实现课程开发者的初衷。作为建设者的教师实施以教师为主体开发出来的课程，这就避免了开发者、实施者和评价者三者之间的分离。

同时，学校课程建设对教师的专业水平也提出了更高的要求，促使他们不断更新自己的观念和知识储备，积极寻求更多的资源支持，为校本课程的开展实施创造条件。因此，学校课程建设也为教师专业发展提供了广阔的舞台和良好的契机，教师对校本课程资源的开发、整合和利用的过程，也是他们专业水平不断提高的过程。具体来说，校本课程开发对教师的教学视野、教学技能起到了极大的促进作用，推动了教师的专业化发展。校本课程建设的任务，最终要落到学校的每一个教师身上，要依靠教师去具体推进，包括开发目标的确定、资源的选择、评价等，都要依赖教师，由教师提供意见，予以决策。这对教师的课程开发意识、能力、合作精神等都是极大的挑战。因此，学校课程发展有助于教师的专业成长，成为教师专业成长的一条有效途径。所以，区域和学校要促进教师转变过去课程被动接受者的角色，使他们成为学校课程开发的主体，帮助他们树立新的课程资源观以及充分认识校本课程开发的重要性，从而更好地促进自身专业水平的提高和学生的全面发展。

2.“教师即课程”

伴随着基础教育课程改革如火如荼地推进，教师的角色正发生巨大变化，教师扮演着学生学习的促进者、学生探究的合作者、学生发展的引导者、个性化教学的创新者、反思性实践者、研究者等多重角色。而“教师即课程”在新课程背景下已获得广泛认同，成为教育理论研究者和一线教师的共同呼唤。

历史溯源来看，杜威（John Dewey）最早认识到教师对课程的重要贡献。早在20世纪初，杜威以“儿童中心”为理论基础对教师的作用进行了重新分析与界定，认为教师是尚未开发的巨大的课程资源。但这一认识直到20世纪70年代才得以萌芽和体现，来自美国的施瓦布（J. J. Schwab）建立了“实践的课程范式”，在这一范式的视野内“教师即课程”，教师不再孤立于课程之外，而是课程的有机构成部分，是课程的主体和创造者。他主张教师与课程是内在统一的，教师的课程实践是实现课程价值、体现教育意义的基础。同期，在英国，斯坦豪斯（Lawrence Stenhouse）建立了新的课程开发模式——“过程模式”，并提出了“教师作为研究者”的口号。在斯坦豪斯看来，教学实际上是一个课程探究的实验过程，教师应建立起研究的意识，以研究者的身份介入到课程实施的过程中。“教师作为研究者”由此开创了课程开发研究中重视教师主体性的风气，也体现出了课程理论中研究重心不断下移的趋势。

在20世纪70年代中期开展的“概念重建运动”中，代表人物威廉·派纳（W. F. Pinar）抨击了传统主义课程范式中教师被动作为课程实施“工具”的倾向，他将课程概念重构为教师与学生活生生的个体体验。主张对课程文本，每位教师都有其自身的解读，并根据自己已有的经验与学生的了解，对课程的内容不断进行拓展与更新，最终转化为教师“自己的课程”。从这个意义上说，派纳的“个体履历课程”将教师从传统的非人性化教育中解放出来，从而教师的个人体验与课程融合在一起，教育也成为一种生成性、体验性的活动。从20世纪80年代开始，来自日本的佐藤学（Sato Manabu）提出了由“传递中心”课程转变为“对话中心”课程、由“技术熟练者”教师转变为“反思性实践者”教师的观点，从而对课程与教师的概念重建以及对课程与教师之间的权力、义务关系的重新定位做了深刻、充分的论述，产生了深远影响。[1]

“教师即课程”一方面显现为教师是课程的内在要素之一，是最重要的课程资源。其中，教师不仅作为重要的素材性课程资源渗透到课程活动中，同时还是影响课程实施广度与深度的人力资源。因此，教师还是一种条件性课程资源。事实上，优秀的教师就是优质的资源，他们对于课程建设和学生发展都具有重要价值。[2]此外，“教师即课程”另一方面显现为教师是课程的开发者和创造者，教师创生和发展课程。在这一理念下，课程不再是特定知识符号的载体，而是教师与学生共同探求新知的过程，教师不再孤立于课程之外，而是有机地构成课程。真正的课程是教师与学生联合创造的教育经验，是教师在与学生的互动情景过程中创生的课程。

---

[1] 叶秀丹. 教师即课程：价值与可能 [D]. 武汉：华中师范大学，2007.

[2] 陈丽华. 教师即课程：蕴涵与形式 [J]. 课程·教材·教法，2010，30 (06)：10-13.

三、合作研究与实践落地

这一环节包括了三个关键步骤。首先，指导教师和教研员要围绕主题组织理论学习和理论探讨，为解决筛选出的问题提供理论指导和操作规范，从而保证下一步学习的科学性。当然，为保证更全面、更准确地把握问题的实质，可以邀请教育专家、同行等进行现场指导。其次，指导教师可以把参训教师进行分组，组内教师围绕主题开展互动讨论和合作研究，指导教师的主要任务是激发教师参与和表达的积极性。各组学习成果要积极交流，各组派代表叙述、解释、整体评价合作研究成果，指导教师与参训教师共同总结、提炼、评价，展示讨论结果。最后，教师学习的效果必须在教学活动中进行实践。教师在实践活动中，对所学内容进行验证，运用所学所感解决教学过程中发现的新问题。在本环节中，课程标准维度的研究实践体现为课程标准的实践落实；教材维度展现为教师对教材资源的统整与使用；课程建设维度则体现为对校本课程资源开发与利用的关注。

（一）课程标准的实践落实

纵观各学科课程标准，不难发现，课程标准进一步突出了对于学生核心素养培养的重视。在这样的背景下，“如何转变教师的教育教学观念，培养学生终身受用的学科核心素养，进而转化为附着在学生身上能够带得走的必备品格与关键能力”便成为课程改革深入推进所要解决的重要课题之一。回顾美国所推行的基于课程标准的教育改革的基本思路是通过课程标准来规定学生要掌握的知识与技能目标，然后通过相应的师资培训和专业发展、考试和评价、绩效责改、课程改革等，影响教师的课题教学实践和学生的学习方式，从而达到或超过课程标准的要求，并最终实现学业优异和教育平等的目标。[1] 可见，从课程标准转化为教学实践，其间要经过许多中间环节，而广大教师无疑对教学实践改革有着最直接的影响作用。

课程标准是一个课程目标、内容标准体系，它仅仅是在学习目标、内容范畴上向学生提出了适当的要求，并没有限制教师采用什么具体内容、方法进行课程的实施、评价，这就给教师、学生带来了更大的自由和选择，这是“赋权”。但选择既是一种权利，也是一种权力，更是一种能力，没有知识、智慧、能力保障的选择，只会使我们的课程实践更加混乱。诚然，课程标准在教学上给教师留有自由的空

[1] 陈霞. 基于课程标准的教育改革——美国的行动与启示 [D]. 上海：华东师范大学，2004.

间，但这也是困难和挑战，这一空间需要教师自主的专业发展来填补。[1] 而且新课程实施中的一个核心问题便是课程实施如何基于课程标准，新课程最终要靠课堂教学来实现，但没有基于标准的课程设计，没有课堂教学的改进，也就没有真正的新课程，这无疑对教师提出了更高要求。

但归根到底，落实课程标准是教师个体化的过程，教师如何将“国家政策性”课程标准转化为“学校实践性”的课程并有效地落实于课堂教学，一直是课程教学领域的重要话题。不同的教师由于其理念、能力的不同，对课程标准有着不同的解读，因而其课堂教学也呈现千差万别的面貌。因此，为了加强课程标准的指导作用，更好地将课程标准落实于课堂教学中，区域层面亟需开展针对教师的课程标准专业解读，为教师搭建“支架”提供指导与帮助，助推基于标准的教学实践落地。

（二）统整教材资源，共话教材使用

狭义的教材观将教材等同于教科书，但新课程背景下的教材观是指教师教学所用的各种教学材料，包括教学活动中所运用的一切素材和手段。新课程理念要求教师不能就教材教教材，而要把教材充分地利用好，使其成为提升学生综合素养的重要载体。这就需要教师有一双慧眼，善于整合潜藏在教材中的精华、典范，并从多角度延伸，以开发学生的思维能力、培养学生的能力素养。在课程标准的导向作用下，教材在教师的教学活动中也有必要进行“基于课程标准的教学”的完善与改造。同时，伴随着时代发展与社会进步，信息来源渠道极为广泛，立足于教材又不完全拘泥于教材的教学活动本身就是应对时代变革的必然选择。选择哪些教材资源进行教学，或许并不是一个具有统一性的问题，问题的关键在于能否围绕课程标准所设置的基本要求，通过教师对于各种教材资源的加工、整合，最终实现课程教学的有效性和达成培养学生的目标。[2]

随着课程教学改革的深入，尤其是教学方式的转变，研究性学习也逐渐受到重视并获得广泛认同。研究性学习强调学生通过搜集和整理资料与信息，探索和解决某些问题。在这一过程中，所运用的教材往往是不局限于教科书，而是涉及各类教材资源。同时，随着社会的进步发展，教材内容也会不断更新。因此，教师在实际教学中对教材资源的整合显得尤为必要。实践证明，教材资源的整合并不是教学内容的机械剪裁与拼接，而是教师基于课程标准的发展与创新。教材资源整合的核心

[1] 朱伟强. 基于标准的体育课程设计研究 [D]. 上海：华东师范大学，2007.
[2] 陈梦玲. 高中历史教材资源整合与利用研究 [D]. 南充：西华师范大学，2018.

是资源的优化配置，即教师有计划、有目的、科学地对各种类型的教材资源进行挖掘、合并、转移、重组后有效地运用到教学活动中，使之相互联系、相互渗透，实现教学效益最大化的过程。

新课程实施给教师的能力提出了更高的期望与要求，但诸多实证研究表明，在教学实践中仍普遍存在教师依赖教师用书，缺乏统整教材资源进行教学主动性的不足。而且有些教师在教学时完全按照教师用书的教学步骤进行教学，没有将课堂和学生这些变化度较大的因素结合起来，所以在进行教学时就显得特别僵硬，往往课堂效果也不佳。这就需要教师突破旧思想，摒弃传统“教教材”的旧观念，树立统整教材资源进行教学的新思想，灵活机动地整合利用教材资源，打破传统的思维模式，从深层次上认识教材资源并且合理地进行开发使用。特别是一些文本性的教材资源，这一类资源是教师和学生最为熟悉且平时接触最多的资源，所以教师在整合利用文本性教材资源时一定要注意提高深度，不能简单地从表面文字进行理解，要灵活运用教学手段多层次多角度地开发利用文本性的教材资源，使其能够真正成为学生所接受和掌握的知识。

（三）校本课程资源的开发与利用

校本课程资源开发就是指按照一定的价值准则，对潜在的校本课程资源进行选择、分类、整理、加工，将之纳入课程教学活动的过程。校本课程资源开发与利用是校本课程建设的重要组成部分，其直接目的在于更有效地达成课程目标，最终目的旨在推动学生的全面发展。校本课程资源的开发利用改变了传统的课程资源观，改变了课程开发者和教师对课程性质的看法。课程资源开始由课堂延伸到课外，由学校延伸到社区和当地，课程不再只是学科的总和，而是学科、儿童、生活、社会的有机整合。

课程资源的合理开发与有效利用是课程目标顺利实现的必要条件。没有课程资源的支撑，再好的课程理念也只能停留在理论层面上而不能进入中小学课堂教学，不能带来实际的效果。校本课程资源开发作为校本课程建设的重要组成部分，有助于改变埋没、闲置与浪费校本课程资源的现状，为校本课程的实施提供有力的支撑，更重要的是能有效地引导教师和学生真正从基于教科书的教与学走向基于资源的教与学，这对顺利达成课程目标和实现学生的全面发展具有重要的意义。

校本课程资源的开发和利用需要教育行政部门、校长、教师、学生、家长、社会团体机构和教育专家等的共同参与和通力配合，以保证质量和有效性，但由于种种原因，学校在开发与利用校本课程资源时遭遇诸多困境，存在诸多不足。比如：

在开发和利用过程中各方配合不力，开发出的课程缺乏区域和学校特色；在实施过程中由于教师能力不足或学生兴趣不足而举步维艰，难以获得持续更新与稳定发展。因此，各方必须以积极的态度，齐心协力，采取各种对策克服困难，走出困境。比如：学校要明确教育哲学，通过开发利用校本课程资源打造学校特色，同时加强与其他学校、高校、科研院所等的合作，取长补短；而教育行政部门和教育专家应成为合作者、参与者、分享者，提供必要的支持和帮助。

总的来说，开发利用校本课程资源是一个持续发展的动态过程，伴随着教育现代化发展和我国基础教育课程改革进程，校本课程资源的开发利用在推动课程结构科学性、凸显学校办学的特色化、尊重和满足师生的差异性，以及加强课程内容与现代社会、科技发展和学生生活相适应等方面都将发挥越来越大的作用。

四、成果转化与反思分享

“研训融合式”主题教研强调研训活动的课程化实施，将教学研究成果进行提炼总结，转化为教师教育和师资培训的课程、资源，积累经验，为后续的教师培训工作服务。此外，波斯纳（Posner）提出的教师成长公式认为：经验 + 反思 = 成长，即教师的成长和发展需要不断反思已获得的教学经验。“研训融合式”主题教研模式倡导教师有行为改进的全过程反思，反思贯通于教研活动的始终。同时，在研训过程中注重成功案例的积累，把成功经验进行推广，尤其是向薄弱学校和教师的传递与示范。建立区校两级学科中心组，建设团队，发挥以强带弱、以点带面的作用，实现资源共享。作为主题教研活动的收尾环节，主题教研规程的成果转化和反思分享体现为主题教研对基于课程标准的教学、对教师教材的解读与使用，以及对区域学校课程建设与发展的助力和推动。

（一）主题教研助推基于课程标准的教学

从历史溯源看，我国的课程实施或教学主要有三种类型：一是基于教师经验的课程实施，二是基于教科书的课程实施，三是基于课程标准的课程实施（教学）。在新课程理念日益深入人心的背景下，“依据课程标准开展教学”已成为人们的共识，但是在教学实践层面，课程标准与教学实施仍存在着“两张皮”的现象。其重要原因就在于对于课程标准的认识不清，导致课程标准与教学实践一致性的偏差。崔允漷教授曾指出，基于课程标准的教学具有三大特征，即：①教学目标源于课程标准；②评估设计先于教学设计；③指向学生学习结果的质量。[1] 基于课程标准

[1] 崔允漷．课程实施的新取向：基于课程标准的教学 [J]．教育研究，2009（01）：74-79 + 110．

的教学不是要求所有教师教学标准化，也不是一种具体的教学方法，更不是像有些教师认为的“课程标准涉及的内容我就教，课程标准没有涉及的内容我就不教”。确切地说，基于课程标准的教学要求教师“像专家一样”整体地思考标准、教材、教学与评价的一致性，并在自己的专业权力范围内做出正确的课程决定。推进基于课程标准的教学，有助于教师更有效地开展自己的教学和指导学生的学习，有利于他们把知识、能力、思想方法整合起来进行课程教学，加深对学科本质、学科思想的理解，也便于他们根据学生的不同特点设计教学，并且最大限度地实现学生素养培养的连贯性和系统性。

伴随着课程改革的持续推进，作为学科教学的纲领性文件，课程标准为各学科教学指明了方向。以语文课程为例，新课程标准突出了语文学科的本质，即“语言文字是人类社会最重要的交际工具和信息载体，是人类文化的重要组成部分。工具性与人文性的统一，是语文课程的基本特点。”这实际是在某种程度上纠正了语文教育“唯工具论”的倾向，即视语文学习为交流、考试的工具。这就为中学语文教学提出了最高标准，让其可以健康发展。正如著名语言学家陆俭明所说：“语文教育一是给学生真、善、美的熏陶和教育，二是培养学生的文学素养，三是让学生掌握恰到好处的语文能力和知识。”新课程标准为中学语文教学规定了最低限度的要求。如，在文学阅读与写作学习任务群中，就这样规定：“引导学生阅读古今中外诗歌、散文、小说、剧本等不同体裁的优秀文学作品，使学生在感受形象、品味语言、体验情感的过程中提升文学欣赏能力，并尝试文学写作，撰写文学评论，借以提高审美鉴赏能力和表达交流能力。”这些具有普遍性的要求，有利于教师在自己的教学中明确如何才能守住底线，从而让学生在高中阶段可以完成最基本的学习任务。

但是，在课程标准的最高目标与最低目标之间，仍存在着相当大的空白区域，正是由于空白区域的存在，给一线教师造成了不少困惑。比如：如何在日常教学中达到语文学科所要求的工具性和人文性的统一，而不致顾此失彼？如何让教师发挥主观能动性，在教材之外选择其他合适的材料，以加强对学生语文学习的指导？如何在语文基础知识与传统文化的深层次理解之间搭建桥梁，帮助学生自主学习，更好地培养语文学科核心素养？……针对这些问题，上海市宝山区调动教师、教研员、高校专家等各方资源，搭建学习共同体平台，通过主题教研的方式，对课程标准进行研究、解读、操练，解教师之实际困惑，帮助教师推进基于标准的教学。

主题教研规程是以教育教学实践中真实发生的、富有共性的、源于教师困惑的问题为主题。其首要特征即是主题的针对性，教研活动的主题可以自上而下，源自全市全区的研究任务和要求；也可以自下而上，源自教师大量的课堂教学实践中产生的问题。无论自上而下还是自下而上，都强调要有鲜明的主题。主题是具有针对性的，针对需要、针对问题、针对教师的最近发展水平而确立的。在新课程、新课标背景下，如何使课程标准在课堂教学中落地，推进基于标准的教学，不管是在学术研究层面，还是在教育实践层面，都是关注度颇高的热点话题。上海市宝山区针对该主题，多方协作，共话课程理论与实践，开展了区域实践探索，并取得优异成效。

（二）主题教研助力教师教材解读与使用

教材在课程教学中占据着不可或缺的重要地位，教材作用的发挥主要取决于教师如何解读和使用。而教师使用教材作为教师课程实施中的重要组成部分，在当前课程与教学改革深化发展的背景下显得更为重要。教学不是直接的知识“传递—接受”过程，而是一个丰富、多元的知识解读过程，教材知识只构成了静态的教学内容，一系列的教材解读和使用才构成了动态的教学过程，形成了鲜活生动的课堂教学情景。在一定意义上说，没有对教材的解读就没有真正的教学。

教材与教师是课程改革中关系密切的伙伴。一方面，相较于教师教学观念的转变，教材能够相对快速、灵敏地反映课程改革的新理念，是课程改革相对容易着手的环节；另一方面，任何课程改革新理念最终总要反映在教材中，这样才能与广大师生“零距离”接触，从而发挥改革实效。无论是当前广泛使用的统编教材，还是在“一纲多本”背景下编写的一系列教材，目的之一就是通过教材，使教师可以更加深刻地了解课程改革的理念和课程标准的实质。但反映到教材中的课程理念是否能被教师内化成为自觉的教学行为，这就需要关注教师对教材的解读和使用，融入课程改革新理念的教材只有通过教师的解读和使用才能产生实际效用。[1]

2017 年，义务教育阶段的道德与法治、语文、历史三科统编教材开始在全国小学和初中的起始年级使用。并于 2019 年秋季开学，实现所有年级的全覆盖。而在普通高中阶段，思想政治、语文、历史三科统编教材也于 2019 年秋季在上海、北京、山东等六省市起始年级开始使用。新教材的推行使用给一线教师带来了不少困惑，如内容体量巨大与现实课时紧张之间的矛盾、精练化的教材语言使得授课深度增大、如何通过教师教学保证新教材理念得以落地等，给一线教师造成了颇大的

[1] 辛丽春. 论教师对教材文本的解读［D］. 曲阜：曲阜师范大学，2005.

压力与困扰。正是基于上述现实困境，上海市宝山区在主题教研规程设计的区域实践探索中，通过主题教研活动，围绕教师在教材解读与使用中的真实问题和困惑，邀请教研员、教育专家等共同探讨，在提高教师的教材解读水平和使用能力上取得了重要成果。

（三）主题教研助推区域学校课程建设与发展

自推行三级课程管理体制以来，地方、学校得以分享课程开发的自主权，学校课程建设逐渐成为促进基础教育课程改革与发展的重要途径。部分经济繁荣、教育发达的地区，正以超前的意识与创新精神，推进学校课程建设，在课程建设领域呈现出“千树万树梨花开”的局面。然而，在基础教育阶段，学校在师资水平、生源质量、校舍规模、经费投入等方面存在明显差异，校际之间的课程建设水平并不均衡，加之单凭学校有限的个体力量，难以超越课程理念难更新、课程资源难协调、制度建设不配套的现实难题。而区域教育行政部门掌握着辖区内的行政权力和教育资源，具有对学校课程建设的导向与引领、统筹与共享、规范与扶助的职能优势。因此，区域推进作为一种理念和方式方法，成为学校课程建设的现实诉求，学校课程建设的区域推进，继而成为学校教育特色化、多元化发展格局的重要依托。[1]

主题教研作为区域推进学校课程建设的有力抓手，主要有两大路径：一是在主题教研活动中直接探讨学校课程建设，二是通过发展教师来推动学校课程建设。一方面，学校课程建设是一项漫长而复杂的过程，也绝不是学校的个别行为，它是区域与学校共同参与的一项活动。学校课程建设的区域推进，不仅有利于基础教育改革的整体布局，有效整合教育资源，而且有利于解决教育一线实践者的现实困惑，实现教师的专业发展，促进学生的全面发展。因此，依托主题教研活动，确定区域学校建设相关主题，通过系列活动开展，进一步凝聚区域整体意思，加强合作共享，以实现学校课程建设的区域整体推进。另一方面，教师作为教育活动的重要参与者，在三级课程体系下，尤其是在“教师即课程”理念的引领下，在参与课程开发和课程实施方面发挥着重要作用。在新课程背景下，调动教师主体意思，参与学校课程建设显得十分重要，成为教育与课程改革实践中需要重点关注的领域。同时，积极养成和不断提高课程建设与发展能力成为教师职业生涯和专业发展所必须的。因此，依托主题教研活动的开展，通过培养教师来实现学校课程的开发与完善是学校课程建设的重要途径。

[1] 蔡其全．学校课程建设的区域推进［D］．济南：山东师范大学，2017．

区域教育主管部门作为学校的管理者、支持者，对区域内学校课程建设的积极推进，将成为学校完善课程建设、学生全面发展的有效帮手。上海市宝山区近年来一直十分关注学校课程建设的区域整体推进，在区域层面通过主题教研方式，凝心聚力，发挥各方力量，力图为学校课程建设助力，带动了区域内学校课程的整体发展。

第四节　指向课程知识建构，“研训融合式”主题教研活动的实践探索

案例一　“基于课标，关注过程，叙事见人”高中历史学科主题教研活动

一、背景剖析与教师需求分析

（一）背景分析

从教育管理层面而言，2014 年发布的《教育部关于全面深化课程改革落实立德树人根本任务的意见》中提出了要加快“核心素养体系”建设的目标要求。追溯官方层面有关核心素养这一概念的提及，最早出现于 2016 年 2 月，教育部公布了《中国学生发展核心素养（征求意见稿）》。2017 年颁布的《高中历史课程标准》正式提出了历史学科核心素养。从此，“核心素养”迅速成为了基础教育领域关注的热点。从这些文件中可以知道，核心素养被置于深化课程改革、落实立德树人目标的基础地位，成为下一步深化教育工作的“关键”因素和未来基础教育改革的灵魂。从课程目标来看，从“双基”到“三维目标”再到“核心素养”的转变，这体现了教育从教书到育人这一过程的不同阶段，反映的是随着时代发展，教育改革不断与时俱进、逐步深化的过程。

“核心素养”是学生在接受相应学段的教育过程中，逐步形成的适应终身发展和社会发展需要的必备品格和关键能力。[1] 核心素养不是先天遗传，而是经过后天教育习得的。中学教育中有关核心素养的落实，其最终的落脚点是学科。学科核心素养是本学科对学生发展核心素养所做出的贡献，集中表现在学科的能力上，包

[1] 尹后庆. 厘清“核心素养”，深化课程改革 [J]. 上海教育，2016（13）：9-11.

括学生掌握学科的特殊能力，学生学习学科活动中的智力活动及其有关智力和能力的成分，学生学习某个学科的学习能力、学习策略、学习方法。[1]

从历史学科课程目标而言，上海市从2005年起“史学方法论从最初的基于历史本体的理论认识，开始转化为在教学实践中可以操作的具体行为，并逐步渗透到课堂教学及其评价等课程的各个领域。课程改革的诸般理念，开始找到了一个落地实践的抓手”[2]。同时，《上海市中学历史学科教学基本要求（试验本）（2017版）》提出“运用唯物史观的立场、观点及方法观察和分析历史问题，是中学历史课程的核心能力。它主要包括史料的集证辩据能力和历史的诠释评价能力两大类”。其强调应高度重视课程目标，尤其是“过程与方法”目标的具体内容，“并在日常教学中有意识地、逐次递进地分步落实”；也就是不仅要使中学生达成课程的知识目标，还要在历史学习的过程目标中，加强其历史思维能力和学习方法的培养；也就是俗话所说的“授人以鱼不如授人以渔”。因此就历史学科课程目标而言，对学生能力的培养远比让学生记住史实与结论本身更重要，这才是历史教学中的重中之重。

从上海市历史教学的情况看，近年来市教研室历史学科开展的“从模仿到迁移：史学思想方法的内化”系列主题研讨活动，也一直强调中学历史教学中要突出史学方法，循序渐进地培养学生的学科素养。从区域层面而言，2017年上海市宝山区针对教育综合改革的新趋势，提出了新陶行知“教学做合一”课堂的教学改革要求，即开展在“教学做合一”思想指导下，教师与学生、教研员与教师的教学相长、相教相学的教学研究活动。如何理解“教学做合一”的新时代要求，如何将“教学相长，相教相学”落实到课堂教学改进中去，是每位基层教师需要积极思考的重要课题。

（二）面临问题与教师需求的调查分析

从教师发展角度而言，通过市、区两级视导与调研，发现上海市宝山区存在以下两方面的问题，也是教师面临的急切需求。

1. 校级教研缺乏实证意识和科学方法的支持：日常教研缺少高质量的教研指导，需要专业指导来推动；一部分校级教研组和备课组的教研方式比较传统，教研过程比较随意；支撑实证式教研的方法和手段较为缺乏，需要进一步学习和实践。

2. 校级课堂教学中存在一定的问题：课堂教学的内容主旨把握及具体的实施过

---

[1] 林崇德．对未来基础教育的几点思考［J］．课程·教材·教法，2016，36（03）：3-10．

[2] 於以传．顾后·瞻前［M］．上海：上海教育出版社，2014：44．

程显得不够精准，有关史学思想方法把握上有畸重畸轻的现象，对选材、设问、过渡、板书等教学环节中体现内容主旨、达成教学目标的意识和逻辑性不强，部分教师在学科本体性知识上存在一定的短板。

因此，在教育综合改革大背景下，如何落实历史学科核心素养，提高中学历史课堂教学的有效性，是当前摆在中学历史教师面前一个必须解决的课题。

二、主题拟定与研训方案设计

（一）活动思考与应对策略

1. 对主题教研活动的思考

基于上述“教改”新趋势和有关调研中发现的具体问题，针对教师专业发展的需求，以及对如何提高上海市宝山区历史学科教研水平的思考，围绕课堂教学这一教学中的核心环节，在开展培训、提供案例和评价工具的基础上，面向上海市宝山区高中全体教师打造了“关注核心素养，基于课程标准，优化课堂教学”的教研专题。由于教师的专业成长、课程标准的有效落实，课堂教学的优化等方面的转变不是一蹴而就的，这需要分阶段分内容逐步推进落实。因此针对本教研专题，围绕学科课堂教学这一核心环节，初步整体构想设计跨学年的系列教研活动。其中主要教研活动内容包括：

（1）课标研读——围绕《高中历史课程标准（2017 版）》开展主题培训与研讨；

（2）教学设计——基于课标的单元整体教学设计专项研讨；

（3）课例研讨——优化课堂教学的方法与路径研讨；

（4）集体备课——校级教研组基于课标的备课活动展示；

（5）命题技术——基于课标的作业设计与教学考试专项技能研讨。

其主题式系列教研活动主要流程如下：

课标研读 → 教学设计 → 课例研讨 → 集体备课 → 命题技术

（把握标准） （重视能力） （关注过程） （团队协作） （专业提升）

本次案例涉及的主要内容是系列活动中的内容之一：课例研讨。主要研讨问题包括：有关学科核心能力在《高中历史课程标准（2017 版）》《上海市高中历史学科教学基本要求（2017 版）》中的有关表述；有关史学思想和方法的部分理论问题；学科核心能力在教学设计中的分解与落实；学科核心能力在课堂教学中落实的方法与路径；校级学科教研组备课活动如何有效开展等。

2. 应对策略

(1) 基于证据的教学研究来指导教学，推进实证导向的学科教研。

(2) 基于主题教研规程为校级教研活动的有效开展提供示范。

(3) 以教师“示范、指导、点拨”和学生“接受、模仿、迁移”的教学活动方式来落实“教学做合一”的课堂教学实践。

(4) 运用已开发的相关教研活动评价工具，提高教研活动评价的有效性。

(5) 基于区学科网络平台，加强后续教研活动的互动性和资源的共享性；以本次教研活动为示范，继续推动校级教研活动有效开展和教师专业发展。

（二）主题拟定与方案设计

主要参与人员：区教研员、区中心组成员、活动校教研组组长、教师等。

主要步骤：明确主题，设计方案；策划活动，活动告知；磨合文本，课标解读。

1. 落实准备：本环节主要任务是在对教育背景和教师需求分析以及对主题教研活动针对性思考的基础上，拟定教研活动的主题为“基于课标，关注过程，叙事见人”；并在该主题下，选定授课内容，确定活动的时间、地点、授课班级等基本情况，设计活动方案；根据新版《高中历史学科基本要求》和本学期高中历史教学进度的实际情况，确定本次教研活动的时间与地点；内容上选定高一第三分册《早期的西学东渐》为本次教研活动的课例载体，高一学生为授课对象；围绕本次课例的教学设计与课堂实践开展教学研讨。

2. 发布通知：明确活动主题，并将活动相关内容与要求告知教师：通过区教研室发布活动通知，告知活动的时间、地点和活动主题；通过区高中历史学科 QQ 工作群平台，详细发布活动告知单（表 8-1），明确本次教研活动的主要内容和过程，以及提供的主要活动资料。

表 8-1　历史学科主题教研活动告知单模板

教研主题						主持人	
学科		参与者	高中教师	时间		地点	
活动过程安排							

（续表）

活动资料	

（三）活动目标与预期成果

1. 活动目标

通过本次主题教研活动，教师能够重视在教学设计中体现史学思想和方法，包括：在“内容主旨”“过程与方法目标”“板书设计”“作业布置”等环节中体现史学思想和方法；重视“叙史”方法，能运用原始史料，侧重评价的视野、视角、证据及逻辑的引导，同时能“叙史见人”，从课文内容中选取一个核心人物，以其“所见”“所闻”“所思”“所为”为教学基本线索；探索“学史重法”，落实学科能力中关于历史人物评价的基本方法和路径；关注学史过程中学生的“习得”过程，注重的不仅是教师的示范，更是学生的模仿与迁移。

通过本次主题教研活动，在一定程度上继续引导教师，将教学理念从以学科知识为主的应试教育向以培养学科核心素养为主的素质教育转变，提高课堂教学的有效性，促进教师的专业技能和素养的提升。

2. 期望成果

形成教学设计的典型示范案例；初步形成本次主题下，培养学生学科能力的基本方法和路径；形成本次主题教研活动的案例；针对本次主题教研的准备与实施过程，及时反思与梳理，提炼成功经验，进行成果转化，为后续活动提供可借鉴的实证依据。

三、合作研究与实践落地

（一）活动方式和基本流程

1. 活动方式

本次主题教研活动主要采用专题微报告、课例展示与初高中教师联动研讨的方式进行。

首先，区教研员作题为《落实核心素养，优化课堂教学设计的“点”与

"面"——关于〈上海市高中历史学科教学基本要求〉的解读》的微报告；随后区教研员展示《早期的西学东渐》的示范课；最后，围绕教研主题进行联动研讨。

2. 基本流程

(1) 活动准备：落实准备→发布通知

(2) 活动实施：

教师适当分组，通过学习单，明确本次主题教研活动的目标与需要完成的任务。
在组长引导下，教师使用学习单记录，澄清一般问题，梳理与聚焦核心问题，提前思考教研活动相关问题。
围绕活动主题和关键的核心问题，通过课堂教学观摩积极思考，把生成性感受和心得及时记录于学习单，为下一环节活动提供一手教研资料。
围绕教研主题，教师利用学习单参与交流观课体会；同时将活动中的共识性内容和个人新的认识与感受及时记录于学习单，为进一步反思提供依据。
教研员通过学习单，检测本次教研活动目标的达成度，综合反馈的信息为后续组织教研活动提供实证依据。

(3) 活动总结：资料汇集→反思提炼→成果转化

（二）实施环节和实践过程

在主题教研活动实践落地过程中，上海市宝山区的全体高中历史教师和部分初中骨干教师以及部分外区的历史教师围绕活动主题，依据主题教研规程，共同参与研讨。具体活动实施如下：

1. 目标与任务

在主题教研活动开始前，将本次教研活动主题告知参与教师，下发教研活动学习单（表8-2)，帮助教师了解活动背景和本次教研活动在主题式系列教研活动中的活动流程关系，明确本次教研活动的主要目标，布置本次活动的主要任务：①提出落实学科核心素养，优化课堂教学的主要困惑或者思考；②观摩一节实践课和相关微报告，填写学习单，参与讨论与交流；③根据本次教研活动的主题和实效，对本次主题教研活动进行评价和提出后续教学实践的思考。

表 8-2 历史学科主题教研活动学习单模板

时间		内容记录	备注
主题			
目标			
主要任务	1. 背景		
	2. 困惑		
	3. 观感		
	4. 收获		
	5. 启示		
	6. 期望		

2. 质疑与学习

将参与教师分成若干小组，每个小组中包含一到两名区级教学骨干，发挥教学骨干在教研活动中的组织和引领作用，把握研讨方向，提高教研活动有效性。

质疑：结合教学基本要求，围绕本次活动的目标和任务进行讨论，提出教师个人在教学实践中的主要问题和困惑，并记录于学习单。如：你在教学设计中的困惑有哪些？造成这些困惑的原因是什么？你对优化课堂教学有何经验和设想？

学习：教师以小组为单位进行讨论，由教学骨干厘清大家所提出的问题和困惑，解决一般问题；同时依据小组教师的记录单反馈和现场交流，梳理出与本次主题教研密切相关的、有研讨价值的问题，并提供给参与活动的教师共同研讨。教研员微讲座《落实核心素养，优化课堂教学设计的“点”与“面”》，主要针对《高中历史课程标准（2017 版）》进行解读，引导教师把握标准，回答共性问题，并提供优化课堂教学的一般方法与路径，便于教师对教研活动的内容观察和思考的聚焦。教师将学习心得体会记录于学习单。

3. 实践与观摩

实践：观课活动。教师集体观摩高一基础型课《早期的西学东渐》。组织者质疑与学习，为观摩教师提供优化课堂教学，落实学科核心能力等有关问题的实证依据。执教者根据教学内容，以历史人物利玛窦为叙事主线，设计了为何传教、为何来华、如何来华、如何传教、带来什么、只是西学东渐吗、利玛窦成功了吗等一系列设问。这一问题链将“早期的西学东渐”的时空背景以及反映出的文化差异和时代特征一气呵成地串联成一体。执教者再引导学生从图片、文献等史料中集证辩据，理解从文化视角分析历史人物及历史事件的重要影响和作用的基本方法；引导学生感受异质文化与本土文化的交流与融合是人类历史活动的重要内容之一，感悟开放与封闭对民族兴衰的意义。

观摩：教师基于课堂观察，将观课心得记录于学习单。教师围绕课堂教学设计，观察授课教师如何优化以及落实学科核心能力等有关问题；重点观察如何落实学科能力，以及基于“教学做合一”的学生“习得”过程，并记录在教研学习单上。

4. 交流与研讨

交流：由开课教师做教学设计意图说明与教学反思。

讨论：教师围绕课堂教学设计如何优化，以及落实学科核心素养等有关问题展开研讨。讨论的主要问题有：关于学科核心素养的基本依据是什么？本课重点要落实的学科核心能力是什么？如何在课堂教学中落实相关的学科核心能力？“叙事见人”的载体还有哪些？学生在“教学做”过程中“习得”的表现如何？等等。教师将讨论得出的主要方法与路径记录在教研学习单上。

5. 评价与分享

评价：活动总结。教师整理个人学习单的过程性记录，根据本次活动的主题和研讨后的共识，依据《教研活动质量评估表》（表 8-3）对本次教研活动实效进行评价反馈，梳理教研心得与启示，同时对后续活动提供意见和建议，为教研员组织与开展后续教研活动提供第一手的实证资料。

表 8-3　高中历史学科主题教研活动质量评估表模板

<table>
<tr><td rowspan="3">活动基本信息</td><td>评价时间</td><td></td><td>评价者信息</td></tr>
<tr><td>评价地点</td><td></td><td>姓名：</td></tr>
<tr><td>活动主题</td><td></td><td>单位：</td></tr>
<tr><td colspan="3">主题教研活动评价指标与量化值（分值）</td><td>评价分值</td></tr>
<tr><td rowspan="4">1. 背景和主题
（10）</td><td rowspan="2">教研背景</td><td>符合趋势（2）</td><td></td></tr>
<tr><td>教师发展（3）</td><td></td></tr>
<tr><td rowspan="2">教研主题</td><td>选题恰当（2）</td><td></td></tr>
<tr><td>主题明确（3）</td><td></td></tr>
<tr><td rowspan="4">2. 策略和思路
（10）</td><td rowspan="2">活动策略</td><td>针对需求（3）</td><td></td></tr>
<tr><td>借助规程（3）</td><td></td></tr>
<tr><td rowspan="2">活动思路</td><td>思路清晰（2）</td><td></td></tr>
<tr><td>可操作性（2）</td><td></td></tr>
</table>

（续表）

主题教研活动评价指标与量化值（分值）			评价分值
3. 流程和内容（40）	教研流程	过程有序（10）	
		环节可行（10）	
	活动内容	内容合理（10）	
		路径清晰（10）	
4. 评价和分享（20）	活动评价	解决问题（5）	
		启发借鉴（5）	
	资源共享	资源丰富（5）	
		平台共享（5）	
5. 总结和反思（20）	活动总结	专家引领（5）	
		团队协作（5）	
	启发借鉴	后续实践（5）	
		创新启示（5）	
评价分值合计		总分 100 分	
参加本次活动后的主要收获与问题（文字描述）：			
对后续教研活动的建议（文字描述）：			

分享：由专人收集本次活动的相关资料，并上传区高中历史学科 QQ 工作群平台，供后续学习与借鉴，深化本次主题教研。

（三）教研活动调控措施

在目标与任务环节，将出席教研活动的教师，进行适当分组，将上海市宝山区学科骨干教师分配到各小组，承担本组活动中的组织和引领作用，提高教研活动的实效。

在质疑与学习环节，在组长的引导下，积极思考本次教研的主题；组长及时回收并进行问题的梳理与归纳，解决教师关心的一般问题或困惑，梳理共性核心问题，并及时告知教研员，使教研活动能够聚焦主题。

在交流与研讨环节，教师积极使用学习单，将在观摩中的生成性反思感受整理后，围绕活动主题，聚焦核心内容，与其他教师积极交流讨论。

四、成果转化与反思分享

（一）继续推进本主题教研活动的思考

“关注核心素养，基于课程标准，优化课堂教学”是在新版《高中历史学科课程标准》推出的背景下提出的重要课题。其目的是推动上海市宝山区教师基于标准的教学设计意识的提升，使教师重视在教学中培养学生的学科核心素养，并探索落实学科素养、优化课堂教学的基本方法和路径。本次教研活动是系列活动之一，是教研工作整体中的重要环节，在后续的教研活动中还将继续细化深入推进。其基本设想是：

1. 在本次主题下以教师小组为单位，依据主题教研规程，开展集体教研，发挥教学团队和教学骨干的引领作用。

2. 集中研讨教学中的两个重要环节——板书设计与作业设计，以此形成有效的突破点，深化教研主题。

3. 关注教学评价，尤其是教学测试中的命题研讨，形成市教研室一直强调的“教考一致”，提升教师命题专业能力。

4. 最终更好地发掘历史课程“知真、求通、立德”的有效教学载体，提升学科育人价值内涵。

本次教研活动依据主题教研规程，以学习单为有效载体，教研活动取得较好的教研效果：教研主题清晰，教研目标明确；整个活动研讨热烈，教师参与的积极性高，学科团队成员发挥了骨干和引领的作用；教师对活动均给予很高的评价，教研活动对教师的教学起到了辐射与引领的作用；有效激发了教师对教学改革中一些问题的深入思考，形成了继续实践研究的意识。在后续的教研活动中，将借助主题教研规程，继续探索提高教研活动的有效性，落实学科核心素养、优化课堂教学的路径和方法，尝试在校级教研层面推广基于主题教研规程的教研活动，形成区级、校级教研的良好互动。

（二）主题教研活动成果总结转化与教学改进建议

1. 主题教研活动成果总结与转化

本次主题教研活动进一步加强了教师在教学设计中基于标准的意识，助推教师在基于课程标准的教学中进一步前进，积极关注学科核心素养，重视“过程与方法目标”的有效达成，突显“学史重法”的实践意义。并且认真提炼总结，将教研活动成果转化为相应课程、资源，在区域层面进行分享，通过成功案例的积累，把成功经验进行推广，尤其是向薄弱学校和教师的传递与示范，并在教师培训工作中予以展示运用，以带动区域教师专业发展与教学质量提升。

2. 教学改进建议

（1）建议教师对学科课程标准和基本要求深入学习研读。在优化课堂教学中，把握内容主旨，“叙史见人”，重视史料的精选，可以尝试运用“示范—模仿—迁移”的教学范式，优化课堂教学，提高教学的有效性。

（2）建议教师对板书与作业设计两个重要教学环节进行深入思考与实践研究，积极探索在这两个环节上落实学科核心素养的一些成功做法。引导教师在教学理念上从以学科知识为主的应试教育向以学科核心素养培养为主的转变，进一步提升教师的专业技能和素养。

（三）对本次主题教研活动的反思

1. 针对教研活动推进的反思

本次教研活动是基于主题教研规程的主题教研实践案例，要使这一专题研究对教学实践形成更好的引领和导向作用，还需要做好以下的后续工作：

（1）继续完善主题教研规程和学习单的设计，优化其操作性，提高教研活动的有效性；

（2）继续研究与完善教研活动的工具，对主题教研评估表中定量分析数据比重的调整，对定性项目的重新设计，继续开发针对课堂教学观察的新工具等；

（3）继续注重过程性资料的积累，在此基础上，力求将研究转化为科研成果，深化主题教研，发挥辐射和引领的作用；

（4）继续探索基于教研训深度融合的方法与路径。

2. 基于教师专业发展的反思

学科的发展依赖于教师不断的专业成长，限于区域范围内本学科的教研力量不足，缺乏更高力量引领的现实，在后续的教研活动中将采用“请进来、走出去”的策略。一方面邀请外区专家来上海市宝山区做专题讲座或报告，另一方面将有计划地开展跨区联动的教研，拓展教师的专业视野，积极学习吸收成功经验和做法，为教师的专业成长提供新平台。

课程标准是国家对基础教育课程的基本规范和要求，从某种程度上说，教师进行课堂教学最重要的依据就是各学科的课程标准，而《普通高中历史课程标准(2017)》中提出的历史学科核心素养则为教师教学提供了重要导向。教师如何实现基于课程标准的教学？如何在课堂教学中实现对学生历史学科核心素养的培养？这些问题都是在新课程标准背景下，教师的真实困惑与迫切需要解决的问题。本次主题教研活动立足对教师需求的调查分析，主题清晰、目标明确，是一次成功的区域实践探索。

通过“目标与任务—质疑与学习—实践与观摩—交流与研讨—评价与分享”五个关键环节，活动过程严谨高效，既有一线教师的全情投入与积极参与，也有教研骨干的组织引领；既有课程标准和学科核心素养的解读，也有课例研讨的动态实践。并且通过成果提炼总结与转化，可以将本次主题教研活动的成功经验迁移应用于区域内学校或其他区域，发挥辐射引领作用，在学校层面进行应用实践，进一步助推课程标准的落实与学科核心素养的落地。此外，教师的主体角色在本次主题教研活动中得以充分显现，教师在做中学、做中研、研中训、训中研，在教学研究的过程中完成了教师培训，既解决了实际困惑，也实现了教学能力的提升和教育理念的更新。

（原始资料由上海市宝山区教育学院唐向东老师提供）

案例二　以课例为载体的语文统编教材识字教学主题教研活动

长久以来，提升教育智慧，打造有效课堂，夯实学科实力是语文学科组不懈努力的目标。为了不断接近这一目标，我们一直在探索、实践。在上海市宝山区开展的主题教研规程区域实践探索的背景下，结合我校语文组的实际，我们围绕“基于起点、激活经验、发展能力”这一研究主题，开展了以课例为载体的语文统编教材识字教学主题教研活动，并在实践探索的道路上不断前行。

一、背景剖析与教师需求分析

（一）背景剖析

如今，语文统编教材正处于推进落实的发展阶段，虽然我们学科组内的教师大多为经验型教师，但在统编教材的教学实践上缺乏经验、亟待学习。而“课堂”便是教师们探索实践的最佳舞台，因此我们的主题教研活动就必须“源于课堂，根植课堂”，依托课例这一载体，教研与培训结合，行与思交织。

识字教学是低年级语文教学重点之一，在一年级统编教材的编排中，这一点尤为突出，“识字”几乎覆盖所有学习版块，它起到的是“文化的传承、思维的发展、兴趣的激发、能力的培养”等作用。新课标对识字写字教学建议部分提出“要贯彻多认少写的识字教学原则，讲究教学方法，以减轻学生负担”。简而言之，新课标更注重对学生多方面能力的培养，这就要求教师反复钻研教材，根据教学内容特点，基于学生认知起点，关注学生的个体差异和不同的学习需求，进行创新教学，发展学生的语文素养。

（二）教师需求分析和教研现状总结

在确定教研活动主题之前，必须先了解教师在低年级语文统编教材识字教学内容中的实际需求和目前语文学科组的教研现状。经过广泛的调查分析，教师们的现实困惑可归纳为以下几个问题：目前一年级学生识字的认知起点是什么？怎样的识字策略能帮助识字效率达到最大化？“以教人者教己”，教师在教学过程中如何不断改善自己的教学行为，优化识字教学的方法？而教学研究的过程正是教师们质疑、讨论、实践、评价、反思的过程，是教学相长的有效途径之一。为了使语文学科组的教研活动能基于教师们的发展需求，更具针对性、有效性，在对教师需求、困惑进行调查分析的基础上，我们还梳理了语文学科组的教研现状。总结如下：

1. 队伍发展不均衡，缺乏学科持续力

一直以来，教师们比较注重个人成长，教研组内已有 6 名区校两级骨干教师，如何发挥他们的辐射作用？如何充分发挥组内成熟型教师的经验，调动他们的教研积极性？对于青年教师，如何示范引领，触发他们的教学热情，逐步形成自己的教学风格？“独木不成林”，队伍发展的不均衡势必导致学科活力不够，缺乏持续力。

2. 识字教学轻语境，重点难点不突出

当前教师们的普遍共识是：教学时，我们需要分清四会字和两会字，从音形义三方面各有侧重地教，且做到结合语境，形式多样，把识字方法教给学生；对于两会字，没有必要每个字都拿出来面面俱到地学；而对于常用的关键字，我们则要舍得花时间，跟着课程标准走。

3. 教学内容多而全，设计目的不明确

教师们的教学设计求全求满，往往一堂课下来完成不了既定的教学任务，其实这也体现了教师的单元训练重点抓不准，教学目标不清晰，环节设计目的性不明确。也就是说，教师设计这个环节的目的是什么？打算通过什么方式来达到这个既定目标？要弄清楚这个环节的设计是为了解决什么问题，即目的一定要明确。例如“理解词语”，备课时必须想一想为什么要理解这个词语？它在文本中起到什么作用呢？

4. 学生主体地位弱，教师教学把太牢

这一点主要表现在课堂上以讲授式为主，教师总是忍不住要把每一个问题的答案都告诉学生。为改变这一现状，教师要根植“先学后教”的理念，一手抓教材一手抓学情，教在学生知识的空白处和认知的盲点上。通过教师的设计、启发、点拨，还学生一个自主独立的学习过程。

二、主题拟定与研训方案设计

（一）主题拟定与方案设计

教师们时常会反思，研究“主题”究竟是什么？教研活动难道仅仅是对一堂课进行打磨，使之成为所谓的好课？在整个磨课过程中，仅仅是上课教师的教学技能得到提高？答案显然不是。“课例”基于教师发展需求，如磁石般把所有组员吸纳进来，大家参与其间，人人行动，个个有获，团队实力长足进步。在每次活动进行之前，先以解决现阶段语文教学中急需解决的难点为目的确定主题、解读教材、设计教研学习单，然后进行课堂教学实践、课后教学评议，最后骨干引领、人人思考。

语文教学如何与学生的生活及他们原有的认知起点相联系？以统编教材一年级语文上册识字单元第 8 课《小书包》为课例，紧紧围绕“基于起点”“激活经验”“发展能力”三个关键词，关注课堂教学过程，研究教师如何充分了解班级学生原有的认知起点、识字基础、生活经验，选择的教学内容和教学目标制定是否适切，采用的教学策略是否能有效激活学生的认知经验、生活经验，引导学生多渠道识字。

教师们希望通过主题教研获得低年级识字教学上的有效策略，同时也希望经过一段时间的学习，学生能够掌握一定量的汉字、一定的识字方法，并把这些学习成果运用到生活中去，为后续的学习打下坚实的基础。面对统编教材的首次推行，教师同样缺乏经验与方法，学科组教师在教学中迫切需要指导与帮助，在教师原有的低年级识字教学策略与统编教材教学理念中找到共同点，继而有机整合，并在实践中摸索、开发、改进、积累，形成较为有效的识字教学策略。

（二）活动目标与预期成果

1. 活动目标

（1）通过活动，指导教师如何基于学生认知起点选择适切的教学内容，制定合理的教学目标。

（2）通过教学实践与反思，帮助教师进一步明确课堂中运用有效的教学策略以激活学生的认知经验和生活经验，语言实践活动的设计和合理精准的评价能发展学生的语文能力，积累识字教学有效策略。

（3）以课堂实践与骨干引领为抓手，切实提高校本研修质量，培育语文学科特色。

2. 预期成果

通过以课例为载体的主题教研活动，梳理总结统编教材低年级识字教学有效策略；摸索提炼利于学科长足发展的校本研修做法和经验并进行转化分享。

三、合作研究与实践落地

（一）活动方式和基本流程

1. 活动方式：集体备课、教学观摩、课例研讨。

2. 基本流程：

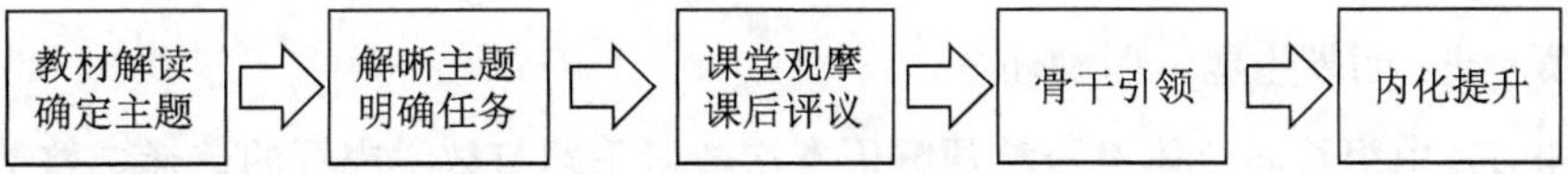

选定统编教材一年级语文上册识字单元第 8 课《小书包》第一课时为本次教研活动的研修课例，学科组成员分年级组解读教材，并依据教材特点、单元目标、学生实际等多方因素，确定了“基于起点、激活经验、发展能力——关于统编教材低年级语文识字单元的教学研究”教研主题，并进行了两次试教。正式上课之前，先由组长解析主题与教研学习单，明确活动任务。随后，教师们立足课堂观察点，带着思考走进课堂，观摩教学。课后，大家就教研学习单上的观察点，围绕主题进行评议。最后由骨干教师进行总结提炼，组内教师人人行动，思考本次教研的收获与启发，亦可提出改进建议。活动结束后，以年级组为单位，在教研组长的带领下做进一步消化吸收，并转化为教学行为，回到实践中去检验、深化、再次改进。

（二）主题教研活动实践过程

1. 人员分工与教研方案设计

（1）选定年级及执教老师，以执教老师和其所在年级组教师为主集体备课；其余年级组在组长带领下解读教材；学习《小学语文课程标准》《上海市一年级语文教学基本要求》，明确一年级识字单元核心目标，确立教研主题；反复试教研磨课堂，初步实践形成统编教材识字单元教学策略。

（2）基于执教老师及一年级备课组教师在备课过程中产生的关于识记教学上的困惑，设计本次主题教研活动方案。

在备课过程中，认真解读教材，充分学习统编教材的编写理念和特点、教学建议，基于学生的认知起点、识字基础、已有的生活经验等，运用联系学生生活经验，创设一个个小情境、小游戏等活动设计激活学生的认知经验、生活经验，拓宽学生的识字途径，掌握一定的识字方法，并指导学生将语文学习成果运用到生活中去，不断丰富自己的生活经验。同时，执教老师也提出了困惑：沪教版和统编版教材在识字教学上有何异同点？教师还可以设计怎样的语言实践活动帮助学生的学习充分展开？再如统编版教材编写很有特点，要写的所有字都有笔顺跟随、情境图的使用等，怎么样去用好课本，让它不仅是教师教学的依据，更是学生自学的凭借？为此，教研组进行了多次研课、试教活动，在实践中寻找答案，不断调整教学策略。

2. 课例研讨与展示交流

经过两轮的试教磨课，以课例研修为载体的主题教研活动正式开展。

第一步：明晰主题，明确任务。

课前，由组长向全体参与教师解析本次教研主题与教学内容的选择、教学目标的制定之间的关系，教师运用何种教学策略，设计何种语言实践活动帮助学生的学习充分展开。同时解读教研学习单，明确活动任务，选择教研学习单上的课堂观察点，带着问题走进课堂。

第二步：把握教材，观摩课堂。

之后，教师们立足自己选择的课堂观察点，带着思考观摩课堂教学。其间，可就观察点做观察记录，写下个人观感或提出改进建议。

第三步：课后评议，讨论交流。

课后，大家就教研学习单上的观察点，围绕观察视角和观察建议进行深入的解读与评议，同时给予授课教师宝贵的课堂教学建议。

表 8-4　教研学习单

学　校		任教年级	一年级	上课教师		执教文本	《小书包》
研究主题	基于起点　激活经验　发展能力——关于统编教材低年级语文识字单元的教学研究						
观察视角	观察建议			观察记录		个人观感	
基于起点	教师是否基于学生原有认知的起点选择适切的教学内容？制定合理的教学目标？						
激活经验	教师运用怎样的教学策略激活学生的经验（认知经验、生活经验）？学生的学习效果如何？						
发展能力	教师设计怎样的语言实践活动帮助学生的学习充分展开？ 学生学习过程中，教师是否根据学生的表现进行合理精准的评价？ 学生的语文识字能力是否得到有效发展？						
改进建议							
活动感想							

教师 A：今天的这堂课，教师充分基于学生已有的认知起点、识字基础、生活经验等，通过创设一个个小情境、小游戏进行语言实践活动，拓宽学生的识字途径，以达到掌握一定的识字方法这一教学目标。同时，教师正努力引导学生将语文学习成果运用到生活中去，不断丰富学生的生活经验。

教师 B：在识记生字这个版块，教师创设了“送学习用品回家”这个情境，在一边通过读词语复习已学生字，一边学写“尺”“刀”的同时，让学生初步了解如何给文具分类、如何整理书包，为第二课时中“我会自己整理书包”做铺垫。从课堂呈现来看，学生对这个情境的创设还是颇感兴趣的，学得比较有效。

教师 C：教师在联系生活实际设计语言实践活动上做得较好，激活学生已有认知经验，有效触发学生的识字能力。当然，还有一些是我们没有预见到的或是不足的地方。比如统编教材编写很有特点，新偏旁、新笔画的变红凸显，要写的所有字都有笔顺跟随，这些教材上现成的教学资源要用足用好。另外，统编教材提倡随文识字，在语境中识字，教师费尽心思创设情境，其实教材中就有情境图，既与文本契合，又贴近学生生活，所以教师应该充分利用好此类情境图，让教材真正为我们所用。

交流过程中，教师们或娓娓道来，或激情四射，或鞭辟入里。在与同行的碰撞中，教师们也渐渐明晰小学语文统编教材的新理念。

第四步：骨干引领，提炼分享。

在教师们热烈地研讨之后，学校语文学科教导金丽萍老师做了题为《基于起点 激活经验 发展能力——统编教材一年级语文识字解义教学案例与分析》的微讲座，分享了在整个磨课过程中及主题教研活动组织过程中的思考与总结。

第五步：深化实践，学科互通。

以评促教，教学相长。活动结束后，学科教导听取参加本次教研活动的其他学科骨干教师的反馈建议。另一方面，教师们回到年级组，在教研组长的带领下继续讨论，展开“后续式教研”。教师们结合本次教研活动带回的经验方法，引发的教研思考，反观自己的课堂，并在后续的课堂教学中实践运用。尤其是一年级教研组的教师们在金丽萍老师的课堂教学基础上，结合主题教研后的思考，对教案做进一步的调整打磨，并由组内青年教师吕卓敏老师再次进行课堂实践，并及时梳理总结相关教学经验。

3. 后续实践与评估总结

汇总教师的教研学习单，认真梳理教师们的改进建议和活动感想，结合教师在活动中的收获以及现场研讨的内容，做进一步的提炼、总结、分享，各年级组在组长带领下进行以课例为载体的教学实践研究，将所见所学所感运用于教学实践中。对于低年级语文统编教材识字教学策略总结如下：

1）基于认知起点，用好听记，夯实识字基础

“听记”是语文学习的一项基本能力，通过听觉器官，由对语言的注意、感受、思维、反应等一系列过程所构成的一种语文能力。如在整体感知环节让学生听课文录音，一边听一边思，知道儿歌中的宝贝有哪些。接下来的交流，既是对听记要求的检查反馈，又能训练学生的表达，同时引出生字的教学。另外，创设语言实践活动“听甜甜介绍作业本的作用”，也是在训练听的习惯的同时，记住一定的句式，让学生模仿表达。

2）联系生活经验，创设情境，激发识字兴趣

实践表明，联系学生的生活经验，拓宽学生的识字途径是一个行之有效的方法，主题教研活动中也在努力做这方面的尝试。课堂中，在整体感知上，认识了部分学习用品后，教师设计了带孩子们去超市的学习用品区逛逛这样一个环节。随着超市图片的出示，把孩子们带回了真实的生活中，孩子们的学习热情一下子就被调动起来，他们纷纷喊出这些用品的名字，再次巩固所学。学生在这些语言实践活动

中识字、学词、练习表达，识字能力、口头表达能力均得到了发展。

识字教学离不开复习巩固环节：帮学习用品找座位、和学习用品一起做操、和词语玩捉迷藏游戏等，把学生带入教师创设的一个个小情境、小游戏中，学生学习生字的劲头更足了，兴趣更浓厚了。

3）促进读识能力，规范书写，巩固识字成效

教师们都清楚地知道在语境中识字的重要性，可以在阅读儿歌时，将字词教学和朗读教学进行融合，整体提高学生识字能力。统编教材识字部分的编排很有特点：课后的识字条上，呈现了本课生字中出现的新偏旁，田字格的上方呈现了每个汉字的笔顺，田字格的左上角呈现了新出现的笔画，这样的安排充分提醒学生对新知识予以关注。课堂中，教师要有意识地引导学生读书用书，如：看看书上的笔顺图，红色部分的偏旁叫什么，看看田字格里字的笔画位置……期望在很多有意为之之下，学生的识字能力逐步提高。

写字习惯的养成更是不容忽视，可以借助写字评价表，让学生知道写字时书写笔顺要正确，关键笔画要到位，书写姿势要规范。同时还要加强示范，引导学生学会整体观察字的结构，明确部件、笔画等在田字格中的位置，掌握汉字的笔顺规则。学生练字时，教师更不能闲着，要多巡视、多观察、多鼓励、及时点拨，并给予较为精准的评价，以评促写。

为了高效地完成识字教学，我们要做到：准确把握识字目标，选用恰当的识字方法，提倡在语境中学习巩固运用，切实做好写字指导，并激励学生在生活中主动识字。

四、成果转化与反思分享

1．主要经验和成果转化

（1）以课例为载体，激发教研活力。教研活动的出发点和落脚点应在课堂内。教师们在教学中遇到的困惑，备课过程中的大胆设想等最终都要回归课堂，在实践中寻求解决的途径与方法。如此，我们的教研活动才能萌生出勃勃活力。

（2）搭建交流平台，锤炼教研实力。把基于教师需求的教研问题定为教研主题，能引起教师的共鸣和产生主动解决问题的心向，通过课后评议研讨，教师们齐聚一堂，围绕研究主题进行思维碰撞、观点交锋。交流话题大至文本的解读、教学内容的选择、教学框架的建构、有效教学策略的运用，小至课堂教师的投入度、表现欲、课堂积极的评价用语等，学科组的教研实力随之提高。

（3）骨干示范引路，助推专业成长。在学科建设过程中，骨干教师是教学实践的先行者，他们敢于创新，研究与解决问题的能力强，积累了丰富的教学经验，是团队成长的有力保障。骨干教师带头上引路课，带头经验分享，助推青年教师长成，充分发挥着引领辐射作用。

（4）教研成果转化，助力教师能力提升。教学研究的过程也是教师培训的过程，比起原有教师培训工作中教师的被动参与，此次主题教研活动充分调动教师主体性，教师通过研中训、训中研，实现能力提升。此外，将教研活动成果进行提炼总结，生成为相应的培训课程，为新教师和其他学科的教研和培训工作提供有效借鉴。

2. 反思分享

（1）关于“基于起点　激活经验　发展能力”这一研究主题，来自于教学实践，源于教学中存在的问题，它把教师们联结在一起，形成一股向前的拉力。但是本次课例只是代表了一种课型，聚焦在低年级的识字教学上。主题教研还将继续在阅读、口语交际等其他课型的研究中进行，有待于继续探寻不同的教学策略、评价方式。

（2）教师发展离不开专业引领，同伴互助。作为学科教导，在教研组内形成浓厚的教学研究氛围，要认真谋划好每一次的教研活动，调动每位教师教研的积极性，创设展示交流的平台。同时，可以邀请专家型教师参与主题教研活动，在聆听、探讨、模仿、创新等实践过程中，有效促进教师的专业发展。

（3）教研活动效益最大化。利用网络交流平台，引发教师的继续思考与交流。语文学科是学校众多学科中的一支，往往学科之间的交汇点即生长点，邀请其他学科的教师参与主题教研活动，互沟通、提建议、促提高。关起门来搞研究不如打开门来走出去，校际间的交流也是十分必要的。打破校际壁垒，提供交流平台，实现资源共享有助于学科团队建设。

本次主题教研活动的主题确定高效严谨，不仅有对于新教材推行的背景剖析，还有针对教师需求的调查分析，以及针对本校学科教研现状的思考。活动主题既体现时代特色，又契合教师实际需要，同时贴近学生学习现实。其以语文统编教材的推行与落实为契机，从教材的解读到教研学习单的确立，从现场教学实践到评议研讨、骨干引领，再到最后的教研思考、后续式教研及深化实践，高度重视教师的主体地位，教师们的参与热情也被点燃，极大增强了教师们的主动参与性。

以课例为载体的主题教研活动汇集集体智慧，提高实践水平，提升研究质量，推动着学校语文学科教研模式的新探索。教师们围绕主题“基于起点 激活经验 发展能力”，通过确立主题、设计教研方案、课堂观摩、课例研讨、展示交流、评估实践等环节，在集体研磨的过程中转变教学理念，了解目标制定的依据与方法，探索识字教学策略与评价方法，积累了相关教学经验，实现了能力提升。此外，本次主题教研活动以研带训，在训中研，研训一体，高度融合，并且注重经验积累，为以后的教研和培训工作提供了良好的借鉴，是一次有益的实践探索。

（原始资料由上海市宝山区江湾中心校金丽萍老师提供）

案例三 幼儿园表演游戏环境创设主题教研活动

ORID（Objective，Reflective，Interpretive and Decisional）主题教研模式是根据幼儿园课程及幼儿园教师的特殊性，在实施主题教研规程的基础上演化而来的一种实践模式。其活动的发起与组织是由问题提出者与教研员共同承担，力求通过循环进行的四个关键环节：O（感知事实）—R（评论质疑）—I（思考辨析）—D（实践反馈），构建一个不断提问、不断寻找答案、不断追问、不断明朗直至解决问题的思维过程，从而更精准地帮助教师释疑解惑，提升个人能力素养。

在当前教育改革新形势以及教研转型新要求背景下，如何立足幼儿园课程特质使教研主题更切合教师需求，如何使教研活动更易让教师接受，如何有效提升教研品质等问题成为了亟待研究与突破的瓶颈。

一、问题的提出

（一）基于幼儿园课程及教师的特殊性

幼儿园课程有别于其他学段，它不只局限于课堂中，而是强调一日生活皆课程，主张以游戏作为幼儿园课程的主要活动形式，强调去小学化倾向。因此，幼儿园教师所面对的教育对象、教育活动及其任务的特殊性带来教育情境的复杂性和综合性远高于其他学段和单一学科的教育教学工作。同时，幼儿园教师的专业学习在很大程度上是内隐的、依赖具体情境的默会知识和实践性知识。

（二）源于主题教研规程的启示

主题教研规程以教研学习单为载体脉络，教研员与教师围绕“目标与任务”进行

"质疑与澄清""讨论与引领""展示与交流""实践与评价"，支架式开展教研活动。

在实际应用过程中，由于幼儿园课程及教师的特殊性，如果生搬硬套教研规程中的步骤，教研现场往往呈现教师难以适从的尴尬局面。为此，我们根据幼儿园课程及教师实际情况，借鉴主题教研规程的操作经验，尝试建构基于幼儿园课程特质及符合幼儿园教师需求的"ORID 主题教研模式"，以期更有针对性地实现幼儿园课程教学研究与教学实践的深层融合。

二、模式介绍

（一）ORID 的含义

ORID，O（感知事实）：客观事实，R（评论质疑）：客观反射，I（思考辨析）：事实分析，D（实践反馈）：基于事实的下一步行动。

ORID 其实是一种思维模式，是目前国外较流行的一种引导方式。它通过引导团队或个人基于客观现实，发现本质问题，在问题框架中厘清思路，把存在的问题想清楚，并得出正确的行动指南。

（二）ORID 主题教研模式流程及操作方式

1. ORID 主题教研模式的流程

每一种教研模式都有其存在的价值，而 ORID 主题教研模式以幼儿园课程核心和教师教学实践问题作为载体，由问题提出者与教研员共同策划组织，并通过建构思维框架：O（感知事实）—R（评论质疑）—I（思考辨析）—D（实践反馈）。引导教师在这个循环进行的四个关键环节中拓展思路，从而帮助教师更精准地把握课程内涵，这也正符合了建构主义理论的思维模式。

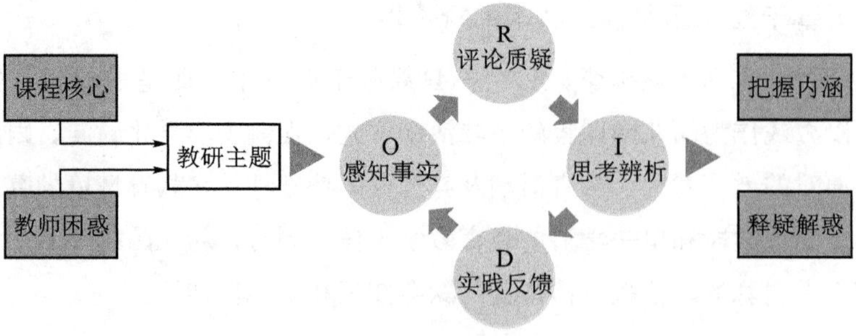

图 8-1　ORID 主题教研模式

2. ORID 主题教研模式的操作方式

ORID 主题教研是针对教师的“真需求”采用 ORID 思维方式对教研活动进行整体构想和全面规划，组织者有的放矢在 O-R-I-D 这四个阶段，并分别采用适宜的形式，如：依据事实（教学现场、案例、影像、幼儿作品等），借助教研工具（告示单、观察单、反馈单），结合经验（教师个人经验、集体教研经验），及专业引领（理论依据、教研员引领）等，引发教师形成学习共同体，围绕“真状况”确定“真问题”开展“真研讨”，最终通过行动对研讨结论进行实践验证。它既适用于有主题的单次教研，又适用于同一主题下的系列教研。

其操作方式如表 8-5 所示。

表 8-5　ORID 主题教研活动操作方式

环节与思维架构	行为	人员	内容	预期效果
第一环节：O（Objective） 思维：我感知到了什么？	感知事实	问题提出者	展现教学现场	获得真感受
		观摩者	观摩教学现场	
第二环节：R（Reflective） 思维：我的感受与困惑是什么？	评论质疑	问题提出者	自我评价 提出困惑	产生真问题
		观摩者	表达感想 互动质疑	
		教研员	遴选关键问题	
第三环节：I（Interpretive） 思维：这些问题如何解决？	思考辨析	全体	思维碰撞 彰显智慧	形成真经验
		教研员	多元引导 达成共识	
第四环节：D（Decisional） 思维：得出的方法有效吗？	实践反馈	教研员	拟定行动方案	引发真实践
		全体	实施行动 反馈效果	

（三）ORID 主题教研模式的特点

1. 提炼问题、激活思维：注重搭建思维框架，生成相关问题链，避免研点发生偏移。

2. 真实讨论、梳理逻辑：引发教师主动聚焦核心内容，使研讨直击要点，在高质量的研讨中自主建构经验，形成以自我导向为主的知识重建过程。

3. 假设验证、迁移运用：研讨得出的任何经验都只是假设，因此必须回归实践来验证其有效性，并根据不同现场状况举一反三进行迁移运用。

三、主题教研活动实例展示

（一）背景剖析及教师需求分析

1. 背景及现状分析

游戏，作为幼儿园的基本活动，在幼儿园课程实施中有着举足轻重的地位。而作为自主性游戏之一的表演游戏，理应引起幼儿园课程实施者和研究者的高度重视。

2016 年 11 月中旬，上海市宝山区迎来了上海市教委对全区中小幼教育教学的大调研。在对幼儿园教育教学质量的反馈中，专家们针对游戏课程的有效实施提出了改进建议，其中也包括了表演游戏。

2. 教师需求的调查分析

通过前期《上海市宝山区幼儿园表演游戏实施调查问卷》数据反馈的信息及现场实地走访，进一步掌握了基层教师在组织实施表演游戏中存在的问题与困惑，如：如何根据园所实际情况因地制宜创设表演游戏环境？如何根据幼儿游戏需求投放材料？如何有效观察解读幼儿游戏行为并进行适宜地支持与回应？这一系列问题为开展基于教师需求的主题教研活动指明了方向。

因游戏环境是影响幼儿游戏顺利开展最直接的因素之一。表演游戏中幼儿的社会交往、表达表现、解决问题等各种能力的发展需要开放、可变的空间及适宜的材料加以支持。但是由于每所幼儿园因开园时间、地理环境、园所结构等各不相同，呈现“千人千面”的特点，同时许多教师在进行游戏场地设置、空间布局及材料投放上存在着较大的随意性，无法真正发挥环境与材料对幼儿游戏的支持作用。因此，《幼儿园表演游戏环境创设》成为了指导团首先思考和研究的关键要点之一，同时也成为了本学期的主题教研选题。

（二）主题拟定与研训方案设计

指导团在前期的主题教研中，虽然已经根据不同园所的实际情况，梳理出了表演游戏场地设置的不同类型：活动室、教室、公共区域、户外等，并且根据表演游戏的特质，对游戏场地进行了功能布局，如：材料区、装扮区、设计区、游戏区等。但是在实践操作中，由于每所幼儿园游戏场地面积、结构的不同，在功能布局上又存在着种种不确定性。

作为基地园的上海市宝山区罗泾镇第二幼儿园，其表演游戏活动室设置在幼儿园多功能厅内，总面积为98平方米，供三个年龄段九个班的幼儿使用。教师在进行空间布局与材料投放上对如何凸显开放性、可变性与适宜性还存在着较多的困惑。为此，上海市宝山区罗泾镇第二幼儿园采用预约的形式与学科指导团共同商讨，策划生成了本次教研活动。

基于上述思考，团队将教研活动主题确定为“幼儿园表演游戏环境创设”，并在此主题下，采用ORID主题教研模式，围绕“表演游戏专用室的环境优化”，开展指导团与基地园的联动教研。教研员根据基地园的实际问题，与相关教师共同设计活动方案，拟定主题告示单（表8-6），并在活动开始前将告示单通过微信群发给组员，帮助教师明确教研任务。

表8-6 主题告示单

<table>
<tr><td>时间</td><td>2017年11月28日</td><td>地点</td><td>上海市宝山区
罗泾镇第二幼儿园</td><td>学科</td><td>学前教育</td><td>组织者</td><td></td></tr>
<tr><td>教研主题</td><td colspan="3">表演游戏专用室环境的优化</td><td>出席对象</td><td colspan="3">指导团成员及幼儿园部分教师</td></tr>
<tr><td>教研活动设计</td><td colspan="7">概述</td></tr>
<tr><td rowspan="2">选题动因</td><td colspan="7">1. 教师急切希望梳理出实用性、科学性强的表演游戏专用室环境创设方法。</td></tr>
<tr><td colspan="7">2. 教师希望能运用相关方法对自己幼儿园现有的表演游戏专用室环境进行优化与调整，以更好地体现开放性、可变性及适宜性的特点，从而促进幼儿在与环境、材料的自主互动中获得各种有益经验。</td></tr>
<tr><td rowspan="5">活动过程安排</td><td colspan="2">时间</td><td colspan="5">内容</td></tr>
<tr><td colspan="2">8:45—9:00</td><td colspan="5">签到、发放“表演游戏环境观察量表”</td></tr>
<tr><td colspan="2">9:00—9:10</td><td colspan="5">认真解读“表演游戏环境观察量表”，明确观察要点</td></tr>
<tr><td colspan="2">9:10—10:00</td><td colspan="5">O（感知事实）：你感知到了什么？（观摩表演游戏室的环境创设，观摩中一班表演游戏）</td></tr>
<tr><td colspan="2">10:00—11:30</td><td colspan="5">R（评论质疑）：你的感受与困惑是什么？
I（思考辨析）：这些问题如何解决？
D（实践反馈）：得出的方法有效吗？</td></tr>
<tr><td rowspan="2">活动预期效果</td><td colspan="7">1. 提高教师对表演游戏环境“开放性、可变性、适宜性”的分析能力、评价能力和研究能力。</td></tr>
<tr><td colspan="7">2. 引发教师在ORID思维模式中发现问题、寻找对策，努力使表演游戏环境体现“三性”。</td></tr>
<tr><td rowspan="3">活动资源</td><td colspan="7">1. 主题教研告示单、表演游戏环境观察量表、教研反馈表。</td></tr>
<tr><td colspan="7">2. 幼儿园表演游戏环境开放及实践展示。</td></tr>
<tr><td colspan="7">3.《上海市学前教育课程指南》《游戏活动》教师参考用书等。</td></tr>
</table>

希望通过本次主题教研系列活动的开展，依靠现场并借助观察量表，提高教师

对表演游戏专用室环境“开放性、可变性、适宜性”的分析、评价及实践能力，同时通过 ORID 主题教研模式，提升教师发现问题、解决问题的能力。

（三）合作研究与实践落地

第一环节：O——感知事实

思维：我感知到了什么？

观摩游戏现场，参与者利用《表演游戏环境观察量表》（表 8-7）有针对性地观察与记录游戏专用室空间布局，以及幼儿与环境材料之间的互动行为，捕捉亮点，挖掘不足。

表 8-7　表演游戏环境观察量表

活动时间及地点		幼儿园及班级	
组织者		观察者	
观察点	观察指标（按程度由低到高：1—5 分）	评价	举例说明
活动室整体环境	1. 整体环境安全整洁、有序美观、空间适宜，能满足幼儿游戏需求		
	2. 活动室各区域功能定位和布局科学合理，能体现表演游戏特质		
材料区	3. 材料区设置有序开放，便于幼儿辨识与自主取放		
	4. 材料种类、数量符合不同年龄段幼儿游戏需求		
装扮区	5. 空间大小适宜幼儿进行各种装扮		
	6. 空间温馨并有私密性，能尊重幼儿的隐私		
游戏区	7. 游戏空间得到充分开发和利用		
	8. 空间开放、可变，能支持幼儿生成各种表演游戏内容		
	9. 各游戏区在教师视线范围内		
设计区	10. 有便于幼儿因游戏需要进行道具制作、设计游戏计划的区域		
我的思考	（罗列质疑的问题）		

上海市宝山区罗泾镇第二幼儿园作为问题者展示游戏现场，参与者利用观察工具表有针对性地进行观察，真切感知客观事实。

第二环节：R——评论质疑

思维：我的感受与困惑是什么？

利用在第一环节中所记录的《表演游戏环境观察量表》，根据表演游戏环境创设的“三性”要求，执教老师和观摩教师对上海市宝山区罗泾镇第二幼儿园表演游戏专用室环境创设进行自评、他评，并通过小纸条游戏提出自己的感受与困惑。

教研员将教师的困惑进行归类梳理，遴选出以下两个共性问题：

1. 游戏区太密集阻碍了幼儿游戏，怎么办？

2. 表演游戏专用室的材料投放需要体现年龄差异吗？

这个环节给予了问题提出者和每位参与者表达感受的机会，采用“小纸条”的游戏形式，在轻松的氛围中捕捉本质问题。

第三环节：I——思考辨析

思维：这些问题如何解决？

问题一：游戏区太密集阻碍了幼儿游戏，怎么办？

教师观点	1. 认为可将装扮区与设计区两区合并，尽量扩大幼儿的游戏区域。 2. 材料区中尽量选用轻便可移动的橱柜，便于调整空间。 3. 游戏区的区隔物、背景装饰等尽可能采用轻巧不占用过多空间的材料。 4. 开发活动室旁边的走廊、阳台、过道及转角等公用区域作为幼儿游戏区域的延伸。
教研员引领（理论学习，寻找依据）	1.《上海市学前教育课程指南》中对“游戏活动”课程实施的要求：“要重视游戏环境的创设，注重空间资源的开发，为幼儿创设开放性的游戏空间。” 2.《游戏活动》教师参考用书中“室内游戏空间”的相关操作要点。
梳理策略	1. 盘活公共区域，扩大游戏空间：开放性。 2. 灵活调整游戏室各区域布局：可变性。 3. 选择轻巧，便于移动型的橱柜、隔断物及背景材料：可变性。

问题二：表演游戏专用室的材料投放需要体现年龄差异吗？（分组讨论）

教师观点	A组：无必要。表演游戏专用室是三个年龄段幼儿共用的游戏场所，在材料投放上很难体现年龄特点。 B组：有必要。材料投放应适合不同年龄段幼儿、不同发展水平幼儿的游戏需求，才能充分发挥材料对幼儿各方面能力的促进作用。
教研员引领（理论学习，寻找依据）	《上海市学前教育课程指南》中对“游戏活动”课程实施的要求：“材料投放应适合不同发展水平的幼儿，并及时更新和增添。”
达成共识	虽然表演游戏专用室是三个年龄段幼儿共用的游戏场所，但在材料的投放上也应当考虑不同年龄段幼儿的游戏需求，体现适宜性。

问题三：表演游戏专用室的材料投放又该如何体现年龄差异？

在本环节中，教师们抓住核心问题，研之有物、研有依据，在问题框架中利用专业理论知识及自身经验切中时弊，有理有据阐述观点，梳理对策，从而达成共识；并从中衍生新问题“表演游戏专用室的材料投放又该如何体现年龄差异？”，因时间有限，教研员将此问题作为了下次教研的研点。

第四环节：D——实践反馈

思维：得出的方法有效吗？

1. 实践

现场验证：根据之前梳理的策略与方法，教师对上海市宝山区罗泾镇第二幼儿园的游戏环境进行现场调整，并且在调整过程中结合环境创设的“开放性、可变性、适宜性”特点互相交流自己的想法与感悟。

布置研后任务：

(1) 调整：分析自己幼儿园现有表演游戏专用室环境的优势与不足，利用本次教研梳理的策略与方法依据“三性”做相应调整与优化，使之更贴切幼儿的游戏需求。

(2) 思考：三个年龄段共用的表演游戏专用室的材料投放又该如何体现年龄差异？

为了能将本次教研梳理的经验进行理论到实践的转化，通过对上海市宝山区罗泾镇第二幼儿园表演游戏环境的现场调整以及后续所布置的任务，让教师带着任务与思考在实践工作中对梳理出的经验进行验证，并做更深层次的探究。

2. 反馈

教师根据本次教研活动的实际感受填写活动反馈表（表 8-8），点明亮点提出建议，以此不断提高主题教研的“含金量”。

表 8-8　教研活动反馈表

教研名称			活动时间	
观察点/程度 （按程度由低到高：1—5 分）		举例/说明		
主题确立： 基于问题，针对需求 有利于教师专业发展				
目标制定： 要求明确，具体可行				
活动设计： 内容合理，路径清晰				
过程呈现： 安排有序，形式多样 资源有效，参与度高				

（续表）

观察点/程度 （按程度由低到高：1—5分）		举例/说明
活动效果： 有收获有启示， 可复制借鉴		
本次活动最大亮点：		
我的一个建议：		

教师是教研的当事人，他们最能感受本次教研对自己的影响。因此，教研反馈表作为一种教研评价方式不仅体现了对教研参与者的尊重，更给予了他们表达想法的机会。他们中肯的意见，是教研走向优质化的目标导向。

（四）成果转化与反思分享

1. 活动成效

1）教研内容：发于点滴

教研活动要让教师有所收获，有所提升，有价值的教研能帮助教师解决教学中遇到的困惑与问题。本次主题教研活动打破以往教研员单一制订教研内容的局面，而是关注基地园的当下需要及教师的点滴困惑，作为教研内容的源头。

只有当教研内容真正贴合教师当前需要，教师感到“有用”与“实用”，才能唤醒教师参与教研的热情。

2）教研实施：融于交流

教师是教研的主体，当教师处于主动积极的状态，才能实现有效教研。ORID教研注重发挥教师的主体作用，倡导由问题提出者与教研员共同承担教研的发起和组织，将O-R-I-D四个环节搭建成多角度、多层次的“问题链”。这些“问题链”为教师创设了一个个环环相扣、层层递进的思维阶梯，引导教师针对教学现场生成核心话题，开展剥茧抽丝、层层深入的聚焦式交流。

当然，教研活动的高效、高质离不开教研员的前置思考、穿针引线，在引导教师看现场、玩游戏、提疑惑、谈设想、勇辩论等一系列过程中，每一名参与者“乐研”“敢研”并畅所欲言，这样的教研才充满着生命力。

3）教研收获：行于心田，盛于久远

本次ORID主题教研可以用以下几个关键词来概括：“行动”“思想”及“新价值”的产生。

（1）行动：很好地利用了告示单帮助教师明确任务；利用现场情境引发教师客

观感知；利用观察量表捕捉亮点、挖掘不足；利用小纸条游戏梳理共性问题；利用多形式的研讨提炼方法与策略；利用实践行动验证方法的有效性。

（2）思想：明确的问题链引发教师共鸣、专业书籍作为理论支撑、教研员提纲挈领的引领，让参与者在结构化交流中厘清思路，明确方向，进而燃起新的思维火花。

（3）新价值：整个活动通过焦点呈现、结构化交流，有针对性地破解教学难题，不仅解决了教师教学实践中的瓶颈，也帮助教师更好地掌握学科核心理念及专业要求。

2. *后续思考*

主题教研规程的研究，不是从无到有的过程，而是从有到优的过程。ORID 教研模式是主题教研规程下的一种实践变式，如何针对教学、教研中的"软肋"增强其操作的科学性与实效性？如何更有梯度、更系列化地优化 ORID 教研模式？如何建立高效运作的教研评价机制，实现教师和教研员的卓越发展？……这一系列问题，还有待我们在"且行且思"中打破思维禁锢，不断去开拓探索！

在主题教研规程的区域实践中，其行动路径、操作步骤等并非是一成不变的，而是根据教育教学实际，灵活调整运用，本案例呈现的 ORID 主题教研模式便是在主题教研规程的基础上，演化而成的一种实践模式。该模式流程简洁高效、特点鲜明，且具有较高的推广价值。

爱游戏是幼儿的天性，作为幼儿园的基本活动形式，游戏贯穿于幼儿园的一日活动中。本次主题教研活动的主题"幼儿园表演游戏环境创设"是立足于幼儿园游戏课程提质发展需要及教师专业发展需求调查分析的基础上确立的，通过富有创意的"感知事实—评论质疑—思考辨析—实践反馈"四个环节，教师主动参与其中，通过研讨交流、动手实践，实现了学中做、做中学。此外，本次主题教研活动的一大亮点在于表演游戏环境观察量表和教研反馈表的使用。前者帮助教师明确观察任务，带着问题"研"，体现了实证支撑；后者则从多个指标搜集教师意见，给予教师充分表达的机会，为后续活动改进提供了依据。此外，O-R-I-D 四环节为教师创设了一个个环环相扣、层层递进的思维阶梯，引导教师不断思考，在思考中闪现火花，在交流中思维碰撞，直指困惑澄清与问题解决。总的来说，这是主题教研规程的一次成功"转型"，值得推广借鉴。

（原始资料由上海市宝山区教育学院陶瑛华老师提供）

第九章 指向学生素养发展的“教学相长式”主题教研规程

“教学相长式”主题教研规程是与区域教育打造“陶行知教育创新发展区”一脉相承的，是陶行知“教学做合一”与教研活动的深度结合。“教学相长式”主题教研活动聚焦于培养学生主动积极的学习行为和思维品质，对教师教学行为的转变提出了若干规定及其相关的操作策略，提供了一系列或一整套的规范与操作指南。怎样理解新时代背景下“教学做合一”的含义，怎样在教研活动中体现学习者视角，是“教学相长式”主题教研规程的重要意义。

第一节 “教学相长式”主题教研的内涵

一、何为“教学相长式”

“教学相长”的“教”有两种读法：jiāo 和 jiào，因此对“教学相长”存在着两种解释。一种源自《学记》：“虽有佳肴，弗食，不知其旨也；虽有至道，弗学，不知其善也。是故，学然后知不足，教（jiāo）然后知困。知不足，然后能自反也；知困，然后能自强也。故曰：教（jiāo）学相长也。”它从教师自身的“教人”和“自学”两种活动论述教师的专业成长。另一种是《现代汉语词典》中的解释：“通过教（jiào）学，不但学生得到进步，教师自己也得到提高”，是“教师与学生的相互促进”“教师的教和学生的学的相互促进”。在教研活动中的“教学相长”，是指教师注重学习者设计，基于学生的兴趣、需要及学情设计课堂教学，并以学生的学习效果反思教学，在“学”与“教”之间达到实现教学目标、促进教师专业成长的效果。因此本研究采用的是第二种定义，“教学相长”是指教师在教学生学习的过程中和自主自愿的学习过程中实现自身知识、能力、情意的成长。

“教学相长式”主题教研规程是指在陶行知“教学做合一”思想指导下，以培养学生主动积极的学习行为和思维品质而对教师教学行为的转变提出的若干规定及其相关的操作策略，提供一系列或一整套的规范与操作指南。上海市宝山区教育的综改方案提出了新陶行知“教学做合一”课堂教学改革要求，怎样理解当下时代背景中“教学做合一”的含义，怎样通过教研活动提高课堂教学质量，是“教学相长式”主题教研规程提出的重要缘由。

因此，研究将“教学做合一”思想融入主题教研，并思考了理论阐述，从性质（方法论）、范畴（三者合一）、核心（做是中心）来思考如何将“教学做合一”运用于主题教研中以切实提高教研活动成效，服务于学生发展。

第一，是生活教育理论的方法论。“教学做合一”是生活现象的说明，会的教人，不会的跟人学，是生活中不知不觉随处可见的现象。教与学的方法都要根据“做”的方法，以“做”为中心。在生活中通过“教学做合一”，实现生活和教育、学校和社会的有机统一；

第二，“教学做”是一件事，不是三件事。“教学做”只是一种生活的三方面，而不是三个不相干的过程。一个活动中在事上“做”，对自己来说是在“学”，对别人而言就实现了“教”，“教学做合一”通过“做”这一实践活动将“教”和“学”有机统一起来；

第三，“教学做合一”以“做”为中心。盲行盲动和胡思乱想都不是“做”，真正的“做”必须是在劳力上劳心的实践活动，是行动、思想、新价值产生的过程，“做”与生活、人生共始终，活到老做到老。

上海市宝山区教育自20世纪80年代以来一直坚持“学陶师陶”，特别是以“教学做合一”思想为指导，开展教育改革和教师教育，在长期的学习践行中对“教学做合一”思想有了新的理解与认识：

1.“教学做合一”是教育原点角度的方法论，在课堂教学方法研究中必须考虑师生关系维度。

所谓教育原点，即教与学的活动及其过程中产生的关系，是指一定的活动形式必定会体现出一定的师生关系，教师讲解为主的知识传授课堂，体现的是教师主体、学生客体的师生关系；而小组讨论交流的体验式课堂，体现的是相学相师的关系。活动与关系二者包含着共生共存，单独的活动和无所依附的人际关系是不存在的。

“教学做合一”是生活现象之说明，即是教育现象之说明。在生活里，对事说是“做”，对己之长进说是“学”，对人之影响说是“教”。“教学做”只是一种生活之三方面，而不是三个各不相谋的过程。同时，“教学做合一”是生活法，也就是教育法。它的含义是：教的方法根据学的方法，学的方法根据做的方法，事怎样做便怎样学，怎样学便怎样教。教与学都以“做”为中心。在“做”上教的是先生，在“做”上学的是学生。在这个定义下，先生与学生失去了通常的严格区别，在“做”上相教相学倒成了人生普遍的现象。

用教育原点去烛照，可以发现陶行知确实是位具有良好专业素养的教育大家，他对“教学做合一”的界定是站在教育原点的立场，将“教学做合一”进行了两层论述：一是定位，即“教学做合一”是属于生活教育的方法论；二是原点角度的“教学做合一”思想，即以“做”为中心的活动及相教相学的师生关系。陶行知的“教学做合一”思想完整地体现了教与学活动与关系这一原点问题，彰显了当今课堂教学方法改进中我们容易忽视的视角，基于学习者视角、设计“教学相长式”的主题教研活动体现着教师与学生相学相师的民主、平等关系，教学活动与教学关系合一，也是区域主题教研规程的重要创新点。

2.“教学相长”是“教学做合一”的本土基因，教与学并重联用，以教人者教己。

“教学相长”是我国古代优秀的教育思想，始见于《学记》，然而最早的源头可追溯自3500年之前的商朝，是以《商书》中的“教学半”作为依据的。“教人乃益己之学半”，即教人者的教与学是同等重要的。因此，学习才能了解（自身知识）的欠缺，教学才能了解自身的困惑之处。只有了解自身知识的欠缺，才能进行自我反省；只有了解自身的困惑之处，才能自我激励。教与学必须联用、并重。

1928年，陶行知在晓庄寅会上演讲指出：“以教人者教己”是本校的根本方法之一；“为学而学”不如“为教而学”之亲切。“为教而学”必须设身处地，努力使人明白；既要努力使人明白，自己便自然而然地格外明白了”。从中我们可以看出陶行知“教学做合一”中浓重的中国基因，与杜威相比，他将“教”看成“做”的一种，站在中国本土的立场上阐述了这样一条学理，自己的教可以促进自己的学，以教人者教己。可见，“教学相长”是中华民族自古以来对学习机理的伟大提炼，其实质指向人的学习动机；强调人只有在学习活动中主体参与和体验才能取得长进与好的学习效果。

二、"教学相长式"主题教研的思考前提

"教学相长式"主题教研的提出来源于主题教研活动的实践反思，事实证明，学生个体独立和集体合作学习方式的整合、演绎系统知识与经验缄默性知识两种不同知识类型教学方法的整合具备可操作性，并且能够发挥以学生为中心的积极意义。

（一）基于学生个体独立学习和集体合作学习的两种不同学习方式

个体独立学习与集体合作学习是学生学习的两种基本方式。讲到底学习是为了促进个体心理素质的发展，具有个体性。但高质量的学习一定离不开社会的集体合作学习，包括对客观知识的传承。规程的研制必须要考虑到这两种学习方式的存在。

陶行知提出"相教相学"强调的是教学活动中的师生关系，然而这种关系是基于"以做为中心"的行为，是"以做为中心"中产生的教与学关系；教学相长就其在《学记》中的本义来看，是"教人居学之半"，是自己的教可以促进自己的学，至于教师与学生之间相互学习、相学相师等义是后人运用中的引申。在"规程"的制定中，我们是站在学生的个体独立学习与集体合作学习的角度来使用这两个概念的：教学相长是指"教学半"的含义，即自己的教可以促进自己的学，是从学生个体独立学习的角度来阐发的；"相教相学"是指学习者之间、师生之间相互交流合作研讨，是从集体合作学习的角度阐发的。这两种活动形式的本质都体现出这样的一种师生关系，即在"做"上相学相师的民主平等关系。

（二）基于演绎系统知识与经验缄默性知识两种不同知识类型教学方法的统整

演绎系统知识与经验缄默性知识是学生在校学习的两种知识类型，不同知识类型对应着不同教学方法，是教学规程研究中所必须要考虑的问题。一般而言演绎系统知识对应的是传递教学的方式，经验缄默性知识对应的是活动体验的方式。这两种不同教学方式的统整融通是目前课堂教学改革的重要诉求，尤其是演绎系统知识的学习不能只是学生被动地接受，而是要能够做出改革让学生以主动积极的态度来主动学习。陶行知把"教学做合一"之"教学相长"的"教"看成是一种"做"，与杜威的"做中学"相比，既有杜威的实践活动、活动作业、日常生活、人际交往等方式，也有传而习之的"教"："从先生对学生的关系来说，做便是教"，而且这

个“教”是学生也有资格参与的，综合晓庄小学、山海工学团和育才学校的实践看，在不同课程知识的学习中均有以教人者教己的艺友制、小先生制等方法的运用，具有跨越两种知识类型边界融合统整的操作含义。

（三）基于教学实践操作的秩序性

秩序性是教学活动要如实发生必须具有的特性。教师课堂教学的操作是循着目标任务解决的过程连续地、一致地、确定地向前逐波展开推进的，理出秩序是规程设计研制的再一个重要前提：要关注的是连续的、整体的行为或者说秩序的设计与构建，包括从理念开始而不仅仅是单一的个别行为、个别环节的改善与处理。其中涉及：

1. 教学相长中是什么使得教别人的过程可以让自己学得更好？
2. 教的任务行为如何与学习的内容建立起有意义的联系？
3. 教师是怎样知道学生学习基础的？凭经验判断、课前调查访问，还是直接让学生在课堂中提出？
4. 教师怎样的行为可以给到学生最大的帮助？
5. 学生的个体独立学习与集体合作学习该如何相互结合？
6. 学生最后“教”任务的整体完成以及作业的形式？

第二节　“教学相长式”主题教研的特征

一、学习者视角

教研活动对于促进学生发展的重要性不言而喻，然而当提到教研活动的不足或困境，常常有这样的评价：教研活动常常只是对教师与教学的一般性评价，甚至在网上还出现了“评课常用语句”，这样的评课缺乏对教学情境生动性的关注，使研讨因缺乏必要的聚焦而出现全面化与散点化，自然对课堂上真实且需要解决的问题及其解决策略缺乏持续的探索，其对于改进教学的功效也就非常有限。

而教学情境的生动性常常与学生的学有着紧密的联系，对教师教的评价离不开对学生学的关注。由澳大利亚学者 David Clark 发起的学习者视角研究（Learner's Perspective Study，LPS）可以为改善教研活动效果提供一个新视角与思路，即通过收集与分析来自学生的“声音”揭示教学问题、寻找教学策略，最终提高教学的有效性。一般情况下，可以在以下三个阶段关注学生的“声音”：第一个阶段是在教学前，教师预测学生在学习新内容之前已有的知识与经验，以及在学习新内容过程中可能会碰到的问题或困惑，在此基础上教师精心设计教学；第二个阶段是在教学过程中，教师通过课堂观察收集来自学生的“声音”，为调整教学提供依据；第三个阶段是在教学后，通过反馈性练习收集学生的“声音”，为后一节课的设计提供基础。可见，对学生“声音”的关注不仅可以找到教研活动的问题，而且指向有效教学。所以这将使教学与教研紧密结合，并激发教师参与教研活动的内在驱动力，最终实现教师的专业成长和教学有效性的提升。

主题教研不是一个教师的行为，它是在一定目标之下由多位教师乃至外来研究者一起参与的教学研究活动。但是，教学的最终目标指向学生的学习，教师追求的教学有效性也应以学生学习是否有效为依据。只有这样的目标定位，才能使研讨具有针对性，也才能激发教师开展教学研究的热情。而只有收集到足够多的来自学生的信息，才能引发从学科知识、教学、学习等多角度出发的值得探讨的问题。

目前，课堂中关于学生的声音主要包括学生的出声思维、学习活动表现、学生对课堂教学与教师的理解等。关注学生的教研活动应做到：①能够收集到足够多的信息。不同于让学生个别回答的信息反馈渠道，教师可以在较短的时间内收集每个学生的思维过程，并将其归纳整理和比较分析。②为学生深入、独立地思考提供了机会。课堂中，切忌“热闹”表象下学生思维的“肤浅”，更应提倡“寂静”氛围下学生“火热地思考”。

二、重在研究学生

杜纳凡等认为，现代学习理论的研究应该聚焦于以下几个问题：①学生在进入课堂之前，已经拥有了哪些自然概念，这些概念会对学生的学习产生哪些影响？②要发展某个学科领域的能力，学生必须具备哪些学科知识，如何帮助学生形成学科的理论框架？③如何帮助学生掌握解决学科问题的基本策略，以及对问题解决过程的自我监控与调节策略？第一个问题实际上就是指向学生学习起点的，后两个问题则指向学科本质。

随着教育的内涵发展，人们越来越深刻地认识到学生主体作用发挥的程度是影响教学效果的关键，教研活动当然需要将重心向“学生研究”倾斜。

研究学生的知识结构，寻找新知识的生长点。教学最重要的原则就是根据学生原有的知识状况进行教学，在新知识学习中，只有学生原有的认知结构具有适当的上位观念组织来同化新知识，才能使新知识被纳入学习者原有的认知结构中，内化为学生自己的知识，而且原有观念的抽象和概括水平越高、观念越稳定，便越适合同化新知识，促进新知识的学习、保持和迁移。因此，在教学中不仅要研究教材本身知识结构的前后联系，更要研究学生的实际学习情况，找准他们新知识的生长点，使学生在联系旧知识的基础上不断获得新的刺激，始终处于主动参与的状态中。

研究学生的认知方式，寻找有效学习的切入点。有不同认知方式的学生，面对相同的授课方式、授课内容其反应是不同的。具有独立型或沉思型的学生，在认知方面独立于他们的周围背景，倾向于在抽象和分析的水平上加工，独立对事物做出判断；而依存型或冲动型的学生，在认知方面往往以外部参照作为信息加工的依据，他们的态度和自我知觉易受周围同学特别是老师的影响和干扰。鉴于以上认识，要求教师以学生的特殊性为出发点，承认差异并采取适当差异的教学方式，努力使教学方式呈现个别化、差异化的风格。而要做到这一点，需要给予学生一定的自由支配时间，帮助学生以个人的认知方式去思考、讨论、探索知识的创生过程。

研究学生的学习动机，寻找学习动力的激发点。学习动机是指向学习活动的动因和力量，是直接推动学生学习的一种内部动力。根据国内外的研究表明，学生课堂学习的主要动机集中反映在成就动机上，而成就动机是在适应性需要（社会和家庭所引发）、发展性需要（学生自身发展所引发）和过程性需要（教师教学过程所引发）的基础上产生的。对于某一具体学科而言，过程性需要引发的动机最为重要。因此，需要教师围绕着创设问题情境，联系生活实际，变化教学方式等内容开展主题教研活动，加深教师对学生研究的认识，更好地服务于教学。

三、行动研究方式

“教学相长式”主题教研规程要求教师通过各种途径收集尽可能多的学生信息，包括课前的预测、课后的后测，尤其重要的是通过适当开放的课堂，特别是设置适当的任务或问题激发学生思考、暴露学生思维。教师精心设计很重要，但收集学生的声音也很重要。有研究指出，有效教学的特征之一是教师精心安排的教学与来自学生的声音的整合。

因此，可以尝试行动研究的教研活动方式，这种研究方式旨在改进研究者的行为和解决实际的问题。当碰到问题的时候，仅靠教师个人的力量不一定能解决，这时就需要进行自我学习或与同伴讨论。因此，若能形成一个具有自我反思、同伴互助、专家引领的教研团队，围绕一定的主题开展持续性的行动研究，将能使教学活动锦上添花。

作为有效的教研活动，我们不仅应当十分关注如何帮助学生更好地掌握各种具体学科知识与技能，而且应高度重视如何帮助学生学会思维，包括由思维方法的学习向学科素养的重要过渡。有效教学应既关注教师教的有效性，也关注学生学的有效性，而学生有效地学习应是有效教学的终极追求。以关注学生的声音为中心，关注学生学习起点与学科本质为基点，通过多种方法收集学生的声音，并用行动研究的方式开展教研活动，定能形成旨在提高教学有效性的、连续不断的研究课题，使主题教研活动更有效。

四、引入学生反馈

"教学相长式"主题教研规程尝试将学生反馈引入教研活动，通过学生习得来反思教学效果，作为改进主题教研和常规教学活动的依据。虽然仍处于实验阶段且学生介入较为浅层，却是教研形态的重要改革。

（一）引入学生反馈机制是通过主题教研改善教学效果的内在需要

我国改革开放的深入发展，使人们的文化生活和社会生活发生了深刻而迅捷的变化。而学生生活在这样一个新鲜事物迭出、知识更新速度加快、生活环境日新月异的时代，其人生观、价值观和世界观与以往相比发生了巨大变化。据《中国教育报》对班主任的调查显示，在回答"与以往相比，您认为现在的孩子在管理上有什么不同"的问题时，认同"更容易管理"的在 30 岁以下年龄组仅为 0.6%，在 30 岁以上年龄组也只有 4.9%；而两个年龄组接近 80%的被调查者都认为现在的学生"比较难管理"和"明显难管理"。现在的学生难于管理的原因是多方面的，学生的变化发展是一个重要因素。

作为教师，不能无视这些现实的存在，不能只是消极被动地等待问题自行解决，应该意识到学生是不断发展变化的群体，要用发展的眼光看待他们，以积极的心态走进学生的内心世界，了解他们的需求，给他们一定的理解与支持。特别是初高中学生，在校学习的时间正是他们人生的黄金时期，不仅是学习的最佳时期，也是情感、人格、道德观念等形成和发展的关键时期。主题教研活动的目的是让教师通过研究活动提升自身的能力与素质，获得专业发展，从而游刃有余地开展教学活动，达到良好的教学效果。学生作为教育对象，是有效开展教学必须考虑的重要因素。因而教师就得“到什么山上唱什么歌”，面对什么样的学生群体采用什么样的教学方式。否则，就难以有效开展教学活动，取得好的教学效果。

因而，考查学生的现状，了解学生是教师有效地开展教学活动的内在需求，主题教研要通过研究活动达到良好的教学效果，有必要将学生反馈作为有效了解学生的手段引入其体系。

（二）引入学生反馈机制，能对主题教研的过程起到监控作用

有生命力的主题教研活动应该是一个动态生成螺旋上升的循环系统。根据系统科学的反馈原理：“系统必须通过信息反馈，才能实现有效地控制，达到预期的目的。”主题教研通过多层面的交流与互动，在实现教师与学校发展的基础上促进每个学生的全面发展。在一定意义上讲，主题教研成果的有效性是通过学生的发展来检验的。如果主题教研的研究成果不能促进学生的发展，其成果的有效性将大打折扣。为防止这种情况的发生，在研究的整个过程中就应时刻以学生层面的发展需求来审视和评估研究活动。

引入学生反馈，就可以通过有效的信息沟通，及时了解学生的意见和建议，根据他们的发展状况和发展需要确定研究内容和研究方式，正确评估研究的价值，从而有针对性地开展研究活动，防止教学研究中的花架子，避免研究问题的假、大、空现象，起到对主题教研活动的监控作用。当然，这也不是唯学生之言是从，学生反映的问题往往是表面现象，教师要在了解学生的基础上，透过问题的表面挖掘背后的实质，发现有价值、有代表性、亟待解决的问题。比如，学生有厌学情绪，可能是教材本身不适合学生的心理发展水平，可能是学生对教师有偏好引起的，也可能是教师教学方式的问题。要解决这一问题，教师要在学生反馈的基础上，通过自我反思进行深层的归因分析，找到其中的主要因素，从而有针对性地解决问题。这样，通过学生的反馈，在活动的过程中及时评估研究问题和研究活动的价值，适时地调整研究工作，从而起到一定的监控作用，保证研究成果的有效性。

（三）引入学生反馈机制，使主题教研真正成为动态生成可持续发展的系统

引入学生反馈机制后，主题教研由专家、教师、学生三个层面组成，如图 9-1 所示：

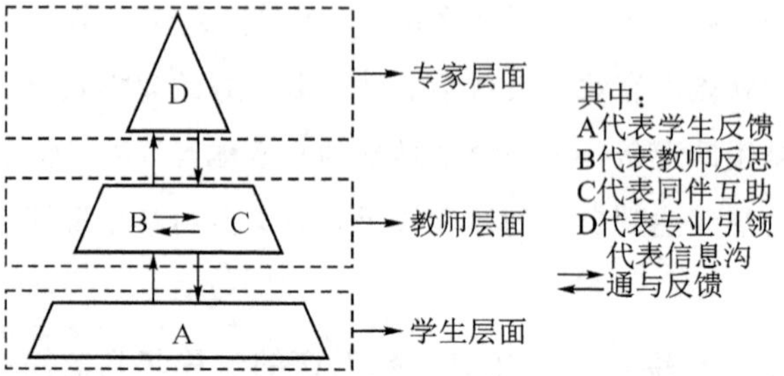

图 9-1 引入“学生反馈”的主题教研动态生成系统

学生层面是开展主题教研活动的源头活水，教师通过与学生的交流和沟通获得有效的反馈信息，从而发现与学生发展、学校发展、教师专业发展息息相关的具体问题。同时，学生层面的需要也将作为重要的衡量指标，监控主题教研全程的研究活动。教师层面是进行主题教研实践活动的主体，教师自我反思在学生层面中提取的问题，通过与同伴互助得到一定程度的解决，教师整体的知识结构、能力素质结构也得到一定程度的改善，使教师队伍的教科研水平出现“百花齐放满园春”的景象。专家层面为教师的研究活动提供理论指导，使教师的研究水平突破自身理论水平的限制得到提升。专家层面可以通过专题讲座、座谈、深入课堂、课例研讨等形式对教师层面进行指导，扫除其研究中的盲点，使研究活动不断向前发展。

值得指出的是，这三个层面是紧密联系、相互依存的，缺少任何一方面，主题教研的有效性都会大打折扣。如果没有专业引领，主题教研就可能因为同水平的重复而失去生命力；如果没有教师层面的研究，主题教研就可能没有了前进的动力；如果没有学生层面的反馈，研究活动就可能会变成无源之水，而且研究活动也有可能会因为缺乏有效的监控而脱离实际，使最终的研究成果失去有效性。总之，这三个层面共同存在于一个系统中，通过三个层面的信息沟通和互动交流，使教师层面的素质得到不断的提升，并以此为契机提高教学质量，促进学生层面的发展；而不断发展的学生层面又会对教学活动产生新的需求，从而使整个主题教研活动成为一个真正的动态生成可持续发展的系统。

引入学生反馈机制，可以完善主题教研制度，形成一个由学生、教师、专家三个层面组成的有效循环系统，使教师在主题教研活动中的发展具有可持续性，并通过学生反馈保障研究活动的有效性，使研究成果能在更大程度上利于学生的发展。但是，就像只在岸上观望的人永远学不会游泳一样，教师要提升主题教研的能力，就必须跨进主题教研的门槛，积极主动地投入主题教研的实践，以平等的眼光看待学生、了解学生，并在此基础上进行积极的反思，以开放的姿态与不同的教师群体和专家进行交流，从而在不断的实践中体悟主题教研的实质，提升和发展自身的能力素质与研究水平。总之，动起来才能有发展，只有积极投入主题教研的实践，教师的整体素质和能力才能提高，并最终促进学生的全面发展，全面提高教育质量。

第三节 “教学相长式”主题教研的实践形态

一、“教学相长式”主题教研规程设计

教学相长中使得教别人的过程让自己学得更好的原因是“展示”，是演绎系统知识任务化的重要手段；学生在完成教的“展示”任务过程中的第一步就是根据任务要求提出他需要解决的困难问题；教师的任务是给学生最大的帮助，澄清学生困难问题的边界，助力学生独立思维；创设集体学习合作交流的活动形式；提供完成展示任务的时间与空间。

（一）设计“展示”任务

在我们的研究中一直牢记不能简单地套用当年陶行知的小先生制、艺友制，而是要抓其实质精髓：是什么使得教别人的过程让其自身学得更好？是“教”的这个行为的“展示性”：是一种面向别人展示自己的活动，其中天然地包含着一种对自己的能力乃至人格的肯定。当学生有了展示的任务以后会有荣誉感，感觉自己光荣，情绪会兴奋，精神会紧张，注意力会高度集中，学习动力被紧急激发，迅速进入学习的忘我状态，学习的主动性、积极性被大大激发，这就是“为教而学”的魅力所在。

同时，“展示”是一种可以将演绎系统性知识内容任务化的有用手段。

在“教学相长”的环节设计中，一个重要的环节就是要设计出将学科内容与学生学习行为建立起有意义联系的任务，但这在系统性知识的学习中通常有难度，因此强调要尽可能地设计出让学生主动传承学习的方法，而不是被动地死记硬背。在学生访谈、课堂实际观察中发现，只要将这些客观知识变成学生需要面对别人展示的任务，其注意力一定会高度集中，精神会高度紧张，主动性大大增强，积极性显

著提高。因此“展示”无疑是客观性知识任务化的一种重要手段。让学生为教而学，为展示而学。

（二）观察学生行为表现

课堂教学的“首提问”应该是知晓了“展示”任务的学生。

学生是承担展示任务的主体，接受了展示任务之后兴趣被高度激发的学生是不会死等教师的布置安排，一定是主动地扑向他要去完成的任务对象，尽可能以最好的形象去展示。在探求新知的过程中学生会进行梳理，哪些是已知，哪些是未知，高度关注哪些是他完成任务的困难，这些困难反映的正是他的学习基础，他为完成任务所必须跨越的门槛。因此，学生是课堂教学环节中问题提出的主体主角，教师的问题不是不重要，只是这个重要体现在为了更好地协助学生去学习思考，而不是替代学生思考。

（三）提供问题解决支架

学生问题呈现以后，教师的重要职责任务是与学生共同讨论，引领学生澄清问题，界定问题解决的边界。学生的问题宏观上来讲都是有价值的，但就微观而言，教师必须帮助学生澄清与今天任务相关的问题，并提供学生解决问题的支架，助力学生任务的完成。

之后，基于学生个体独立思考前提下的个体与合作两种学习方式的互相结合。就学习的目的来讲是为了促进人的发展，将学习的对象内容内化为个体本身的心理素质，因此学习是个体的事、独立的事。但学习同时又是合作、交流、碰撞产生新质的、社会的、合作的、历史传承的行为，高质量的学习需要在集体的头脑风暴与交流切磋之中，因此，学生任务的完成既需要独立进行，同时也需要合作学习相教相学。在规程中强调学生的学习行为首先是个体的独立思考，独立提问、独立拟定提纲，带着展示的任务参与合作讨论，最后形成独立作业。

（四）反思学生习得以学定教

给予学生独立完整的“展示”机会，让学生把写出来、做出来和讲出来的结果“展示”出来。最后，根据学生的学习成果反思教学效果，真正做到以学定教。

以上步骤是“教学相长式”主题教研的一般形态，具体的步骤秩序则是要根据不同学段的学科内容和教师个人风格来具体确定的。此外，教师还可以根据教学内容多样化设计支持“教学相长、相教相学”规程实施的工具——学习过程单。

“教学相长”规程下的学生作业形态应与“教学相长”相匹配。具体来说，就是围绕着“教学相长”的展示任务开展独立学习、相教相学的集体合作学习。整个学习过程包含了学生困难问题的提出、教师引领学生对困难问题的澄清、学生的独立思考与集体合作交流、到最后任务成型的独立展示完成，不是一次作业，也不是一次性的答案与结果，而是猜想、讨论、交流、改进且有若干答案结果走向最后成型的一个系列完整的逻辑过程，需要有与此匹配的作业形式来支撑以及表现。要有支架来锚定支持过程的开展进行，与规程实施相配套，设计支持工具。这个支架工具就是学习过程单，将教学的展示任务目标、学生的提问、教师引领下的问题澄清、学生独立思考的框架、集体讨论过后的修改和最后的成果定型都完整地体现在过程单上。同时来支持教师与学生的教学相长、相教相学的行为。最后呈现完整作业的过程学习单还可以让教师更好地了解学生，以学定教；让学生更好地了解自己，自我监控学习反思，发展元认知。具体见表 9-1。

表 9-1　“教学相长式”主题教研规程设计样例

核心理念： 教学相长	主题教研规程设计	学习过程单
任务与问题 澄清与助学 个体与合作 展示与评价	1. 教师导航：①出示目标；②明确学生任务（发放学习单）——5 分钟 2. 学生提问：①学生自习，分离知与未知两部分；②明确要提的问题；③课堂提问——8 分钟 3. 教师归纳澄清助学：教师带领全班梳理确定本堂课应解决的问题——5 分钟 4. 独立拟提纲并参与小组讨论：观点碰撞交流——8 分钟 5. 任务展示与评价：①任务独立完整展示表述；②以任务相应要求作为评价指标，自评或他评——10 分钟（都应有展示的情境创设）	1. 本课目标及学生的任务 2. 学生自习的内容 3. 学生的问题 4. 集体讨论后定位的问题 5. 初拟讨论提纲 6. 同伴讨论（结果记录） 7. 独立完成作业（笔述） 8. 自我评价与集体评价

其主要特征包括：①教学目标，以展示性的任务为导向，将学科内容与学生的学习行为建立起有意义的联系，以任务的形式呈现；②教与学的方式，独立学习与集体合作学习相结合：教学相长，自己的教促进自己的学；相教相学，集体学习，合作交流研讨；③师生关系，以任务完成为中心，民主平等、相学相师。

从 2015 年 5 月起，规程开始用于课堂教学的实验，教师在学生的课堂上也在教师培训的课堂上多次使用，并同步开展课后的教师访谈与学生访谈，初步的结果总结如下。

首先，“教学相长”以教人者教己的目标任务化在演绎系统知识的课堂教学中受到学生热烈的欢迎，学生的学习积极性、主动性大为提高，用在教师的教研培训活动中也受到教师的肯定，教师的感觉是在这样的“展示”活动中无法懈怠，主动性被充分调动与激发。

其次，规程坚持个体独立与集体合作的两种学习方式结合互动，并坚持以独立个体学习为前提、为旨归，接受展示任务的学生在独立提问、独立提纲和独立展示的基础上相教相学、集体合作学习。在实施过程中有难度，但得到教师的认可，每一次的实验都朝着理想的方向前进一步，坚持两种学习方式的互动也给到教师教学方法上的启发，不再忽左忽右一边倒。

再次，具有逻辑结构的秩序过程及支持工具“学习过程单”支持了教师的课堂教学改进，实验教师一致认定这样的改进是对自己的挑战，有难度，但却是可以做得到的。规程指引着教师的设计与行为，备课上的主题思路及过程推进路径明晰，既是对教师的高要求，却也受到教师的欢迎，因为知道自己在做什么且为了什么。

最后，生长出了有待继续深化研究的课题群：演绎系统知识的主动学习与教学相长的“展示”任务之间其意义联系的具体含义？不同学科不同年段的独立与合作两种学习方式互为结合的具体点位？教学相长式主题教研规程的实施细则规定？学习过程单呈现的数据结果如何分析判断？教师学生如何利用学习过程单的数据结果？规程与教师的课堂教学改进及与教研员培训教师方式改进的内在关系？信息时代基于“教学做合一”的“教学相长、相教相学”课堂教学改进研究，等等。

二、“教学相长式”主题教研规程的实践反思

（一）规程使用促进主动参与

1. 通过规范自习后对问题的梳理与归纳，引发教师逐步清晰自身的需求

自习这个环节不同于以往教学引入中提供的情境性材料，自习的目的直接指向于教研活动的核心知识，也就是说，以往教研活动中通过教研员直接传递知识的环节在“教学相长式”主题教研中被取消了。就像“翻转课堂”倡导的那样，知识的获得完全可以交由教师自己去解决，那么，现场的教研需要做什么呢？解决教师对知识理解的困惑，由此引发教师对运用知识解决实际任务的需求。

2. 通过问题的澄清与研讨，将教研员对新知问题的预设化为学员教师的预期

每一次有关新知的教研，笔者都会对教师在理解新知上可能产生的问题有预设。虽然教师的实际提问与预设基本一致，但正因为有了提问这个环节，让学员教师意识到，教研员的预设正是他们完成任务的预期，这增加了学员教师主动接受新知的意愿。

3. 通过终极展示与过程交流展示严密粘合，激发教师参与的广度与深度

在实际的操作中，当把课堂交给学员教师以后，学员教师的展示贯穿了教研的始终，从问题澄清阶段的问题展示，到问题解决过程中的同伴互助，以及到运用新知展示初步方案的阶段，都是学员教师展示思维的过程，任务的展示极大地激发了教师参与教研的主体性。

4. 通过任务激励——用事激励，让教师明确学习之后的行动方向

通常，教师常常会从教研活动中习得新的知识、信息或者理念，他们会为获得新知而激动而兴奋，但因为没有具体的任务，激动兴奋过后，理念会因为缺少具体的行动支持而渐渐淡忘。规程用任务的方法，让教师在教研后完成与新知相关的任务，来检验并巩固教研目标。

（二）教研主题聚焦活动目标

课堂一旦开放给了学员教师，教研员既需要教师在头脑风暴中的发散性思维，又需要将教师的发散性思维聚焦到教研的主题中来，用清晰的任务来定位问题，让教师很快就能意识到哪些问题是今天要讨论解决的主要问题。

（三）学习单有助于思维外显

学习单具有将教师思维过程外显的功能，教师需要在学习单上记录的不仅是自己思维的痕迹，同时还有在讨论中伙伴们思维的痕迹。学习单是学员教师思维的外显单，学员评教可以检验教研员是否能有效地把教师头脑风暴中的问题及时聚焦到任务和目标上来。

学习单上的信息，让教研员从关注自身是否讲清了新知，到关注学员教师是否接受了新知及接受的程度如何。

（四）持续性的深化思考

1.“教学相长式”主题教研规程是否可以弹性操作

“教学相长式”主题教研规程有目标任务、自主学习、小组讨论、全班交流、任务展示和独立作业，这是个相对完整的学习过程。逻辑上讲，教研活动和课堂教

学应该也具有这完整的六个环节，但在事实上，学生或教师因对各环节的难度和兴趣不同而停留的时间不同，因而造成在一个规定的教学时段或教研时段中完不成这六个过程。因此，是否可以把这六步理解成是一个完整学习环节的螺旋提升过程呢？但在每一个螺旋中，都会有这六步的环节，至于学员自学的部分，是放在课前还是在课中进行，这需要根据不同的学科特点和课型特点，灵活机动地使用。这样，教师们使用这六步的过程就不是为了完成流程，而是使之真正成为激发学员思维的工具。

2. 哪些课型更适合用“教学相长式”主题教研规程

不同的学习内容，需要的教学方法是不一样的，“教学相长式”主题教研规程更偏向那些以思维训练为主要学习内容的课型。而对于有些以信息和新知传授为主的课型，因为单位时间里需要传递的信息量比较大，需要教师有比较充足的时间来讲解或者解释某一个概念或者问题，这一类课似乎还不适合这种教学方式。

3. 学习单在教学过程中发挥着怎样的独特功能

学生手里的学习单具有怎样的功能？学习单与学案、作业单有什么区别？通过实践，我们充分意识到：学习单不同于作业单和习题单，也不是学生记录老师课堂讲解的笔记，我们需要学生在学习单上留下的是学生思考问题过程中的思维痕迹。事实上，学习单的功能是要把学生的思维从混沌引向清晰的过程记录下来，也就是“学生思维的外显单”。

第四节　指向学生素养发展，“教学相长式”主题教研活动的实践探索

案例一　单元视角下的学情分析主题教研案例

一、主题教研的背景与问题、目标任务及呈现形式

（一）现实背景和面临问题的分析

在日常教学过程中，教师们通常习惯以课时为单位进行备课、观课、研课，

往往忽视了单元学习的价值以及课时之间的内在关联。随着我区初中牛津英语教材培训的不断深入，我们发现教材是以模块为单位来确定单元主题内容的。而在开展教学设计时，教师对于教学目标、内容、过程，对于课程内容与要求的整体把握还很不够。随着教研的深入，上海市教研室推出了《初中英语学科教学指南》一书，给予一线教师在开展单元整体教学设计方面提供了策略与路径。全区教研层面开展的“落实教学基本要求，开展单元教学整体设计”主题教研活动更是从区学科指导团、区骨干教师研究团队以及各校教研组层面，针对牛津教材单元整体教学的研究不断地层层推进，深入到了研究单元整体教学的各个环节。

在确定单元学习内容与目标前，首先必须对教材与学情进行精准的分析。在日常调研中发现，教师对于教材的分析往往做得比较到位，但对于学情的分析往往流于形式，仅仅停留在经验式、印象式判断的初浅层次，缺乏对学生个体差异、课前课中课后关联性的系统分析；缺乏与单元教学目标、课时教学目标相联系的学习起点分析。学情分析通常也只是课前准备的独立环节，与课堂教学产生脱节。如何确定教学的内容，如何进行单元整体设计，令许多一线教师深感困惑。因此，在单元整体设计之如何确定单元目标的主题研究背景下，我们将“单元视角下的学情分析”作为更为聚焦的一个主题研修的切入点，以学校教研组为试点，学科指导团队（包胤杰老师团队）与学科研究团队（杨定蕾老师团队）合作研究指导的模式形成了本次教研活动的雏形。

（二）主题活动的目标任务及呈现形式

1. 目标与任务

（1）收集日常教师在学情分析中的问题，展开文本分析，提炼学情分析的相关要素。

（2）以学校教研组为单位对牛津教材八年级 Unit 2 单元进行学习内容的梳理。

（3）学科指导团队与学科研究团队对《初中英语学科教学指南》中单元目标与学情分析的内容进行解读。

2. 呈现方式

（1）以“单元视角下的学情分析”为主题，进行八年级 Unit 2 单元阅读课堂教学设计及展示。

（2）对“如何确定单元目标”“如何在单元视角下进行学情分析”两个话题进

行研究，形成微报告。

(3) 邀请《初中英语学科教学指南》两名编者与广州市市教研员对我区主题教研情况进行点评与指导。

二、主题教研活动的设计与实施

（一）教研活动的主题、目标、参与对象及预期成果

1. 本次教研活动主题：单元视角下的学情分析。

2. 本次教研活动目标：进一步推进上海市宝山区初中英语单元整体教学设计的品质；研究“单元视角下基于学情分析”的教学设计策略与路径。

3. 参加主题教研的主要对象：区学科指导团、骨干教师研究团队成员、全体八年级英语教师。

4. 预期成果：期望“单元视角下的学情分析”校本研修能帮助学校教研组和英语研究团队开展单元教学设计的思考，从而对“以学生为中心”“以学定教”的教学理念进行深入把握。

（二）主题教研活动的方式和基本流程

1. *活动方式*

本次主题教研活动采用了“课例研讨、专题交流、专家点评”等方式进行，旨在通过课堂教学的交流促使教师间互研互学，使教师从单元地位的分析到具体教学活动设计有了较为全面而细致的梳理，加深了教师对教材的理解，更提升了单元整体设计的意识和文本解读的能力。学情分析是了解学生发展起点的基本前提和手段，是了解学生学习困难的有效途径，也是提高教学有效性的前提和保障，并非是可有可无的。专题交流立体地感受到了对整个课堂教学背后的思考和经验分享，呈现了如何解决日常教学中以课时为单位开展教学设计的局限性问题。解决并梳理了分析单元地位、分析学情、确定单元学习内容、转化单元学习目标、划分课时并设置相应的课时目标、设计教学活动的六步骤，形成了单元整体教学设计的路径内容。它让教师们强化了“单元视角下的学情分析是教师了解学生英语学习发展需要的一个重要途径”这一理念，是落实以学生为主体理念的一个重要保障。专家的点评则提出了对于课前大量的学情分析要高效准确，并将重点放在课型特点下的学情分析上，使整个教研活动提升到新的品质。

2. 基本流程（表 9-2）

表 9-2 “初中英语单元视角下的学情分析”主题教研活动流程

时间	议程	呈现人/团队
13:30—14:10	课堂教学	课题：8A Moudle 1 Unit 2 Reading：*A day in the life of Whizz-kid Wendy* 执教：张淼老师（上海师范大学附属经纬实验学校）
14:15—14:20	现场说课	说课：张淼老师（上海师范大学附属经纬实验学校）
14:20—15:15	专题发言	专题 1. 牛津教材单元整体教学设计的路径 发言：刘晓菲老师（上海大学附属中学实验学校）
		专题 2. 单元视角下的学情分析之初探 发言：林丽娜老师（上海师范大学附属经纬实验学校）
	专家点评	专家 1：朱世玮（上海市徐汇区教育学院） 专家 2：王瑛（上海市浦东新区教育发展研究院）
15:15—15:30	活动总结	专家 3：曹国玲（广州市教育研究院）

（三）主题教研活动的过程及实施环节

1. 活动过程

2018 年 8 月初接到“单元视角下的学情分析”这一任务，区学科指导团、初中英语研究团队在暑假期间努力开展研修和探索。

第一次教研：

1）初中英语学科指导团、骨干研究团队

（1）团队的三个小组对“学情分析”这一概念进行理论研究。

（2）确立学情分析点，分组进行思考：什么是学情分析？为什么要进行学情分析？如何进行学情分析？

2）学校英语教研组

（1）梳理单元教学内容，制定单元教学目标，确定课时目标。

（2）头脑风暴：界定学情概念。

（3）研究授课班级学情背景、设计调查问卷。

第二次教研：

1）初中英语学科指导团、骨干研究团队

（1）团队各组在教研员的参与、指导下，对于学情的分析阐述已具雏形。

（2）团队成员找准学情分析的切入点：注重学情分析的全面性，关注学情分析的阶段性，从分析学生的生理心理特点、已有的认知基础和经验、个体和整体的差异、对本学科学习方法的掌握情况、学习新知识可能要遇到的困难几个方面进行了思考。

2）学校英语教研组

（1）单元备课：制定单元教学目标、课时目标。

（2）学情分析：筛选、整合信息，采用分类讨论的方式来理解学情，将学情分析按照“单元的学情分析、课时的学情分析”进行分类和归纳，确定最终的分析框架（表 9-3）。

表 9-3　课时学情分析表

要素标识	学情分析文本
课时学习内容	阅读文本按时间顺序进行叙述与描写的神童 Wendy 一天的日常作息，用了一般现在时与频度副词表达日常的规律。
学习起点	学生在低年级牛津教材中阅读文本的特征多以对话、读图等方式呈现。文章篇幅较短，生词不多。经过低年级牛津教材学习，学生已具有图片预测能力，可以通过寻读和略读获取相应信息，但是对于语篇的推断和理解，以及理解较长阅读文本上下文相关信息的逻辑关系的能力待提高。
学习困难	本文连标题共 292 词，文本较长，单词表标注课文单词词组 23 个，学生对于文本理解有困难。此外，学生对于本文话题也比较陌生，他们并不了解 Wendy 作为一名神童的日常活动。
分析结果	希望通过本课时精读教学，训练学生预测文本内容、通过上下文猜测词义，以及语篇的推理能力，希望学生通过对比反思提升思辨能力，并对于文本内容能有自己的适当评价。

第三次教研：

1）初中英语学科指导团队、骨干研究团队

（1）筛选收集到的信息，设计分析量表。

（2）课堂教学中进行观察、修改。

2）学校英语教研组

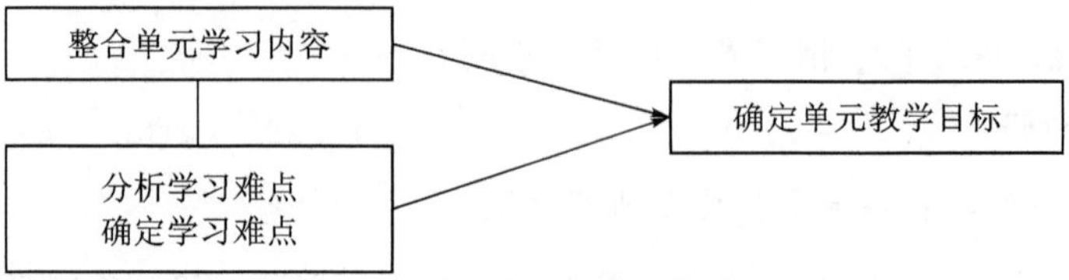

图 9-2　单元教学目标设计流程

(1) 在确定了单元学习内容、学习起点、学习难点和单元目标后，进行课时学情分析。

(2) 为更好了解学生学习本课时的学习起点和潜在困难，修改学情调查问卷。问卷内容聚焦于话题背景知识、语言知识和语用能力（表 9-4）。

表 9-4　单元教学目标属性表

	知识	具体要求
整合单元学习内容	词汇	理解核心词汇的意思和用法：similar，business，popular，responsible，be responsible for，sale，boring，simple，fail，exam，return，attend，continue，repeat，explain，energy，heat，physical，article。
	词法	1. 理解频度副词的意思及用法，加强运用英语进行表达兴趣爱好的意识； 2. 掌握一般现在时的构成形式和用法来表达经常性和习惯性的动作； 3. 学会运用情态动词表示很可能或符合逻辑的推测。
	语篇	克服生词障碍，理解文章大意，把握事件的关键信息，如时间、地点和行为。
	话题	就"我的生活"为话题，按时间顺序，运用频度副词陈述事件。
分析学习起点，确定学习难点	学习起点	经过两年多初中牛津教材学习，八年级学生具有图片预测能力，可以通过寻读和略读获取相应信息，但是对于语篇的推断和理解以及理解较长阅读文本的上下文的相关信息的逻辑关系的能力有待提高。
	学习难点	1. 通过感受不同人的日常生活，学会权衡工作和娱乐的时间； 2. 根据上下文猜测词意，加深对课文的理解； 3. 学会思辨能力，对于文本有自己的适当评价。
确定单元教学目标	1. 掌握本单元核心词汇的语音、词形、词义及语法性质，如 similar，expect，business，luckily，popular，responsible，sale，client，boring 等； 2. 掌握一般现在时的构成形式和用法，理解其意义，根据语境熟练、恰当地运用一般现在时完成交际任务； 3. 在听读活动中理解频度副词短语的含义，并在说写活动中正确表达； 4. 把握记叙文的基本信息，就日常生活中的话题需要，灵活运用记叙文完成书面或口头表达； 5. 能熟练运用话题语汇，用英语以时间顺序介绍自己的日常生活； 6. 在语言实践活动中激发批判性和逻辑性思维，并意识到高效安排日常作息的重要性。	

2. 调控措施

第一次教研活动：

(1) 所有老师达成共识：要研究什么，如何找切入点。

(2) 在市教研员的指导下，结合主题请大家思考几个问题：什么是学情分析？为什么要进行学情分析？怎么进行学情分析？单元视角下我们应该做些什么？暑假中，老师们带着思考借助中国知网等数据库进行情报收集与理论研讨，如表 9-5 所示。

表 9-5　不同学者对"学情"的定义

对"学情"的定义	研究者
学情分析就是要对学生的实际情况进行分析。	吴银银
学情即学习的情况。	钟祖荣
本研究把学情界定为"学生在课堂里的学习情况"，以区别于在没有教师干预状态下学生的自我学习情况。	陈隆升
所谓学情就是影响教与学的设计与实施的发生、发展及效果，并且与学习者相关的一切变量和因素的状况。	耿岁民

第二次教研活动：

团队教师们对于学情分析和单元整体教学设计有了很多实质性的思考内容，似乎内容很丰富了，但是在试讲期间，指导团队发现：学情分析的信息过于密集、详细，而且很多方面无法通过课堂教学进行呈现。因此，通过区教研员的帮助，教师们开始思考如何结合单元整体设计，突出重点，进行有效的工具量表的开发。

第三次教研活动：

在确定单元和课时的学情分析框架后，教研组进行单元学情分析。利用单元教学目标属性表对 Unit 2 做了单元学习内容和目标技能的梳理。在单元规划和教材分析的基础上"整合单元学习内容"，同时"分析学习起点"和"确定学习难点"，为确定单元教学目标提供依据。最后，在二者的基础上，确定单元教学目标，并制定了初中英语 8A Module 1 Unit 2 的单元教学目标属性表。虽然通过与学生的长期接触，老师们积累了关于学生的部分信息和经验，但缺乏有力的证据支撑，学情分析只能是教师"想当然"的一些看法。这样的学情分析显然无法为定位教学目标、确定教学方法和界定教学重难点提供参考。之后，为了解学生学习本课的学习起点和潜在困难，设计调查问卷，根据问卷结果和学生实际学习能力，对教学活动和教学效果进行预测，确立教学重难点，最终形成了本课的教学设计：

Teaching Plan

Oxford English 8A Module 1 Unit 2 Work and play

Reading：A day in the life of Whizz-kid Wendy

Teaching objects

At the end of the lesson，the students are expected to

- guess the meaning of the new words based on the context：Whizz-kid，client， achieve, assist etc.;

● get the general idea and specific information by predicting, scanning and inferring;

● know about a day in the life of a Whizz-kid and think about their own daily routines in a critical way.

Teaching focus

● guessing the new words: Whizz-kid, client, achieve, assist etc.;

● understanding the text literally, inferentially and critically.

Potential learning difficulty

● to know about a day in the life of a Whizz-kid and think about their own daily routines in a critical way.

Procedures

Steps	Activities	Purposes
Warming-up	Talk about students' daily life.	To lead in the topic and review students' daily routines.
Pre-reading	Make predictions about Wendy.	To arouse interest on the text.
While-reading	1. Read the introduction and the title and guess some new words. 2. Read the text and fill in the Wendy's timetable. 3. Read the text again and talk about the reasons why Wendy is called the Whizz-kid.	1. To know basic information about Wendy and learn some new words. 2. To find out Wendy's daily routines both as a student and a business girl. 3. To realize the differences between a Whizz-kid and an ordinary student.
Post-reading	Talk about students' daily routines and make some reasonable and proper suggestions.	To think about their own daily routines and learn to make good use of time and think critically.
Assignments	1. Make a dialogue in pairs: a reporter interviews Wendy for school newspaper. 2. Write a few sentences about your own daily routines.	

三、主题教研活动的反馈与跟进

（一）利用本次主题教研活动成果改进教学的建议

在日常教学中，有些老师习惯于以课时为单位开展教学设计。这样的设计看似突出了课时教学，然而却存在着许多的局限性。由于日常工作繁忙又缺乏科学的梳理方法，难以做到每个单元都能全面梳理与准确把握单元的重难点。从单元地位的分析到具体教学活动的设计，团队展开了较为全面而细致的梳理，整个过程加深了团队成员对于整套教材的理解，更提升了单元整体设计的意识与文本解读的能力，从而提高课堂的实效性。

单元视角下的学情分析，要求教师根据单元内容合理设计学情调查的内容和形式，还要在确定教学目标、重难点及教学设计过程中充分利用学情调查的结果，促进学生语用能力的提升。此次“单元视角下的学情分析”也只是一种尝试，希望今后能够结合实践经验，更加深入地对“学情分析”进行研究，投入实践教学。

（二）继续推进本主题研讨的思考

本次主题系列教研活动旨在探索单元视角下的教学模式，希望能够立足单元视角，聚焦单元目标，重新思考学情分析，将学情分析按照“单元的学情分析、课时的学情分析”进行分类、归纳，针对学生基础制定教学计划，提升教学效益。为更好地帮助教师掌握单元教学设计的基本流程，解决教师在进行单元教学设计时的种种困惑，教研员带领团队认真解读了学科课程标准和学科教学基本要求的相关内容，引导教师在研讨的过程中梳理单元整体教学设计的路径。对于学情分析，团队期望起到抛砖引玉的作用。

（三）对本次主题教研活动本身的反思

反思：团队和教研组经历了无从下手的困惑，经历了几番苦思冥想，在市、区两级教研团队的指导下，不断明晰要求、自我修改、追求品质，形成最终的教研活动。教研活动促使教师思考教学设计中如何通过单元教学落实学科核心素养，学会在单元整体教学设计的框架下确定单元目标和课时目标。理解课前、课中及课后的学情分析是教学设计的起点之一，是确定教学内容与教学目标的重要基础，是“以学定教”的重要依据，是备课组活动的重要内容，更是教师独立备课的基本任务。

思考与措施：持续开展单元备课的教研活动，进行教材的结构化研究；运用单元教学设计开展教研活动，指导教师个体在单元教学设计的基础上进行课时教学设计；基于在教研活动和课堂教学实践中遇到的共同问题形成案例、开展研究、分享经验，采用课堂教学和专题发言等形式，形成教研资源。

（原始材料由上海市宝山区教育学院包胤杰老师和上海市行知中学附属宝山实验学校杨定蕾老师提供）

案例二　基于课程标准，关注技术方法教学主题教研实践

一、活动背景和意图

劳动与技术新课程标准指出：“教学过程的设计应体现清晰的过程结构，紧紧围绕教学重点安排教学环节，突出技术设计、技术操作，给学生足够的时间进行自主探究、实践体验。”由此可知，技术设计与操作活动不仅要贯穿在整个教学流程中，而且在各个环节的教学内容安排上，要突出设计思想，落实技术点，让技术设计与操作在教学活动引入中使学生有感受，在示范引领中得到渗透，在探究学习与评价反馈中去感悟，在拓展应用中去运用与巩固。落实这些理念，教师要舍得放手。不但要给予学生充足的自主探索、自主实践的时间，还要给予学生足够的操作想象空间，如材料选择设计、作品造型设计、功能设计、操作工艺设计等。只有解放了学生的思想，他们的创造力思维才能得到充分发挥。

技术设计与操作活动要求学生在综合运用所学知识和技能的基础上，进行问题解决的实际操作，让技能学习回归生活、服务于生活。它更强调学生的自主设计和实践操作，让学生参与技术活动的全过程。这是培养学生技术素养的重要途径，也是我们主题教研活动研究的主要方向。

（一）活动方式和基本流程

1. *活动方式*

尝试采用“教学相长”主题教研模式开展教研活动，具体形式有：课堂实践、论坛、课例研讨。

2. *活动基本流程*

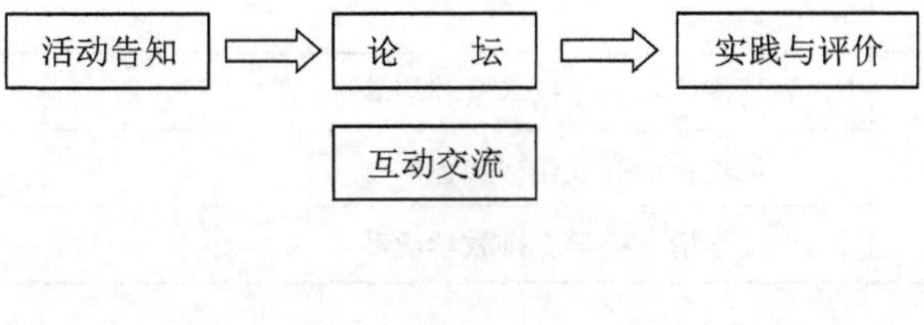

3. 活动的过程

1）准备阶段

（1）学科中心组设计“主题教研活动告示单”“教研学习单”“小学劳动技术学科主题教研活动质量评估表”。

（2）学科中心组研讨《定量茶叶盒》教学活动环节，确定教学设计。

（3）朱希琳老师试教《定量茶叶盒》，学科中心组根据观课情况，设计课堂观察量表。

（4）全区教师按不同地域划分为吴淞学区组、友谊学区组、泗塘学区组、月杨地区组、沪太地区组、大场地区组、长江路地区组和农场学校组共计 8 个大组，为小组交流研讨做好准备。

（5）完成活动所需材料的打印装订工作。

2）研讨阶段

按照“基于课程标准　关注技术方法教学”小学劳技教学相长主题教研规程开展教研活动：

第一步：目标与任务

将主题教研活动告示单发给与会教师使其明确教研活动的选题动因、活动过程安排、活动效果预估以及所需的活动资源（材料）有哪些（表 9-6）。

表 9-6　主题教研活动告示单

时间		地点		学科	小学劳动技术	组织者	
教研主题	基于课程标准，关注技术方法教学			出席对象	上海市宝山区小学劳动技术任课教师		
选题的动因	1. 技术素养是小学劳动技术学科核心素养的关键要素之一 2. 小学劳动技术教学中技术素养的不完善成为教学中待解决的问题之一						
活动过程安排	1. 主题活动提前告示活动目标与任务						
	2. 执教《定量茶叶盒》研究课						
	3. 执教老师说课						
	4. 教师研讨						
	5. 活动小结						
	6. 现场调研						
活动效果预估	1. 立足课标，强化技术素养培养						
	2. 立足教材，有效建构知识体系						
	3. 立足学情，科学安排教学活动						

（续表）

活动资源（材料）	1. 主题教研活动告示单
	2. 教学设计
	3. 教研活动学习单
	4. 主题教研评价量表

在知晓了主题教研活动告示单的基础上，下发教研学习单，首先明确活动目标和任务：

【目标】

(1) 基于小学劳动技术课程标准，关注技术方法教学在课堂中运用的方法与策略；

(2) 能运用课堂观察工具和活动单开展有效的教学研究；

(3) 提取“教学相长”教研规程经验应用于教研活动。

【任务】

(1) 现场听课，围绕教研主题，以教研学习单为工具，积极参与研讨；

(2) 反思提炼，完善基于课程标准、关注技术方法教学的方法与策略。

第二步：质疑与观摩

【质疑】

参加教研活动教师明确教研学习单上的课堂观察量表，分别从三个不同课堂观察视角进行观课。

(1) 观察视角：目标—内容（素材或情境）—认知过程的匹配度。

(2) 观察视角：教学问题的设计与处理。

(3) 观察视角：学生的学习行为。

【观摩】

执教老师开展《定量茶叶盒》一课的课堂教学展示。在整个教学过程中，让参与活动的教师看到了“基于小学劳动技术课程标准，关注技术方法教学”是如何在课堂中运用的方法与策略。

【论坛】

考虑到时间的因素，采用了学科中心组论坛交流的方式，对三个不同的观察视角进行研讨。

(1) 观察视角：目标—内容（素材或情境）—认知过程的匹配度（表 9-7）。

表 9-7　主题教研活动观察表（观察视角一）

教学目标与内容匹配 （符合课标和教学内容，针对学生实际水平，对内容进行适当加工与处理）		教学活动 （能有效突出教学中的重点与难点，适时调整落实目标的手段和方法）	目标达成 （教学目标达成度，内容与认知水平的适切度）		评价 （1—5 分）
目标	内容（情境）	活动方式	认知层次	具体能力	
认识定量茶叶盒的各部件。	大挑战和揭秘	既介绍了茶叶盒的基本部件，又发现了茶叶盒的特殊部件。	知道	推测及观察	5
了解“定量”功能，通过观察和比较知道定量茶叶盒的结构，探究“定量”的原理。	视频讲解	通过视频的讲解清晰地观察到定量茶叶盒所定的“量”，并在交流回答中凸显学生主体地位，尊重学生观察到的结果。	理解	观察及分析	4
知道定量茶叶盒的制作步骤。	自行摆放，小组交流	通过动手活动，学生能够更加独立且真实地面对实际问题，然后通过小组组员之间的互相帮助完善自己的想法。	理解	推理能力	5
能组装定量茶叶盒。	自行制作	劳技课的主体是学生，再多的理论学习都是苍白的。故本课预留了充足的时间，让大部分孩子们都能得到充分的锻炼，发展技术素养。	学会	动手能力	4
在活动中，激发探索事物的兴趣，养成良好的劳动习惯，增强合作意识与协作能力。	整堂课	整堂课中老师都十分关注学生的学习兴趣，帮助他们培养劳技的兴趣以及团队合作意识。如引入部分的倒茶叶，探究部分的小组制作。	了解	劳技兴趣	4
您的建议	1. 看似简单的一堂课，其实是经过精简再精简的。在备课过程中，执教老师不断取舍，精益求精地将多余的环节一次次删减，并将关键环节仔细斟酌，凸显重点。故在劳技课程中，我们认为目标明确了以后，要摒弃无关和无效的环节，快速切入重点，将关键部分明确之后，留下充足的时间让孩子们得到真正的锻炼。 2. 如何让课堂更“活”。今天的课堂中，孩子们表现出了非常好的课堂素养和技术素养，但是在讲解的环节中，孩子们更多的是专注于听，以及积极地汲取。如果可以多一些质疑，肯定课堂的氛围会变得更加生动。当然，本堂课缺少质疑的原因可能是学生的原因，也可能是因为教师的设计过于细致和严密，从而没有留给学生质疑的空间。 3. 如何让课堂更加“思维化”。“思维化”是指在课堂教学过程中孩子思维培养的过程，并按这个过程显现出来。今天的课堂中，孩子们最终都完成了作业，步骤无误，制作精美，但在过程中思考得不多。当然，这也和这节课的课时有关，这是第一课时，较多进行的是知识讲解，如果是第二课时创意制作的话，可能孩子发挥的空间就会更大些。				

（2）观察视角：教学问题的设计与处理（表9-8）。

表9-8　主题教研活动观察表（观察视角二）

	准确与科学	问题有效性	讨论实效性	生成问题	评价
问题呈现	问题设计的目的性、准确性与科学性；与学生的匹配度；呈现方式的合理性。	提问的方式；提问后等待回答的时间；学生回答的方式；即时性评价。	讨论的价值性；讨论运用的方式；教师对讨论的调控；讨论的效果。	生成性的问题情况；生成问题的处理方式；生成问题的处理结果。	（1—5分）
1. 茶叶盒的结构	问题设计的目的直接指向本课要解决的难点，考虑到学生理解的难度，执教老师直接用视频的方式呈现，帮助学生直观地发现斜面板、隔板与定量所存在的关系。	这一用视频出示引发学生思考的方式更能引起学生的关注，学生用“说一说”把自己的理解表达出来的方式更能体现学生思维反馈的及时性。	学生“说一说”的同时也引发了学生自己的思考，与台上学生之间的对话体现了讨论的效果就是明白茶叶盒为什么会定量的秘密。		4．5
2. 茶叶盒的制作步骤	这个问题的设计直接指向教学的重点突破，呈现的方式是各部件实物的出示，通过小组摆一摆的方式引发讨论然后交流出制作步骤，符合学生的认知过程。	执教老师在明确茶叶盒各部件作用的基础上，再实物出示来引发学生思考的提问方式，充分考虑到了制作步骤的复杂程度； 各小组用“摆一摆”再讨论的回答方式很好地解决了制作步骤的先后顺序，为制作茶叶盒打好了基础。	学生在“摆一摆”的同时，以小组讨论制作步骤的方式达到了讨论的实效性。		5
您的建议	本课中生成性问题的设计没有涉及，所以整节课很平顺地走了一个流程，师生、生生之间的思维碰撞就少了很多，考虑以后在生成性问题的设计上多考虑一些。				

（3）观察视角：学生的学习行为（表9-9）。

表9-9　主题教研活动观察表（观察视角三）

学生的表现	举例	评价（1—5分）
兴趣与态度（学习兴趣是否浓厚，学习情绪是否高昂。是否积极思考，深入探寻）	1. 在课的一开始，执教老师就演示“能倒出一样多量的茶叶”，此时学生的兴趣被初步激起，都睁大眼睛观察着老师的动作和杯中的茶叶，继而，执教老师又以“大挑战”的形式向学生发出邀请，不少学生开始摩拳擦掌、跃跃欲试。 2. 在认识结构、拼拼摆摆、观看视频的环节中，学生都能饶有兴趣地进行。 3. 组装茶叶盒完成以后，学生自己制作的茶叶盒是不是真的能定量，可以说是把他们的兴趣推向了高潮。	5

（续表）

学生的表现	举例	评价（1—5分）
分析与表达（能否在学习中自觉从教师推荐的资源中重组信息，能否“发现”规律，形成自己的见解并有效表达自己的观点）	1. 对定量茶叶盒的结构的分析，学生在老师的引导下，归纳出两个茶叶盒的区别，外部形态一致而内部结构不同。通过观察，学生自己思考并找到隔离板和斜面板的定量关键。 2. 通过“摆一摆”“试一试”的方式，学生能够找到定量茶叶盒的组装顺序，通过尝试、修正，最后梳理出先里后外、再封口的原则。 3. 三组学生交流制作流程，口齿清晰，表达较为流畅。	4.8
合作与评价（合作学习中，能否与同学有效合作，能否照顾其他同学的学习需要，认真倾听同伴发言并能进行评价）	1. 大部分同学都有合作意识：制作过程中有的同学隔离板、斜面板找不到了，同组的同学会帮忙寻找；有的同学在粘贴的过程中需要帮助，邻座的同学会伸手协助；有同学完成自己的作品后主动去帮助没有完成的同学。 2. 能根据自己的认知进行评价：①交流评价；②作品评价；③自我评价。	4.8
质疑与创造（学习中，能否对老师和同学提出的观点大胆质疑，提出不同意见）	1. 质疑两个茶叶盒的不同之处； 2. 在制作程序的设置中，学生大胆质疑，归纳出先里后外再封口的结论； 3. 思考：改变内部结构对定量空间进行调整。	4.8
反思与实践（学习中，能否反思自己的学习行为，感悟学科思维方法，调整学习策略）	学生在老师的循循善诱下，一直处于一个反思和优化的过程中： 1. 在探究制作程序的过程中，以小组为单位，通过反复尝试来修正； 2. 制作定量茶叶盒的过程中，学生边参照教具，边自己探索实践； 3. 作品完成后，检验茶叶盒定量情况。	5
您的建议	建议预留更多的时间让学生去探究定量茶叶盒的定量结构。	

第三步：研讨与引领

【研讨】

结合本课，各区域小组交流在平时的课堂教学中大家遇到了哪些问题。

全区参加活动的49位老师都提出了各自的问题，问题大致如下：如何管理课堂纪律；时间把控较难；缺乏配套材料、制作工具和配套教材设计；如何让学生都能理解制作步骤；如何把握重难点；学生对于劳技课的重视程度；学生缺乏创新意识；教学问题如何设计；缺少学习机会；学生能力差，发散性思维能力差；不能正确使用工具等。

【引领】

提问：“你们小组最急需解决的问题是什么？”教研员让组长引领组员完成问题的归类和筛选。

由组长引领各小组完成问题的归类和筛选。

教研员和学科中心组成员深入各小组参与活动，活动过程中发现由于教学研究不到位，有些组长交流的问题过于简单，甚至脱离教研主题，于是教研员或学科中心组成员引领各组提炼有价值的问题。

最后将一些有价值的问题提炼出来一起探讨。

第四步：展示与交流

【展示】

每组派一名代表进行问题分享。

【交流】

（1）达成共识问题，最后定位的问题有哪些

a. 材料和工具不到位的问题。

b. 对于兼职老师来说希望有配套的教材资料和 PPT 提供，便于更好地理解教材和保证上课的有效性。

c. 实践和理论的结合点在哪里？如何可以更好地结合？对于学生的思维，如何在课堂中进行培养？

（2）教研员、中心组答疑

a. 配套资料及课件提供

区教育学院会考虑开展教案设计及教学媒体评比，将选出较好的教学设计和媒体编辑成册，帮助那些兼职教师能更快地进入课堂，较顺利地开展教学。

b. 实践和理论的结合点在哪里

对于学生的思维，如何在课堂中进行培养？学生的思维是在课堂中慢慢训练出来的，不可能在一节课中培养起来，每一个作品都有一个思维点。例如《定量茶叶盒》这一课，其第一课时思维点就是组装过程，怎么想办法帮助学生理清制作步骤；第二课时的思维点则在定量上，通过改变茶叶盒的内部结构，从而让它产生多个变量，在不受材料限制的情况下能给孩子更多的思维空间，老师只要帮助学生明确不定量空间是什么？因此，教师在设计教案时应预设课堂上的“思维点”。

第五步：实践与评价

【实践】

根据本次教研活动的主题和研讨后达成的共识，后续进行课堂教学实践。

【评价】

运用《小学劳动技术学科主题教研活动质量评估表》（表 9-10）对本次教研活

动的实效进行评价反馈。

表 9-10　小学劳动技术学科主题教研活动质量评估表

活动主题：基于课程标准，关注技术方法教学

活动地点：________________　评价时间：________________

评价项目	权重		观察点描述	评价	扣分理由
活动准备	10		你对本次教研的主题内容、目标和任务已经了解吗？	9.94	气氛不够活跃
活动主题	20	10	教研主题是否立足区域实际，基于教师需求和教学实践存在的困惑？	9.92	很多学校没有专职劳技教师，如何规范上课不清楚
		10	教研主题对课程实施和教师发展是否有效？	9.92	主题不够明确
活动实施	40	10	教研组教师是否积极参加，有备而来？	9.92	能参与但领悟力不够
		10	教研内容是否联系课堂教学实际？是否具有指导意义？	9.92	针对课本身，没有针对劳技课宏观深入
		10	教师在交流过程中是否能围绕核心问题发生思维碰撞？	9.84	思维碰撞欠缺，座位安排不利于交流
		10	教研流程是否清晰？是否调动并利用教研资源（如人、物、现代技术手段）？	9.90	还可以更多地运用现代技术手段
活动实效	30	10	是否在原有认识上有提高？达成的共识程度如何？	9.90	认识上有待提高
		10	是否会将活动获得的理念和方法用到您的教学活动中？	9.88	会，但需要逐步转变理念
		10	是否有新的且有价值生成问题产生？	9.88	有问题产生，怎么解决，有待实践
请简要描述您对本次教研活动的感受或建议	通过本次教研，了解了劳技课的上课流程，在教具、学具上的准备，以及上课的形式，通过展示，让老师们一目了然。因各学校对劳技课的重视程度不同，配备的师资也大相径庭，基本都为兼职教师，对于学科的理念、教学内容的理解都较肤浅，很多学校连教学工具、劳技材料都没有配备到位，使得很多老师不知如何去上课。通过这次教研活动，以一节完整的劳技课为范例，对劳技学科的教学方法、教学内容的把握，都进行了指导。教研员与中心组成员帮助老师们更新了教育观念，“劳技课不仅仅是做一个作品”，而在于培养学生的劳技意识与能力，提升创造思维。很多老师都要求，以后多开展此类“教学相长”的教研活动，提高对劳技学科的重视和教学水平。				

3）整理阶段

汇总教师们的教研学习单、由教师们填写的《小学劳动技术学科主题教研活动质量评估表》，拟定出下次教研活动主题、形式、流程，优化下次主题教研活动。

二、活动的成效和反思

（一）活动的成效

本次“基于课程标准　关注技术方法教学”小学劳技主题教研进行了很有意义的教研活动实践，教师们经历了目标与任务、质疑与观摩、研讨与引领、展示与交流、实践与评价这五步的相教相学，最后每位教师的教研活动思维过程体现在一张教研学习单上。教师们了解了小学劳动技术课程标准，关注了技术方法教学在课堂中运用的方法与策略，并能运用课堂观察工具和活动单开展有效的教学研究，最终能提取“教学相长”教研规程经验应用于学校的劳技教研活动中。激发了教师们培养学生的技术素养、指导学生去设计与操作探究的热情。

（二）活动的反思

1. 继续深入研究教学相长主题教研活动，提升教研活动实效

纵观本次主题教研活动，教师们平时在自己的课堂中对于“基于课程标准　关注技术方法教学”这一主题研究还不够深入，具体反映在很多教师提出的问题浮于表面，真止有价值的问题不多，这为区教育学院反馈了重要问题：教研活动一定要让每位教师做到“有备而来”，而不仅仅是一个旁观者。“备什么”可以考虑提前将教研目标与任务、研究课的课题等一些相关信息发到微信群里，让教师们真正做到“有备而来”，深度参与到主题教研中来，学到有价值的教学技术、教学方法及其在课堂中运用的策略。

2. 在“研讨与引领”环节中考虑尝试运用教研助手软件来帮助教师更好地研讨

在“研讨与引领”环节中，教研员让组长引领组员完成问题归类和筛选的初衷是将一些有价值的问题提炼出来再一起探讨，活动过程中发现由于教学研究不到位，有些组长交流的问题过于简单，甚至脱离教研主题。因此考虑要运用更为先进的教育技术手段提供一个问题交流的平台，突破空间的限制，让不在场的教师或小学劳技专家也能参与进来，以此提升教研培训活动效率，助力教师专业成长。

3. 进一步完善课堂观察量表

通过区级教研、网络教研、校本教研活动，将课堂观察量表进一步深入研究并使用，及时收集教师反馈建议，对量表进行完善，提高其使用的信度和效度，更好地服务于基于规程的主题教研活动。

（原始材料由上海市宝山区教育学院徐宇洲老师提供）

案例三 提升学生“图像识读”能力的课堂教学策略主题教研活动

一、活动背景和针对问题

（一）现实背景和面临的问题分析

1. 现实背景

在《中国学生发展核心素养》总体框架发布的情况下，《普通高中美术课程标准》依据其“科学性、时代性和民族性”的原则，本着美术学科育人目标的再思考，将美术学科核心素养确定为：图像识读、美术表现、审美判断、创意实践和文化理解。著名的美术教育专家尹少淳教授形象地以奥运五环来表示五个学科素养之间的关系：图像识读和美术表现是支撑五环的最下面两个环，这说明图像识读和美术表现在美术核心素养中占据了重要地位，是美术学科的基本素养；而上面的三个环分别代表审美判断、创意实践和文化理解，是建立在美术学科的立科之本“视觉形象”之上的，与从声音、文字或动作等发源而出的素养相比具有其独特性。

置身于图像时代，图像识读在美术教学中至关重要。上海师范大学教授王大根就曾提出过当今社会是“读图时代”，培养学生的图像识读能力至关重要。美术课堂接触大量的图像，这些图像素材怎样转化和利用，关键在于提高学生的图像识读能力。观察力、感受力、想象力是图像识读能力的关键点。美术学习能够激发学生的观察力、感受力、想象力，有了这些才会有分析和处理图像中的有用信息，提取、了解图像所表达含义的能力。图像识读是对美术作品、图形、影像及其他视觉符号的观看、识读和解读。图像识读的表现：能以联系、比较的方法进行整体观看，感受图像的造型、色彩、材质、肌理和空间等形式特征；能以阅读、搜索、思考和讨论等方式，识别与解读图像的内涵和意义；能从维度、材料、技法、风格及发展脉络等方面识别图像的类别；知道图像在学习、生活和工作中的价值与作用，辨析和解读现实生活中的视觉文化现象和信息。

眼睛是用来看世界的。通过看，我们可以获得很多有价值的东西。美术老师，是美的传播者，要很好地把握这个工具，让中学生学习得更快乐，更有收获。

2. 面临的问题

美术，又称视觉艺术，让每一名学生能够掌握最基础的“图像识读”能力，是非常重要的素养。在美术教育教学中很多时候都涉及了这一点，只是没有在教学实践中了解与运用得十分全面和具体。那么，在美术课堂教学中，如何在有限的时间、空间内促进中学生的图像识读能力呢?

（二）应对策略和活动主题的思考

“如何在美术课堂上有效地提升学生的图像识读能力”，成为美术学科教学中亟待解决的问题，也是艺术教育主题教研活动的重要主题。“美术课堂图像识读教学设计”是每位中学美术教师都应具备的能力和要求。

活动开展的应对策略与基本思路如下所示。

1. 如何在美术课堂上有效地提升学生的“图像识读”能力这一主题发布与活动要求告知。

2. 上海师范大学王大根教授“美术学科核心素养”专题讲座，围绕中学美术核心素养进行理论培训。

3. 教研员组织学习建构主义学习理论——皮亚杰的《发生认识论原理》。

4. 开展教学实践，教师互动研讨。

5. 教师参与活动，根据本次教研活动的主题各自进行实践。

6. 听评课，总结、反思活动效果，制定出下次活动主题。

表 9-11　美术教学“图像识读”实践思考表

不同年级（年龄）图像的选取	
图像的归类	
课堂中图像的运用	
图像的价值呈现	
学生图像识读能力的判定方法	
学生课堂的反馈	
图像识读能力的评价标准	

（三）关于活动主题和活动参与对象

主题：如何在美术课堂上有效地提升学生的图像识读能力

参与对象：上海市宝山区全体中学美术教师

（四）关于活动目标和期望成果

1. 活动目标

通过本次教研活动，教师们能够了解图像识读在美术学科核心素养中的重要作用。分析和探究课堂中图像识读能力提升的方法和策略。学会根据学科核心素养、课程标准和教材内容，从学生实际出发，设计教学目标与重难点、设计课堂教学活动与教学评价。

2. 期望成果

提升中学美术教师教学基本技能，推广优秀的教学设计和经验；在主题教研活动准备与研讨过程中，提炼基于教师需求的主题教研规程的经验；将中学生的美术核心素养的培养落到实处。

二、活动的方式和基本流程

（一）活动方式

讲座、课例研讨。

（二）活动基本流程

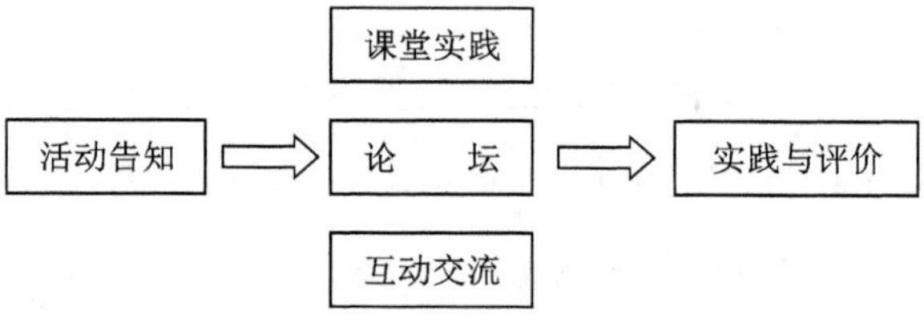

三、活动的过程

（一）准备阶段

1. 设计“如何在美术课堂上有效地提升学生的图像识读能力”主题教研方案。

2. 学习《中国学生发展核心素养》《上海市中小学美术课程标准（实验本）》《普通高中美术课程标准（2017 版）》等文献。

3. 微讲座。

4. 进行试讲。

（二）研讨阶段

1. 目标与任务

将“如何在美术课堂上有效地提升学生的图像识读能力”这一活动主题告知参

与教师，下发教研学习单，明确活动目标和任务。

1）目标

了解图像识读在美术学科核心素养中的重要作用。分析和探究课堂中图像识读能力提升的方法和策略。学会根据学科核心素养和教材内容，从学生实际出发，设计课堂教学活动。

2）任务

（1）提出开展课堂上提升学生图像识读能力的困惑或思考。

（2）听取一节实践课，参与讨论与交流。

（3）听取专家讲座，思考美术核心素养的关系及图像识读在其中的作用。

（4）根据本次教研活动的主题进行实践，并对本次主题教研活动进行评价。

2. 质疑与澄清

1）质疑

小组结合课例围绕本次活动的目标和任务进行讨论，提出了问题和困惑：你在设计美术教学时的困惑有哪些？造成这些困惑的原因是什么？你对开展图像识读的分析研究以及教学设计有哪些设想？

2）澄清

教师以小组为单位进行讨论，厘清大家所提出的问题和困惑，得出了与本次主题教研密切相关的、有研讨价值的问题：如何进行图像的选取？如何引导学生识图？学生如何学会描述图像？

带着探讨的问题观摩课堂教学实践：上海市泗塘中学王尧老师展示的课题是“八年级《清明上河图》教学”。王尧老师借用宋朝张择端的作品《清明上河图》为学生讲解都市印象，将大型高仿真作品直接呈现给学生，实物的魅力远远大于电子屏幕，为学生创设情境，帮助学生更快地融入学习中。结合教师的讲解，学生们对古都的印象更加深刻，小组观察讨论北宋汴梁城的繁华风貌。在课堂上，学生运用自己的语言描述了对《清明上河图》的理解。本课堂的教学设计理念是通过学生观察图像，与学生现实生活对比，感受古都文化。从图像入手，去观察、分析、描述、实践，对比当下都市印象，解决现实生活中的问题，达到发展学生核心素养，落实学科育人目标。

3. 讨论与引领

1）讨论

教师围绕图像的选取、课堂图像识读的教学设计、学生描述图像的角度、图像对学生美术表现的作用等问题展开讨论，并将讨论得出的观点记录在教研学习单上。

2）引领

教研员讲座：《美术学科核心素养的分析研究》。初中阶段要根据学生的学情特点，分层地开展图像识读教学，培养学生的美术学科核心素养能力。教师在备课时，可以根据教材内容，增加小组讨论交流环节，提高学习成效。教师在上课时布置小组合作讨论的目标任务，在落实讨论目标时，学生的图像识读目标、能力也得到了提高，最终达到良好的创作效果。美术教学的核心任务之一是提升学生的图像识读能力，即引导学生从观察入手，学会辨识、理解、赏析，进而进行联想，并以独特的视角形成个性的感受。即在深入解析和提炼的基础上获得理解和认识，并从中形成视觉思维、提高视觉能力、获得审美感受。看是一种能力，也是一种艺术。人人都会看，但每个人所看到的以及产生的感悟是有差异的，有的仅停留在图像表层，没有或无法深入感知图像的表现特征、艺术内涵、风格特点等，这当然就体验不到作品的美感，产生不了思想的共鸣。

4. 展示与交流

王尧老师结合自己的这节公开课做了《基于学科核心素养——“图像识读”课例》的说课，从课前准备以及任务策划、图像的选择、课堂图像认识的引导等几个方面对如何指导学生的识图、读图进行了详尽的说明。课堂的生动设计帮助学生感受古都印象，做到学以致用，变知识为能力、变认知为行动，在生活中深化了对城市的认识，感受到了城市的快速发展、人文的可贵和魅力。

5. 实践与评价

（1）实践：根据本次活动的主题和研讨后的共识，后续进行教学实践。

（2）评价：对本次教研活动的实效进行反馈（表 9-12）。

表 9-12　主题教研活动反馈表

教研活动评价	好（　　）　　一般（　　）　　无效（　　）
你对本次活动的思考	
你的教研设想	

（三）整理阶段

汇总教师的教研学习单和教研活动反馈表，拟定出下次活动教研活动主题，完善下一次的教研活动。

四、活动的成效和持续跟进

（一）活动的成效

本次“教学相长”主题教研活动，在目标与任务的引领下，教师们通过质疑与澄清、讨论与引领、展示与交流以及实践与评价，对美术学科核心素养有了深刻的认识，如：美术五大核心素养的概念、五大核心素养的关系、图像识读在教学设计中的运用、教会学生对图像的识读。

（二）持续推进该主题教研

“如何在美术课堂上有效地提升学生的图像识读能力”主题教研是上海市宝山区全体美术教师持续开展的交流研讨活动，目的是推动区内各校结合学情落实美术学科核心素养，促进学生的全面发展。以下为持续推进的理由或方向：

1. 培养具有整体观看观念和习惯的能力：以联系、比较的方式观看整体中的各个局部和细节，发现物体之间的异同关系；通过视觉观看，感受特定对象的造型、色彩、材质、肌理等形式特征，为进一步的认识和解读铺垫道路。

2. 培养具有直觉地感受图像的形似、同构、张力等特征的能力：以阅读、搜索、思考和讨论等方式，认识与解读图像的意图、含义以及表达的观念、态度、情感。

3. 培养学生从维度、材料、技法、风格及发展脉络等方面了解图像类型的基本能力，指导学生认识图像在学习、生活和工作中的价值和作用。

4. 在读图时代，培养学生分辨、判断、选择和解读现实生活中各种视觉文化现象和信息的能力。

（三）对本次教研活动本身的反思与改进

本次主题教研活动任务偏多，在讨论与交流的时候，教师的积极性有待提高。

在今后持续推进的主题教研活动中，将系统地分阶段、有步骤地开展活动。每次教研活动的设计将分主题进行，例如分为图像的选择（不同学段有不同的选择），图像识读课堂教学设计，学生描述图像的引导，以及视知觉与建构主义学习理论结合的教学策略等。区教育学院指导团队还将尝试创设情境，在情境创设中找到能吸引学生图像识读的兴趣点，激发学生自己去观察、感受、想象的热情。

（原始材料由上海市宝山区教育学院赵炜国老师提供）

第四部分 实践成效

第十章 基于规程的区域主题教研实践成效

第一节 理论创新，提炼主题教研活动设计的规程

“规程”是解决问题的一种规范化、科学化路径，教研活动的规程有助于将教师们零散的、个别化的经验提炼为常态的、结构化的共同体活动与研究成果。一般来说，规程应具备以下三个特点：第一，在一定程度上具有公认性；第二，是一个包含了理论、基本定律、应用等诸多元素的可持续发展共同体，为活动的开展提供一个纲领；第三，具有成功的范例。

在理论研究与区域实践探索的基础上，本研究提炼了主题教研活动设计的规程——是以教育教学实践中真实发生的、富有共性的、源于教师困惑的问题为主题，以教研学习单为导引，教研员与教师在共同的研修“目标与任务”中“质疑与澄清”“讨论与引领”“展示与交流”“实践与评价”，支架式开展的教研活动。

以“规程”为指导，结合不同教研主题的特点与学科特色，区域教研活动形式多样、精彩纷呈。其中，“诊断接力式”主题教研、“研训融合式”主题教研、“教学相长式”主题教研已经取得了一定的成效，而它们共同的出发点是更具推广价值与指导意义的“主题教研活动规程”，如图 10-1 所示。

第一步：
目标与展示任务

主题教研的目标来源一定是教师的需求，这种需求既可以是教师当下的困惑，也可以是教研员根据学科发展的特点、教育理念的更新，对教师实际情况的一种预判，这是有效开展教研活动的首要路径。展示任务在规程中有特定的含义：目标的表述必须转化为教师要去做的行动，而且是一种"以教人者教己"教学相长的展示行动。只有将教研目标转化为教师的展示行动才可能使教师参与教研活动的主体积极性得到最大程度的发挥，同时又为后续环节中教研质量的评价打下了基础。

第二步：
源于展示任务
的质疑与澄清

质疑是指接受展示任务的教师提问，这是教师需求的延续，也是完成展示任务的必经动作。任务的接受与实施因个体思维广度和深度的差异，必然存在盲点、争议、困惑。澄清是指教研员和教师共同讨论厘定问题的相关边界。在教研主题的统领下，教师以小组为单位，通过问题交流讨论，明确哪些是围绕目标与任务、具有研讨价值、需要组内讨论的问题，哪些是与本场研究无关的问题，哪些是需要归纳后全场提出的核心问题。所谓核心问题，不仅指与本次教研的高相关性，更指其与其他问题的理解、解决的高相关性。

第三步：
相关核心问题的
讨论与引领

讨论是指问题明确以后的同伴探讨，引领是指教研员的专业影响与示范。在小组中，以澄清后的问题为"切入点"，以教师原有经验和实践为基础，教研员与组内资深教师共同引导教师充分进行问题的辨析、概括和提炼，在参与式的氛围中，教师亲身体会主动、合作、探究学习的喜悦，相教相学，以达到观念、态度和行为上的跟进改变。在此基础上，经过充分的组内同伴探讨，形成组内观点。

第四步：
教师任务的
展示与交流

展示是指教师的观点在集体场合中的完整呈现，交流是指相教相学、共同研讨、补充完善。在教研员的引领下，各小组围绕目标与任务，以全场研讨的形式，通过教研员与教师、教师与教师、小组与小组的充分交流与分享，形成相异构想、智慧互补。"展示与交流"是教研活动的核心环节，教研员需要通过本环节来达成教师展示任务，完善落实方案；教师需要通过本环节阐述观点、形成共识、内化提升、付诸实践。

第五步：
展示任务的深化
实践与评价

实践是指将理念转化为行动的模拟或操作，评价是指对本次教研活动的感受和达成度的检测。教研的目的是要将教育理念转化为教学行为，教研员在教师对主题达成共识的基础上，设计相应的真实或虚拟的实践场景，教师则以小组合作的形式，展示面对问题的方法、策略。教研员和其他小组结合目标与任务对其进行评价，从而检测教研目标的落实程度，顺势达成对本次教研活动实效的评价。当然，我们也可将观念形成后的实践与评价放在后续的研修活动中去。

工具单：
教研学习单

教研学习单是为方便教师了解教研主题、明确目标与任务，记录教师和同伴参与过程和学习路径的支架式思维链记录单，内容由教研员设计并体现学科特点，包含主题、目标、任务、疑惑、收获、过程等思维活动留痕。可作为教研员评价本次教研活动得与失以及系列教研活动下各环节教师认知起点的参考依据。

图 10-1　主题教研活动设计的规程

第二节　工具设计，研发区域主题教研活动的系列支持性工具

为了支持区域主题教研活动规范化、常态化地展开，本研究基于百余次活动的反馈与总结，研发了一系列支持性工具。其中，最核心的是主题教研活动设计与实施评价工具以及教研员专业指导模式。

一、主题教研活动设计与实施的评价工具

基于实证调研结果分析，本研究提炼了主题教研活动设计及实施的评价工具，主要包括教研活动方案评价和教研活动现场观察评价。教研活动方案的评价根据主题教研活动设计规程的特点，从背景分析、主题确定、目标制订、步骤预设、实践评价、资源配置六个核心环节进行评价，工具量表如表 10-1 所示。

表 10-1　教研活动方案评价量表

<table>
<tr><th colspan="3">评分要点</th><th>总分</th><th>分值</th><th>说明</th></tr>
<tr><td rowspan="2">教研主题和目标</td><td colspan="2">主题基于课程标准下的教师实际需求，具有典型性、普遍性</td><td>10</td><td></td><td></td></tr>
<tr><td colspan="2">方案预设目标适切、清晰地体现“研训合一”以及目标的展示性表述</td><td>10</td><td></td><td></td></tr>
<tr><td rowspan="10">教研活动设计</td><td rowspan="4">实践示范</td><td>有明确的教师能带着需求和问题参与教研的目标任务</td><td>5</td><td></td><td></td></tr>
<tr><td>教学实践示范与教研主题的问题一致</td><td>5</td><td></td><td></td></tr>
<tr><td>针对教研主题有破解的方法、策略、路径</td><td>5</td><td></td><td></td></tr>
<tr><td>有观察点清晰的观课评估工具</td><td>5</td><td></td><td></td></tr>
<tr><td rowspan="4">教师研讨</td><td>“质疑与澄清”环节的设计，对教师的问题有所预设</td><td>5</td><td></td><td></td></tr>
<tr><td>“讨论与引领”环节对教研员的引领有设计</td><td>5</td><td></td><td></td></tr>
<tr><td>“展示与交流”环节对教师的参与度有设计</td><td>5</td><td></td><td></td></tr>
<tr><td>“实践与评价”环节有虚拟或真实的践行设计</td><td>5</td><td></td><td></td></tr>
<tr><td rowspan="2">评价反馈</td><td>研讨中有体现对观课评估工具合理使用的设计</td><td>10</td><td></td><td></td></tr>
<tr><td>有合适的工具与实践设计考量教研活动目标的达成度</td><td>10</td><td></td><td></td></tr>
<tr><td>教研学习单</td><td colspan="2">教研学习单设计合理，直观体现学习路径、思维痕迹</td><td>10</td><td></td><td></td></tr>
<tr><td>特色亮点</td><td colspan="2">体现学科特性的方案个性设计、可供其他学科借鉴的规程设计等</td><td>10</td><td></td><td></td></tr>
<tr><td>总体评价</td><td colspan="2"></td><td colspan="3"></td></tr>
</table>

教研活动现场观察的评价则采取教研员自评、教师评价相结合的双评方式。教研员自评以行动反思为主，内容是对本次教研活动的一个总结和反思，思考教师需求的获取是否真实、主题提炼是否合适、实践课程是否完善以及观课指标是否切题等。

教师评价则通过定性与定量相结合的方式呈现，在多年的实践中不断改进了用于反馈教师评价的工具量表。在评价量表中，围绕主题教研活动的内容与方式设计了观察点，教师根据个人体验赋值；同时主动听取教师的感受或建议，最后教研员即可通过数据实证对比与文本分析有效监测教研效果。以表 10-2、表 10-3 为例，评价工具因不同的教研主题和活动特点而有着不同形态。

表 10-2　教研活动现场观察评价表（一）

<table>
<tr><td colspan="5">主题教研活动名称：
活动时间：　　　　　　　　　活动地点：　　　　　　　　　评价人：</td></tr>
<tr><td>评价内容</td><td>观察点</td><td>观察要素</td><td>满分分值</td><td>评分</td></tr>
<tr><td rowspan="2">主题确定</td><td>符合需求</td><td>基于需求，促进发展</td><td>10</td><td></td></tr>
<tr><td>主题确定</td><td>主题鲜明，针对问题</td><td>10</td><td></td></tr>
<tr><td rowspan="5">过程实施</td><td>教研载体</td><td>基于载体，合理引导</td><td>10</td><td></td></tr>
<tr><td>重点突出</td><td>指点迷津，引发思考</td><td>10</td><td></td></tr>
<tr><td>过程有序</td><td>路径明晰，层层递进</td><td>10</td><td></td></tr>
<tr><td>组织技能</td><td>把握进程，调整预设</td><td>10</td><td></td></tr>
<tr><td>学术引领</td><td>理论到位，实践结合</td><td>10</td><td></td></tr>
<tr><td rowspan="3">评价反思</td><td>活动现场</td><td>分工明确，全员参与</td><td>10</td><td></td></tr>
<tr><td>资源共享</td><td>实例丰富，平台共享</td><td>10</td><td></td></tr>
<tr><td>活动成效</td><td>解决问题，引发思考</td><td>10</td><td></td></tr>
<tr><td colspan="2">评价分值合计</td><td>总分 100 分</td><td></td><td></td></tr>
<tr><td colspan="5">参加本次活动后的主要收获与问题（文字描述）：</td></tr>
<tr><td colspan="5">对后续教研活动的建议（文字描述）：</td></tr>
</table>

表 10-3　教研活动现场观察评价表（二）

主题教研活动名称： 活动时间：　　　　活动地点：　　　　评价人：		
评价项目（权重）	观察点描述（1—10 分）	评价
活动准备（10%）	您对本次教研的主题内容、目标和任务了解吗？	
活动主题（20%）	教研主题是否立足区域实际、基于教师需求和教学实践存在的困惑？	
	教研主题对课程实施和教师发展是否有效？	
活动实施（40%）	教师是否积极参加、有备而来？	
	组长是否发挥“穿针引线”的作用？及时小结、抛出问题、引领方向？	
	交流研讨的氛围和质量如何？是否联系实际？是否发生“真碰撞”？	
	教研流程是否清晰？是否调动并利用教研资源（如人、物、现代技术手段）？	
活动成效（30%）	是否在原有认识上有所提高？达成的共识度如何？	
	是否会将活动获得的理念和方法应用到您的教学活动中？	
	是否有新的且有价值生成的问题产生？	
对本次主题教研活动的感受或建议		

基于规程与工具的双评有利于教研员修正后续的教研内容和实施路径，有利于提升教师的体验感、促进观点的内化生成，更有利于教师在观点形成后基于实践的验证。

二、区域主题教研活动中教研员的专业指导模式

主题教研活动的开展与教研员的专业指导密不可分，围绕着教研员常规的教学调研、教研活动、教学质量测评和教师培训四项工作，思考教研员应如何提升课程领导力，指导主题教研活动发挥更高效作用。

（一）教学调研

教学调研是教研员针对学校内某一学科教学现状所进行的一种调研，是教研员把握学科教学现状和促进学科教学改善的基本途径。教学调研过程通常有四个阶

段：观察、分析、交流和汇报。观察包括检查学生作业、检查教学设计、检查教研组（备课组）活动记录，以及较全面的听课等活动，目的是要获取关于学科教学现状的信息。通过分析可以形成一些关于教师个人或教研组（备课组）学科教学工作情况的判断及改进意见等。交流是教研员与教师以言语的方式相互传递信息的过程。汇报是教研员向学校行政人员综述学科教学现状及改进意见的过程。

（二）教研活动

所谓教研活动是以推动课程的顺利实施为目的，以教师在实施课程过程中所表现出来的各种问题为研究对象，由教师共同参与的一种研讨性活动。教研活动的两个基本属性是活动内容的实践性及活动方式的合作性，这两个基本属性是用来区别教研活动与非教研活动的标志。在设计教研活动时抓住这两个属性（实践性和合作性），对于规范教研活动将是有益的。在教研活动中，教研员可能会担当三种角色，即参与者、组织者和设计者。

（三）教学质量测评

对学校教学实施的阶段性评价通常借助于所谓的教学质量管理测试来进行。关于这种测试，教研员要承担的工作有命题、组织阅卷、教学质量分析。命题者必须具备编题技能、组卷技能和制图技能等方面的能力，教学测量的成败首先在于命题。组织阅卷的关键是评分标准的统一执行，利用电脑技术阅卷和人工阅卷相比，在一定程度上提高了阅卷的质量和速度。教学质量分析通常以撰写教学质量分析报告的形式来进行。

（四）教师培训

教学调研、教研活动和教学质量测评的目的是为了改善当前的教学现状，对教师的专业成长有一定的帮助，但不能取代有目的的、培养对象明确的、在一个阶段内持续进行的教师培训。教师培训从思考当前的教学现状出发，力图培养教师的专业精神、专业知识和专业技能。

至此可以发现，“主题教研”整合了教研员最重要的常规工作——向教师指明教学中存在的问题，引导教师解决工作中存在的问题。本研究借鉴系统论、信息论和控制论的观点，扩展了“观察—分析—指导”的基本路径，提出了教研员专业指导模式如图 10-2 所示。

教研首先通过对教师工作状态 1 的观察到达自身的工作状态 1，然后通过分析、诊断到达自身的工作状态 2，再对教师的工作状态 1 进行指导，教师进而实现

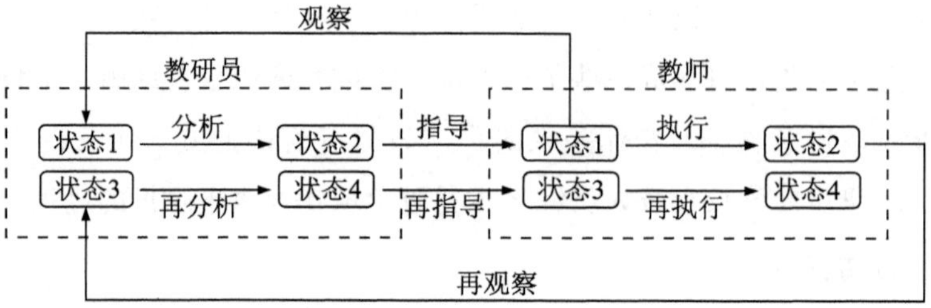

图 10-2 教研员专业指导模式

改进的执行，以到达他（或他们）的工作状态 2。教研员为了获知指导的效果如何，必须再次造访已指导对象，通过再观察、再分析、诊断来判断教学的改善情况，并适时开展再次的指导与教师执行。在上述过程中，信息从教师流向教研员，再流向教师，共经历了两次循环。当然，在主题教研的实践中，常常经过多次循环指导与改进，不断提升教研员的指导成效与教师的课堂教学效果。

第三节 策略总结，提升教研员的主题教研活动设计与实施能力

在区域的引领下，教研员在多年的理论研究与实践反思中不断加深对“主题教研”的认识，设计与实施能力得到极大提升。基于此，本研究总结了“主题教研”设计与实施的三个基点，围绕教研主题的遴选与活动实施提出精准有效的改进策略。

一、“主题教研”设计与实施的三个基点

首先，明确“教师需求”的真实性。真实性是指在有效调研的基础上得出的教师在教育教学中真实存在的、亟待解决的困惑。这些真实的需求，有些源于教师实践，是显性需求；有些则源于学生需求或源于教育发展需要，是隐性需求。明确教师的真实需求，是设计相应主题教研活动的起点。

其次，明确“主题教研”的针对性。主题教研活动的针对性有两方面含义：解决问题的针对性，对于不同教师群体需求的针对性。任何一次教研活动，都会聚焦

一个或几个问题，能否把握住这些问题的本质，从而明确活动的意图、目标和主题，是主题教研活动策划的要点。

最后，明确“实践活动”的递进性。主题教研活动的设计与推进，通常需要一个积淀、生成、发酵的过程，绝非一次活动可以解决。那么，几次活动之间的递进性，可能是决定成效的关键，对某一主题的实践研究，应该体现预想—试验—反思—再预想—再试验—再反思的“螺旋式上升”的特点。

二、教研主题的遴选

教研主题的来源主要有两种途径：一是源于自上而下的顶层设计，二是源于自下而上的实践生成。

一方面，自上而下式的教研主题确立。顶层设计是指主题自上而下的生成，我们的教研要遵循教育的发展趋势，根据趋势摸清发展的规律和方向，要与时俱进。例如，《上海市深化高等学校考试招生综合改革实施方案》的公布，带给我们的不仅仅是教育质量观的改变，更是实践层面的跟进需求。三大挑战中学生的个性化成长是培养目标，20种选课组合、走班制教学是课程方法，六门学科的合格考、等级考是评价。显然，课程方法是教研员可以有所作为的环节，目的就是通过课程方法的改变培养具有核心价值观、富有个性特长的学生，使更多优秀的人才进入到适合他们的高一层次的学校中去。显然，这些主题由于教师眼界与信息量问题而难以实施，需要教研员进行顶层设计，自上而下地引领推进，其核心源于教师的隐性需求。这类主题的确定，教研员要关注“适切性”，避免高大上，避免重理论轻实践，关注教师的“最近发展区”，要善于在教育发展趋势和课堂教学实践中铺设桥梁，有效填补二者之间的洼地，将规律和方向融合在教师的教育教学实践中，使教师有抓手、有操作。

另一方面，自下而上式的教研主题确立。实践生成是指主题自下而上的产生，通常这些主题源自教师在一线实践中的困惑，是教师的真实需求、显性需求。例如，自主招生中高校对于“一参考”的关注，着眼点就是看学生在三年中有没有在学习过程中产生学习兴趣，有没有将学习兴趣转化为学科志趣，有没有将学科志趣提升为专业志向。兴趣、志趣、志向均来自课程、来自教与学的过程，教师在参与高考改革的过程中，必然有所需求，教研员要把这些需求，经过整理、归纳、提炼，筛选出具有典型意义和普遍意义的问题，作为区级教研的主题。在这个过程中，教研员要关注两个问题：一是主题的普适性，教学具有一定的人为性，某种教学现象的产生，未必具有普遍性；即使有一定的普遍性，如果能加以理性地提炼、提升，其教研意义或将更为深远。二是主题的增值性，研究的问题能否在策略跟进中得到增值；也就是说，解决这个问题，能否有效改进教学实践。

对于主题的确立，本研究总结了三点建议：

第一，主题并非是有求必应。要善于去伪存真、抽丝剥茧，从众多的需求中提炼总结核心问题，主题的确定贯彻“源于教师实际需求，符合教育发展趋势，解决实际问题的原则”，同时要关注实效性。

第二，主题的切入口要适切，可参与性强。切忌高大全的选题，要符合教师发展水平，易于教师模仿迁移，主题教研活动中应该设置让教师感到值得思考或行动的参与点，并提供及时交流的机会，可参与性不仅仅体现在任务设置上，教研活动中平等、合作与分享的氛围也会影响参与性。

第三，主题的确定要有一定的导向。特别是随着教研的深入，教师水平的提升，对教研主题的确定也要落脚在高考改革所带来的教育质量观的改变之上。在近五年的主题教研实践中，教研主题较多地聚焦于教学设计与策略优化，对课程标准与教学评价缺少足够的重视。这种情况的出现一方面说明教师对课堂的关注、对教学方法的渴求，另一方面也说明教师重教材、轻课标的倾向，这需要在主题教研的深化研究中给予重视，并在日常教研活动的设计中加以引导，引导教师深入解读课程标准，有效实施课程，长此以往有助于避免教学工作的盲目性和随意性。

三、主题教研活动实施能力的提升

主题教研活动中，教研员是教研活动的组织者，其专业化水平、组织艺术、对教研活动的设计和策划能力、对现场的整体感知和觉察等，直接影响着教研活动的成效。能否将预设目标顺利达成，能否捕捉动态生成的良机，很大程度上取决于教师的参与热情和基于主题的有序推进，这就对教研员现场的把控能力提出了挑战。

第一，聚焦。引导教师关注具体问题，形成研讨的共同话题。几个具体问题的提出，将教师的思考聚焦于几个关键问题，不仅有利于问题研究的不断深入，也有利于教师新观点的不断生成。在教研活动中，如果大家迟迟不能切入主题，教研员就要顺应语势、顺水推舟，在对话中引导进入核心话题，其关键是要机智地找准接点，直指主题。

第二，对话。与教师展开平等交流、互动式的研讨，实现情感、知识、方法等多层面的交流与共享。在与教师的轻松对话中，许多困惑、难题迎刃而解。在教研活动中，对于过早进入下一个层次的发言者，要适时拦截，及时引导，让某一个层次的话题讨论充分以后，再进入下一个层次。对于迟迟未进入下一层次，长时间停留在同一层次上的问题，教研员就要用插问的方法来点拨和转换话题，引导讨论进入下一个层次。

第三，追问。在教研活动中，通过对问题的不断追问，使问题讨论不断深入，有价值的观点、想法在追问中逐步生成。当活动因为过于平淡而限制了研讨的深入，这时教研员要善于追根溯源，以问制问，引发冲撞，追问一些扩散性的问题来拓展教师的思维，所提问题的角度要小，但与主题的关联度要大。

第四，点评。教研活动中，教研员画龙点睛式的点评往往能够起到意想不到的效果，恰到好处的点评带给教师的是信心与激励。点评可以是对前期研讨的总结，能对教师的观点起到提升和总结的作用；也可以是变换角度后的思考，使教师教学的思路更加开阔，也使研讨的视角得到进一步延伸。

经过实践论证，本研究归纳了教研员设计与实施主题教研活动的实践模式，以期为教研员提升自身领导力，在教研活动中总结经验、生成实践性策略提供思路借鉴，如图 10-3 所示。

图 10-3　教研员设计与实施主题教研活动的实践模式

第四节　成效推广，助力区域教研活动的品质提升与研究创新

“主题教研”是区教育学院对教师研训本质的认识，是在转型背景下教师核心素养提升的思考、反思与展望。区教育学院希望通过主题教研活动规程设计与实践改进，对有序开展主题教研活动起到一个导航作用，希望依据“规程”来规范开展主题教研活动。并在多年的教研实践中，以学科为中心辐射推广，形成了如图 10-4 的推广路径，且不同学科各具特色。

图 10-4　区域主题教研活动推广路径

区域教研转型在前期的探索实践中，侧重开展了“主题教研规程设计的区域实践研究”，围绕不同实践形态下主题教研规程的理论架构、特征表现和设计框架，规范了教研活动和校本研修过程并取得了一定的成效。提升了教研效果，提高了教研员的专业素养和实践能力，促进了区域教研和校本研修的转型发展。“主题教研规程”的理论研究成果与教研实践案例相继在学术期刊与平台发表。

一、教研活动主题的确定更加贴近教师实际需求

区教研员在把握“教改”趋势的基础上，通过教师、学生问卷、访谈等形式来了解教师和学生的需求，确定教研主题。例如，数学教研员精心设计了 5 类学生调查问卷，在数据统计中发现了概念课教学中学生认知和教师认知的差异，在差异中引导教师去思考、讨论，形成了《关注数学课堂中的“对话”，促进学生的数学概念理解》等教研主题。

教研规程的实施更有利于活动聚焦教研主题。在优化教研模式的过程中，经过部分先行者的前期实践探索，有效地破解了区域教研中“内需”等瓶颈问题，取得了较明显的研训实效。为了进一步推进和完善这一举措，区教育学院教研室带领全体教研员开展了“基于规程的主题教研”方案再设计，同时针对教研实施提出了“基于学习单的教研规程”。教研活动缺乏“有效、具体、操作化的指导”是导致教育理念与教研实践脱节的直接原因，而“基于规程的主题教研”为教研员开展教研活动提供了一系列规范与操作指南，因其逻辑性，从而具备支架导向作用，并以此教研活动规程来辐射校本研修，提高校本研修的质量。

二、教研活动的过程与品质得到极大提升

按照教研规程开展教研活动，教师带着明确的目标与任务参与到教研活动中来，参与讨论与引领、展示与交流、进行实践与评价，提高了教师的参与度。依据规程开展的教研活动，教研实效得到了落实，教师的教学能力和作业设计能力在一次次研讨过程中得到了锻炼。例如，区物理教研员在《基于“四环节”模式的高中

物理解题方法教学》主题教研活动中针对每次活动，设计了围绕教学方式、教学环节、学生生成智慧、课堂支持、作业设计和课后反馈等维度的七个观课问题：①你要教授的解题方法是什么？这一方法的执行可以分为几个步骤？适用的物理景情是什么？②关于解题方法的教学目标是什么？③学生要达到上述解题方法、教学目标，需要具备怎样的条件？④你采用的教学方法是直接将解题方法告诉学生（直接法），还是让学生在解题中感悟出方法（间接法）？⑤你所设计的教学环节有几个？它们之间的顺序及关系如何？⑥为了成功地实施解题方法教学，你在教学设计中构想了哪些教学手段或教学技术的支持？⑦你设计的课后作业中各个题目间的关系怎样？作业的量适当吗？估计你所教的学生中有多少学生能全部做对？教师带着这些问题听课，活动后教研员与一线教师围绕主题与指标进行评议研讨，设想改进建议和继续的方向，在评价中寻找得失，修订策略，完善评价量表，为下一步实践确定依据。

三、区教研员的专业素养与能力获得广泛认可

“主题教研规程”为教研员提供了开展有效教研的途径和方式，同时对教研员提出了更高的专业素养要求，教研员唯有不断提升自己的课程领导力，用“理念的诠释力、课程的培训力、教材的解读力、教学的示范力、课堂评价力、练习的设计力、质量的评估力、活动的组织力、问题的洞察力和研究力，甚至包括品行的感召力”来指导基层教师，方能在教研转型中抢得先机，确保区域教研品质的提升。

在“基于规程的主题教研活动”的研究实践中，教研员的个人素养得到了展现，教研员的能力得到了进一步的提升。

（一）敏锐的洞察力，发现教师需求

基于教师需求，首先，要发现教师在教育教学过程中的需求；其次，教研员要有专业的敏感度，要能够通过问卷调查、访谈、听评课等活动来了解教师需求。

（二）精准的判断力，遴选教研主题

在主题教研规程下，教研员要善于去伪存真、抽丝剥茧，从教师众多的需求中提炼总结核心问题，贯彻“源于教师实际需求，符合教育发展趋势，解决实际问题”的原则来确定教研主题，主题要有一定的导向，不仅要聚焦在教学设计与策略优化板块，同时要重视教学评价、质量评价、课程指导、资源建设和教师发展。

（三）严谨的组织能力，把控现场教研

教研员是主题教研活动的组织者，教研活动的设计、策划、实施以及对现场的

整体感知和觉察都直接影响着教研活动的成效。教研员捕捉教研活动中动态生成资源的能力，能激发教师参与主题教研活动的热情，促进预设目标的顺利达成。

四、校本研修质量得到区域教研范式的保障

依据主题教研规程开展校本研修，提高了校本教研的针对性和实效性，形成学校自主合作、对话参与的教研文化，让教师在专家引领、同伴互助、个体反思实践中实现专业发展。

（一）立足研修，加强教研组建设

教研组是教师合作从事教学研究的学习型组织，承担着校本课程开发、本组教师教学管理、教科研活动的具体实施教学计划、检查评估教学质量、总结交流教学经验、组织开展课外活动及指导教学实践等任务。在以校为本的研修过程中，教研组是实施校本研修的核心组织，教研组的建设与发展状态，决定着学校校本教研的实效。同样有主题的研修活动、规范的研修过程、浓郁的教研氛围促进了教研组的建设与发展，形成学校特有的一种教研文化。

（二）立足课堂，提高课堂实效

校本研修以校为本，立足于课堂教学，学校或者教研组把教师教学中碰到的问题，经过整理、归纳、提炼，筛选出具有典型意义和普遍意义的问题，转化为校本研修研究的主题，以主题研究的形式来统领学校或者教研组的研修活动，把主题渗透到研修活动的每个环节，这个主题来源于教师面临的、实际的、共性的又亟需解决的问题。

通过基于规程的主题教研，教师对自己教育、教学行为的直接或间接的观察与反思，通过与其他教师或专业研究人员的合作，不断地加深对自己教育教学实践的理解，不断发现实践中存在的问题，提出解决问题的设想与计划，并在实践中验证设想与方法，从而使自己的实践行为不断加以改善以提高课堂实效。

（三）立足需求，促进专业发展

校本研修的核心是促进教师的专业成长。为进一步深化上海教育综合改革、促进教师专业发展，贯彻落实“十三五”教师培训，上海市教育委员会制订了中小学教师专业（专项）能力提升计划，创新区域和学校教师发展模式，提高教师育德能力、本体性知识、作业命题能力、实验能力、信息技术能力、心理辅导能力。

基于主题教研规程开展校本研修，以问题化、主题化、专题化为校本研修的基

本策略，以教师专业发展和教育教学实际中迫切需要解决的突出问题为研修的重要目标，开展基于规程的研修活动，在问题化、主题化、专题化的校本研修中形成教师之间合作、交流、共探、共思、共享的教研活动机制和模式，激发教师自我学习、自我发展、自我提高的积极性，建立教师可持续的学习机制，促进教师专业发展。

五、区本研修课程得以动态生成与完善

在实践过程中，各学科教研资源实现了动态建设、动态优化，各科教研员将问题化、主题化、专题化的教研活动内容收集整理，丰富和优化区域各学科教研训资源，分学科形成了区本研修课程。“主题教研规程设计的区域实践探索”在“主题化”的基础上进一步地探索和完善，形成学科教研系列，并且能将这些系列化的资料通过科研成果转化来指导教研实践。实践效果证明，“基于规程的主题教研”是有生命力的，将成为全区教研转型的助推器，成为教研走向内涵发展的必然。

参考文献

[1] 胡惠闵. 教师专业发展背景下的学校教研组 [J]. 全球教育展望，2005 (7)：21-25.

[2] 秦国龙. 教研论 [M]. 沈阳：辽宁大学出版社，2005.

[3] 叶澜. "新基础教育"论——关于当代中国学校变革的探究与认识 [M]. 北京：教育科学出版社，2006.

[4] 胡庆芳. 以课例研究的方式提升教研品质优化课堂教学 [J]. 上海教育科研，2008 (6):48-50.

[5] 赵才欣. 有效教研——基础教育教研工作导论 [M]. 上海：上海教育出版社，2008.

[6] 崔允漷. 论教研室的定位与教研员的专业发展 [J]. 上海教育科研，2009 (8)：4-8.

[7] 雷树福. 教研活动概论 [M]. 北京：北京大学出版社，2009.

[8] 卢乃桂，沈伟. 中国教研员职能的历史演变 [J]. 全球教育展望，2010 (7)：66-70.

[9] 梁威，卢立涛，黄冬芳. 撬动中国基础教育的支点——中国特色教研制度的发展研究 [M]. 北京：教育科学出版社，2011.

[10] 梁威，等. 触摸中国基础教育的脉动——中国特色教研制度区域发展的回顾与展望 [M]. 北京：教育科学出版社，2011.

[11] 丛立新. 沉默的权威——中国基础教育教研组织 [M]. 北京：北京师范大学出版社，2011.

[12] 胡惠闵，王建军. 教师专业发展 [M]. 上海：华东师范大学出版社，2014.

[13] 李松. 我国中小学教研 60 年 [J]. 当代教育科学，2014 (17)：15-19.

[14] 卢立涛，沈茜，梁威. 我国近三十年教研员研究的元分析 [J]. 教育学术月刊，2014 (2):53-54.

[15] 顾非石，顾泠沅. 中国教研活动中教师发展指导者的工作框架 [J]. 全球教育展望，2015 (9)：104-114.

[16] 陈碧芬，王维花. 关注学生"声音"：数学教研活动的新视角 [J]. 教育学术月刊，2015 (10):99-104.

[17] 宋萑. 教师专业共同体研究 [M]. 北京：北京师范大学出版社，2015.

[18] 钱丽欣. 在提高教育质量中推动教研工作全面转型——2016年全国教研工作会议综述［J］. 人民教育，2016（5）：56-57.
[19] 徐淀芳. 探索基于证据和合作共同体的教研机制［J］. 人民教育，2016（8）：48-51.
[20] 祁平. 基于全面质量观的教研转型的理论思考［J］. 上海教育科研，2016（11）：34-37.
[21] 田慧生. 向“大教研”转型［J］. 人民教育，2016（20）：14-19.
[22]［日］佐藤学. 教师花传书——专家型教师的成长［M］. 陈静静，译. 上海：华东师范大学出版社，2016.
[23] 陈法宝. 基于教研活动的教师学科教学知识（PCK）发展模式研究［J］. 教师教育研究，2017（3）：75-80.
[24] 钱丽欣. 深化高中课程改革发挥专业支撑作用——2017年度全国教研工作会议综述［J］. 人民教育，2017（8）：65-66.
[25] 安桂清. 课例研究［M］. 上海：华东师范大学出版社，2018.